◎ 本卷主编

沈国威　彭　曦　王奕红

亚洲概念史研究

第 5 卷

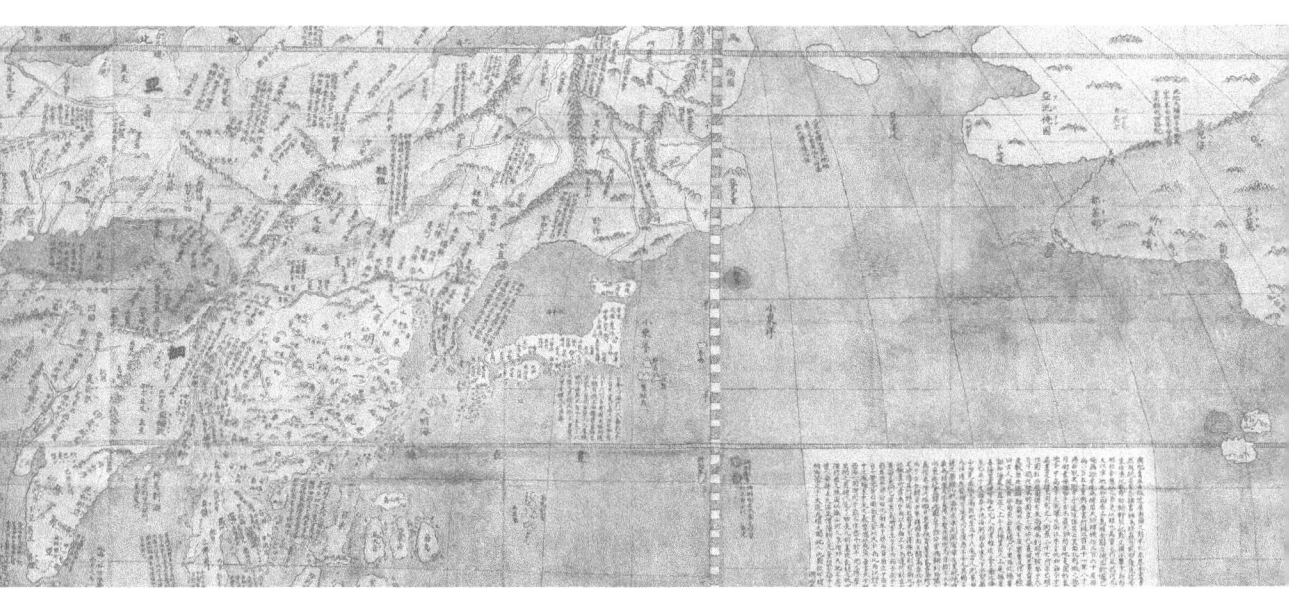

商务印书馆
The Commercial Press

2019年·北京

图书在版编目(CIP)数据

亚洲概念史研究. 第 5 卷 / 孙江主编. —北京：商务印书馆, 2019
ISBN 978-7-100-18025-2

Ⅰ.①亚… Ⅱ.①孙… Ⅲ.①亚洲—历史—研究—丛刊 Ⅳ.① K300.7-55

中国版本图书馆 CIP 数据核字（2019）第 289568 号

南京大学"双一流"经费和人文基金资助项目

权利保留，侵权必究。

亚洲概念史研究

第 5 卷

孙 江 主编

商 务 印 书 馆 出 版
（北京王府井大街 36 号 邮政编码 100710）
商 务 印 书 馆 发 行
北京虎彩文化传播有限公司印刷
ISBN 978-7-100-18025-2

2019 年 12 月第 1 版	开本 787×1092 1/16
2019 年 12 月第 1 次印刷	印张 16¼

定价：78.00 元

《亚洲概念史研究》

主　办　方: 南京大学学衡研究院
学术委员会:（以姓氏字母为序）

　　　　　　阿梅龙　　德国法兰克福大学汉学系
　　　　　　陈立卫　　日本成城大学经济学部
　　　　　　陈蕴茜　　南京大学历史学院
　　　　　　方维规　　北京师范大学文学院
　　　　　　冯　凯　　德国汉堡大学汉学系
　　　　　　韩东育　　东北师范大学历史文化学院
　　　　　　胡传胜　　江苏省社会科学院《学海》编辑部
　　　　　　黄东兰　　日本爱知县立大学外国语学部
　　　　　　黄克武　　台湾"中央研究院"近代史研究所
　　　　　　黄兴涛　　中国人民大学历史学院
　　　　　　李　帆　　北京师范大学历史学院
　　　　　　李恭忠　　南京大学历史学院
　　　　　　李坰丘　　韩国翰林大学科学院
　　　　　　李里峰　　南京大学政府管理学院
　　　　　　李雪涛　　北京外国语大学历史学院
　　　　　　梁一模　　韩国首尔大学自由研究学院
　　　　　　林少阳　　日本东京大学综合文化研究科
　　　　　　刘建辉　　日本国际日本文化研究中心
　　　　　　闾小波　　南京大学政府管理学院
　　　　　　潘光哲　　台湾"中央研究院"近代史研究所
　　　　　　彭南生　　华中师范大学历史文化学院
　　　　　　沈国威　　日本关西大学外国语学部

石　斌　南京大学中美文化研究中心
史易文　瑞典隆德大学中文系
孙　江　南京大学学衡研究院
王宏志　香港中文大学翻译系
王马克　德国埃尔朗根-纽伦堡大学汉学系
王晴佳　美国罗文大学历史系
王月清　南京大学哲学系
王中忱　清华大学中文系
杨念群　中国人民大学清史研究所
张凤阳　南京大学政府管理学院
章　清　复旦大学历史学系
朱庆葆　南京大学历史学院

编辑委员会
　　主　　编：孙　江
　　编　　辑：王　楠　于京东　石坤森
　　助理编辑：徐天娜　闵心蕙　王瀚浩　宋逸炜

开卷语

名不正,则言不顺。言不顺,则事不成。

历经"语言学的转变"之后,由不同学科条分缕析而建构的既有的现代知识体系受到质疑,当代人文社会科学正处在重要的转型期。与此同时,一项名为"概念史"的研究领域异军突起,越来越多的学者注意到,概念史是反求诸己、推陈出新的必经之路。

"概念史"(Begriffsgeschichte/Conceptual History)一语最早见诸黑格尔《历史哲学》,是指一种基于普遍观念来撰述历史的方式。20世纪中叶以后,概念史逐渐发展为一门关涉语言、思想和历史的新学问。从概念史的角度来看,概念由词语表出,但比词语含有更广泛的意义;一定的社会、政治经验和意义积淀于特定的词语并被表征出来后,该词语便成为概念。概念史关注文本的语言和结构,通过对历史上主导概念的研究来揭示该时代的特征。

十年前,本刊部分同仁即已涉足概念史研究,试图从东西方比较的角度,考察西方概念如何被翻译为汉字概念,以及汉字圈内不同国家和地区之间概念的互动关系,由此揭示东亚圈内现代性的异同。当初的设想是,从"影响20世纪东亚历史的100个关键概念"入手,梳理概念的生成历史以及由此建构的知识体系,为展开进一步的研究奠定基础。但是,阴差阳错,力小而任重,此一计划竟迟迟难以付诸实行。

十年后,缘起石城,南京大学人文社会科学高级研究院先后于2010年和2011年主办两次"东亚现代知识体系构建"国际学术研讨会,来自各国的学者围绕概念史的核心问题展开了热烈讨论。本刊编委会急切地认识到,要想推进概念史研究,必须进行跨文化、跨学科的努力。

本刊是通向概念史研究的一条小径,举凡讨论语言、翻译、概念、文本、分科、制度以及现代性的论文及评论,皆在刊登之列。通过出版本刊,我们希望达到如下目标:首先梳理中国现代知识体系的生成与演变,继而在东亚范围内进行比较研究,最后在全球史(Global History)视野下,从中国和东亚的视角与欧美学界进行理论对话。

本刊将本着追求学术、献身学术的宗旨,为推动撰写"影响20世纪东亚历史的100个关键概念"做知识和人力准备,诚恳欢迎学界内外的朋友给予关心和支持。我们不敢自诩所刊之文篇篇珠玑,但脚踏实地、力戒虚言,将是本刊一以贯之的态度。

Verba volant,scripta manent(言语飞逝,文字恒留)。

《亚洲概念史研究》编委会

目录

序:凡解释一字 ············· 孙 江(1)

基本概念

近代概念范畴的确立及其词化:以"权"为例 ············· 沈国威(5)
 一、概念与概念范畴 ············· (5)
 二、《万国公法》与"权利" ············· (11)
 三、严复的"权利" ············· (15)
 四、结语 ············· (19)

《万国公法》中 right 的译词:"权利"与"权" ············· 谷口知子(21)
 一、小引 ············· (21)
 二、译为"权利"之前,"right"在中国的译法 ············· (22)
 三、《万国公法》中的"权利" ············· (25)
 四、国际法上的 right 是什么?"权"是 right 还是 power? ············· (30)
 五、结语 ············· (38)

汉语法律名词近代化演变特征的探析
  ——以"衙门""法院"为例 ············· 吉田庆子(40)
 一、"衙门"的中日语词源调查 ············· (40)

二、"法院"的中日词源调查 ……………………………………………… (42)
　　三、英华华英词典的调查 …………………………………………………… (46)
　　四、汉语新词间的竞合特征 ………………………………………………… (50)
　　五、"衙门"的近代化和分工细化与汉语的近代化特征 ………………… (52)
　　六、小结 …………………………………………………………………… (53)
"农奴"概念的诞生及其运用 ………………………………………… 陈力卫(55)
　　一、中国无"农奴" ……………………………………………………… (55)
　　二、"农奴"出自日译 …………………………………………………… (56)
　　三、《共产党宣言》的传播与"农奴制" ………………………………… (61)
　　四、"农奴"的词义扩展 ………………………………………………… (66)
　　五、还有多少"奴"要消除？ …………………………………………… (73)
广松涉与"超越近代"论 …………………………………………………… 彭　曦(74)
　　一、对京都学派"超越近代"论的共鸣 ………………………………… (75)
　　二、青年广松涉思想中的"马赫与列宁的对决" ……………………… (79)
　　三、马克思从"异化论"到"物象化论"的转换说 …………………… (80)
　　四、以"事的世界观"超越"物的世界观" …………………………… (83)
　　五、结语 …………………………………………………………………… (85)

翻译技艺

江户兰学翻译与汉译佛经的关联路径
　　——以译词三法为中心 ………………………………………… 徐克伟(89)
　　一、序论 …………………………………………………………………… (89)
　　二、译词创制三法的提出及其问题 ……………………………………… (91)
　　三、早期兰学资料中的译词法 …………………………………………… (92)
　　四、儒学文献中的译词法 ………………………………………………… (95)
　　五、译词法的关联 ………………………………………………………… (98)
　　六、结论 …………………………………………………………………… (102)
西周译词的类型变化及近代意义
　　——从《万国公法》到《百学连环》 ………………………… 张厚泉(103)
　　一、西周译词的思想底蕴 ………………………………………………… (103)
　　二、西周的思想转折 ……………………………………………………… (105)

三、西周译词的类型特征 …………………………………………… (108)

四、西周译词的现代意义 …………………………………………… (111)

新出资料道光本《华英通语》及中国早期英语学习书的系谱 …… 田野村忠温(113)

一、引言 ……………………………………………………………… (113)

二、有关中国初期英语学习书籍的体系概况 …………………… (114)

三、《华英通用杂话》上卷 ………………………………………… (117)

四、《华英通语》道光本 …………………………………………… (119)

五、《华英通语》咸丰五年本 ……………………………………… (128)

六、《华英通语》咸丰十年本 ……………………………………… (134)

七、结语 ……………………………………………………………… (136)

从清末报纸看日语2+1型三字词对汉语三字词的影响 ………… 朱京伟(137)

一、日语三字词占有压倒性数量优势 …………………………… (138)

二、前部二字语素的词源 …………………………………………… (140)

三、前部二字语素的词性 …………………………………………… (142)

四、后部一字语素的系列性构词 …………………………………… (145)

五、后部一字语素的抽象性和具象性 …………………………… (148)

六、对清末五报2+1型三字词的总结 …………………………… (149)

近代报刊《实学报》中日语教科书《东语入门》的利用 ………… 陈静静(155)

一、引言 ……………………………………………………………… (155)

二、先行研究 ………………………………………………………… (155)

三、《东语入门》的构成及其特点 ………………………………… (156)

四、《实学报》中《东语入门》的利用 ……………………………… (158)

五、《东语入门》以外的记录 ……………………………………… (164)

六、总结 ……………………………………………………………… (165)

蔡元培的哲学术语
——从蔡元培主要译著考察哲学术语厘定及其变迁 ……… 藤本健一(166)

一、序言 ……………………………………………………………… (166)

二、蔡元培译著中的哲学术语 …………………………………… (167)

三、蔡元培所用哲学术语之变迁 ………………………………… (172)

四、小结 ……………………………………………………………… (175)

词语连环

新汉语词"理由"的词汇史考察
　　——从古文书记录到和译洋书 ················· 邹文君(179)
　　一、引言 ··· (179)
　　二、作为近代词语的"理由" ································ (180)
　　三、词源 ··· (183)
　　四、作为译词的"理由" ······································ (189)
　　五、结论 ··· (193)

"协赞"之殇：一个《明治宪法》用语的历史文化解读 ····· 崔学森　李文杰(194)
　　一、引言 ··· (194)
　　二、作为法律用语的"协赞" ································ (195)
　　三、《明治宪法》制定时的取舍 ··························· (197)
　　四、"协赞"的历史语义 ······································ (199)
　　五、结论 ··· (201)

"宣传"的语史
　　——近代中日词汇的交流与受容 ················· 陈　伟(203)
　　一、问题的所在 ·· (203)
　　二、先行研究 ··· (205)
　　三、汉语的"宣传" ··· (205)
　　四、日语的"宣传" ··· (208)
　　五、"propaganda"（宣传）传入中国 ···················· (217)
　　六、总结 ··· (219)

关于汉语词"辐辏" ··· 新井菜穗子(220)
　　一、序论 ··· (220)
　　二、见闻录中所见"辐辏" ··································· (221)
　　三、"辐辏"的含义 ··· (222)
　　四、文艺作品中的"辐辏" ··································· (224)
　　五、中国"辐辏" ·· (227)
　　六、现代"辐辏" ·· (228)
　　七、结论 ··· (231)

中国地铁站名的英语标记
　　——作为国际化指标……………………………………… 永田高志(233)
　一、前言 …………………………………………………………… (233)
　二、日本的地铁英语标记 ………………………………………… (234)
　三、中国地铁站名的英语标记 …………………………………… (235)
　四、总结 …………………………………………………………… (242)

征稿启事 ……………………………………………………………… (246)

序:凡解释一字

孙 江

"历史是文体的堆积"①,日本书法家、著名学者石川九扬如是界定历史。确实,人作为使用语言的动物,文体的变化记录了历史的变迁,而文体所承载的词语的变化也衬托出文体的变化。在日语中,文体是个宽泛而暧昧的概念,既有"和文""汉文"以及"和汉混淆文"之别,亦有不同时代、不同世代之分,"文体"还指书面语言,以与口语的"话体"相区隔。

在日本出版的书籍中,"文体"占绝大多数,只有极少数为"话体"。"话体"中有一种形式为二人捉对相谈,内容简洁,章节有序,翻阅之,仿佛置身于酒吧或茶馆,旁听两位邻座在私语。如果只想浅尝辄止的话,这种书可谓恰到好处;如若要往深处思考的话,则显得意犹未尽。但有一本小书例外,即丸山真男和加藤周一合著的《翻译与日本的近代》。② 丸山真男是战后日本思想界的旗手,加藤周一为评论界的翘楚。③ 1991年二人编辑的"近代日本思想大系"《翻译的思想》资料集出版后,决定写一本"话体"书,因丸山身体不佳,最后以加藤提问,丸山回答的方式完成。书出版时,丸山已经过世。该书内容紧凑,满篇珠玑,"翻译的近代""翻译主义"等言说广为学人援用。

翻译是理解他者的契机,也是确立自我的过程。从江户时代到明治时代,日本先后经历了三次由"翻译"开启的文化转向。第一次始自江户中期的儒者荻生徂徕

---

① 石川九杨:《漢字がつくった東アジア 東アジア論》,ミネルヴァ书房2016年版,第5页。
② 丸山真男、加藤周一:《翻訳と日本の近代》,岩波書店1998年版。
③ 日本出色的评论家都是具有丰富学养的各门学科的专家,只是不从事学院派研究而已。柄谷行人曾说,日本的思想家出在评论家中,大学的哲学系教授不过是一群掉书袋的人而已。参见柄谷行人:《"戦前"の思考》,《文艺春秋》1994年刊。

(1666—1728年),可谓"翻译的近世"。荻生告诫同时代人:各位所读中国圣贤之书是被和文训读"污染"了的,要想倾听圣人的声音,必须依照圣人时代的声音来阅读。第二次是紧接第一次的"兰学"。大航海时代登陆列岛的有西班牙人、葡萄牙人、荷兰人等,但留下深刻痕迹的只有荷兰人。荷兰人给日本传来了西方的学问——"兰学",可以说正是"兰学"的翻译拉开了日本的近代序幕。第三次是江户末期以降的"洋学"。"鸦片战争"后,从中国传来的讯息让日本知识人睁眼看世界,一些人迅即放弃"兰学",转而拥抱"洋学",有些人甚至在没有英语、法语词典的情况下,仅凭借荷兰语知识翻译相关文献。多亏马礼逊、罗存德等编写的英华词典以及其他汉译西书的传入,日本的"翻译的近代"才得以顺利展开。在此,要特别提一下的是明治时期知识人的"汉文",如果没有对汉文的掌握,很难想象时人能生造出大量的汉字新名词。

在日本,对于明治时期诞生的翻译词,不同学科开展分门别类的研究,积累了厚重的业绩。由中日韩学者构成的"汉字文化圈近代语研究会",别开路径,每年轮流在中日韩三国举办学术研讨会。2018年3月24—25日,该研究会与南京大学学衡研究院、南京大学日语系联合召开了"从语汇史到概念史"研讨会,会后召集人沈国威教授很快将会议论文结集成册。这些论文篇幅有大有小,但无论短长,均为作者的呕心之作。陈寅恪有句广被引用的话,"凡解释一字即是作一部文化史"[1]。在我看来,翻译一词不易,研究一词更难,是为进行概念史研究的第一步。

是为序。

---

[1] 陈寅恪:《致沈兼士》,载陈美延编:《书信集》,生活·读书·新知三联书店2001年版,第172页。

基本概念

近代概念范畴的确立及其词化：以"权"为例

沈国威[*]

一、概念与概念范畴

影响翻译的有诸种因素。首先是译者，其次是社会整体的知识水平和读者的阅读情趣，而最重要的影响因子则来自语言本身。当一种语言试图从无到有地接受外域的概念，尤其是异质文化的体系性知识时，必须跨越种种语言上的障碍。翻译的文本由词汇（译词）、语言形式（句型）、文章体裁（文体）三种语言要素构成，其中，译词是最重要的构成成分。严复说：

> 今夫名词者，译事之权舆也，而亦为之归宿。言之必有物也，术之必有途也，非是且靡所托始焉，故曰权舆。识之其必有兆也，指之其必有櫫也，否则随以亡焉，故曰归宿。[①]

"名词"即用于翻译的词语，现在称为"译词"。严复所欲表达的大意是：译词必须能表

---

[*] 沈国威，日本关西大学外国语学部教授。
[①] 严复：《普通百科新大辞典序》，载《严复集》第二册，第277页，该文作于1911年2月28日。《普通百科新大辞典》，黄摩西主编，上海国学扶轮社1911年（宣统三年）刊行，是我国第一部百科辞典。

达、传递外域的概念,是翻译的前提,此处"术"通"述";对于译者而言,没有译词也就没有翻译,因为译文是由译词构成的,所以称之为"权舆"①;同时,译词(即命名一个新概念)又必须有理据,能"望文生义",为此必须抓住事物的表征,这样才能便于记忆,意义明白,一目了然②。对于读者而言,译词是译文的落脚之处,是归宿。不懂译词就读不懂译文。严复的这段话写于其翻译活动基本结束之后的1911年,可以将之看作严复对自身翻译实践及译词创造的总结。

"译词"真是可能的吗?"译词"首先是"词",但又与"词"存在着不同之处。词与外界的指示物发生关联,译词除此之外还与原词之间在命名理据和构词上存在着种种关系。既然如此,不妨让我们的讨论从老生常谈的"什么是词"开始。人的感官感受自然界的森罗万象,在头脑中形成影像(image),我们即使闭上眼睛,也有残像浮现在脑海里。相似的或同类的事物的影像——或许我们应该说不存在绝对相同的事物,所以影像也不完全相同——多次重叠,轮廓化、抽象化。我们暂且将这样的重叠影像称为"概念范畴"(即"认知范畴")。所以概念形成的过程又被称为"概念化"。人们用固定的声音加以指代抽象化了的影像,这就是概念的命名,这一过程笔者称之为"词汇化"。人们在使用语言进行交流时,说者发出一个代表概念的声音,听者受到声音的刺激,在自己的头脑里再现影像〔即索绪尔(Ferdinand de Saussure,1857—1913年)的"听觉映像"〕,理解说者所欲表达的概念。索绪尔把能唤起概念知觉的声音称作"能指"(signifier),把被声音唤起的概念称为"所指"(signified)。

概念范畴无论在外部还是在内部都没有清晰的边界,存在着一个连续的灰色区域。我们一方面需要把一个概念范畴同其他概念范畴区别开来(如"鱼"和"狗"不同),另一方面也有把聚集在某一概念范畴内的相似的或同类的事物加以区分的需要(如"鲤"和"鲫"不同)。这一任务是由语言来实现的。语言对外部世界进行切割,其结果是在概念范畴外部和内部确立了边界,这一过程被称为"范畴化"。范畴化是一

---

① 文章是由概念和叙述构成的,文中的概念由词,即命名性成分表示,而不是靠定义来完成的。例如一个极普通的句子"我吃了一个苹果",其中每个词的定义〔即词典义,参见《现代汉语词典》(第7版)〕如下:
　　我=人称代词,指称自己;
　　吃=把食物等放到嘴里经过咀嚼咽下去;
　　一=最小的正整数;
　　个=量词,用于没有专用量词的名词;
　　苹果=苹果树的果实。
　　显而易见,将上述定义代入句中取代译词并不能得到有效的叙述。
② 严复紧接着写道:"吾读佛书,考其名义,其涵闳深博,既若此矣,况居今而言科学之事哉!"佛经的词语已经难解,更何况现在的科学术语了。关于这段话的更详细的解说,参见沈国威:《一名之立　旬月踟蹰:严复译词研究》,社会科学文献出版社2018年版。

种命名行为,使概念范畴和特定的语音形式发生了关联。命名的好处是:一、可以指称对象物,并将其从同类的事物中区别开来。例如我们称一种喝水的器皿为"杯子",那么"杯子"就不再是"碗"或"盘子"。二、将对象物加以抽象化。例如实际上有各种各样的杯子,我们甚至可以说,世界上没有两个完全一样的杯子,但是不同客体之间的区别在"杯子"这一名称下都被舍弃。

关于概念如何被命名,荀子说:"(名之)何缘而以同异?曰:缘天官。凡同类、同情者,其天官之意物也同,故比方之疑似而通,是所以共其约名以相期也。"① 即,是什么造成了词的异同?人用"天官"(五官+心)感受自然,同类的或具有相同情感的人,他们的天官对自然界的感受也相同,这是他们约定俗成、派生引申地使用语言进行交流的心理基础。"词"是语言对概念进行范畴化并对事物命名的结果。但并不是所有的概念都会被命名,说某种语言的社会只为那些语言使用者们认为至关重要的概念准备一个"词",即加以词汇化(命名行为),否则,则使用词组或短语等的说明形式表达这些概念(非命名行为)。说不同语言的人用不同的视角切分、描写世界;不同的语言,其概念的范畴化也不可能完全一致。沃尔夫说:"我们已经发现,背景性的语言系统(或者说语法)不仅是一种用来表达思想的再生工具,而且它本身也在塑造我们的思想,规划和引导个人的心理活动,对头脑中的印象进行分析并对其储存的信息进行综合。"② 沃尔夫所提出的语言相对论的观点认为:"同样的物质现象并不能使所有的观察者对世界产生同样的认识,除非他们的语言背景相近,或是可以通过某种方式得到校准。"也就是说"不同语言以不同方式切分自然","如果我们的语言有所改变,我们对宇宙的欣赏力也会改变"。③ 虽然人们所看到的物质存在相同,但是,头脑中形成的关于客观世界的图像却是不同的。然而这是否就意味着,异类的或不具有相同情感的人,他们的天官对自然界的感受不同,所以语言也不同,无法沟通?显然不是。萨丕尔、沃尔夫的"语言相对论"的核心是:不同语言用不同的方式切分自然界,所以概念范畴也就不同。④ 所谓的"不同"就是说范畴的大小(即范畴之间的分界、范畴内所包含的成员的多寡)和内部结构不一样。其实,范畴化的结果不但东西方不同,古今也各异。这一点甚至不需要有外文翻译的体验,只要想想中学语文课上古文今译

---

① 王先谦:《荀子集注》,中华书局1988年版,第415页。
② 本杰明·李·沃尔夫:《论语言、思维和现实:沃尔夫文集》,约翰·卡罗尔编,高一虹等译,商务印书馆2012年版,第225页。
③ 同上书,第225—228页。
④ 沃尔夫指出:"语言对人类经验的各种成分进行分类的方法不同。在A语言中对应于一个词或一个概念的同一类经验,在B语言中可能对应于两个词或两个概念,是两类不同的经验。"本杰明·李·沃尔夫:《论语言、思维和现实:沃尔夫文集》,约翰·卡罗尔编,高一虹等译,第223页。

时的困难就能体会。双语辞典也是一个好例子,这些辞典常常呈现这样一种状况:原词和译词并不是在所有情况下都一一对应的,常常是一个原词被一组译词来对应,这也就是说,没有完美、准确的一一对应,只能用一组词取得最大的接近值。尤其是在中国早期的汉外辞典里,很多词条(entry)给出的不是对译的词,而是词组或短语形式的解释。可知"译词"并不是天然存在的,需要努力创制并逐渐积累。例如,马礼逊编纂《字典》(1815年)是从翻译《康熙字典》和《五车韵府》着手的,马礼逊立即发现,为数众多的概念在语词的层次无法建立一一对应的关系,为此他不得不采用了解释的方法。在马礼逊的辞典里,大于词的单位数量远远多于词。马礼逊以后的汉外辞典中,短语等长单位减少,译词增多,逐渐形成了一个原词对多个译词的局面。词组、短语、句子可以凝缩成一个词,但是从概念的诠释到获得译词,还有很长的一段路要走。纵观英华辞典的编纂史,可以清楚地看到这种由"非词"形式向"词"形式演进的倾向。译文,需要的是"词",而不是"词"的定义。

关于翻译的可能性问题,历来有两种对立的观点。有人主张不可能有真正"等价"的翻译,其主要根据是因为不存在等价的译词。即使按照最宽容的理解,意义完全等价的译词也是不存在的。译词与原词即使有可能具有相同的概念义,也不可能具有相同的周边义。所谓周边义就是联想、评价、文体、感情色彩等附属义,这是具体语言社会所规定的意义要素,具有强烈的文化个性。对此,另一些人则不那么悲观,尽管没有十全十美的翻译,但这只是译者的能力有限而已。肯定翻译的人认为,人类可以,或者曾经分享过一个意义世界的"原风景",不同的语言之间能建立对译关系,正是以这种人类具有的可以互相接受的意义体系为前提的。作为俨然存在、不容置疑的事实,现今世界说不同语言的人无时无刻不在借助翻译进行沟通。在全球化突飞猛进的今天,尤其如此。索绪尔以后的现代语言理论认为语言没有优劣之分,无论是高度文明社会使用的语言,还是原始部落使用的语言,任何一种语言都可以表达其认为有必要表达的任何概念。然而当我们把目光转向概念表述的单位时,会发现在"词"与"大于词"的不同层面,概念的可译性并不相同。人类社会一方面具有人类赖以存续的共同的基础概念(自然的和社会的),另一方面,由于地域、民族、语言社会的不同,概念的词汇化也呈现出巨大的差异,这样的例子可以信手拈来。所谓概念的移译可以是词,也可以是比词大的单位,如词组、短语、句子。我们应该意识到"可译性"是建立在比"词"大的层次上的,即在词组、短语、句子的层次上没有什么概念是不可移译(或表达)的。但不同语言的"词",在相当多的情况下不是"一一对应"的。

同时,不同语言的词汇分属不同的词汇体系,其本身的词义受整个词汇体系的制约。所谓"体系"就是词与词之间的关系:近义、反义、上下位等的总和。汉语中的某一语词A,在自己的词汇体系里和其他词发生关联,形成一个以A为节点的网络;外语词B,同样在自己的词汇体系里和其他词发生关联,形成一个以B为节点的网络。作为译词,尽管A≈B,但两个网络并不重合。严复在《天演论·译例言》中说:"新理踵出,名目纷繁,索之中文,渺不可得,即有牵合,终嫌参差。"①用自身语言中的词勉强对译外语中的概念时,"终嫌参差"的情况是不可避免的。

笔者不赞成"不可翻译论",沃尔夫的假说其实是立足于"词"这一层级的,在"词"这一级层次上,我们可能没有百分之百的等价物。如上所述,"词"是特定语言范畴化的结果。一种语言的概念范畴是在长时间的历史-文化环境中积淀形成的,具有传承性和稳固性,但这并不意味着概念范畴一经形成就不再发生变化。笔者认为毋宁说概念范畴无时无刻不处在调整之中。社会的进步、科学的发展、新事物的不断出现和旧事物的逐渐消亡,这些都是概念范畴需要调整的理由。所谓调整,即语言社会不断地改变概念范畴的边界和范围:加入一些新成员,剔除一些旧成员;某些成员移向范畴的中心,另一些成员被排斥到范畴的边缘。这一过程笔者称之为"再范畴化"。古今中外的人可以互相理解,一方面是因为人类具有生物学、社会学上的共同基础,另一方面是对社会进步,以及跨文化交流和语言接触等引入的新概念进行再范畴化的结果,而这在近代以降尤为显著。汉语的"猫"不是英语的cat。但是今天当我们在新媒体上见过英国的猫、美国的猫、俄国的猫以后,对CAT的认知范畴,显然不同于以前了。

在引起概念范畴变动的诸种因素之中,最为重要的是文化交流和语言接触,翻译则是最基本的方式。再范畴化的结果使不同语言的概念范畴前所未有地接近、重合,从这一角度说译词的等价关系是可以建立的,只不过需要努力和时间。王力(1900—1986年)指出:

> 现代汉语新词的大量增加,使汉语大大地丰富了它的词汇,而且使词汇走向完善的境地。我们说丰富了,是因为产生了大量新词以后,任何复杂的和高深的思想都可以用汉语来表达;我们说完善了,是因为词汇国际化,每一个新词都有了国际上的共同定义,这样就能使它的意义永远明确严密,而且非常巩固。②

---

① 严复:《天演论·译例言》,载《天演论》,商务印书馆1981年版,第xii页。
② 王力:《汉语史稿》,中华书局1980年版,第528页。

汉语中原来不存在的概念被导入进来，并获得了词的形式，这本身就是对汉语固有意义体系的改造。随着文化等各方面交流的深入，周边义也可以互相接受融合。现在"国家""政治""经济""科学"等大量被称为近代关键词的抽象词语，都具有王力所说的"国际词"的特征：有着世界范围上大致相同的外延与内涵，且感情色彩等周边义较稀薄。①

"译词"不同于"词"，并非天然存在，需要通过努力才能获得。那么译词从何处来？这在今天并不难回答，各类外语辞典就是译词的一个重要的来源。严复早在其翻译活动最为活跃的1902年就说过："字典者，群书之总汇，而亦治语言文字者之权舆也。"②约而言之，外语辞典的作用大致可以归纳为以下两个方面：

1. 建构不同语言之间词汇体系的对应关系；
2. 以清单的形式将语言之间词汇体系的对应关系提供给语言社会。

严复说："窃以谓（为）文辞者，载理想之羽翼，而以达情感之音声也。是故理之精者不能载以粗犷之词，而情之正者不可达以鄙俗之气。"③又说："大抵取译西学名义，最患其理想本为中国所无，或有之而为译者所未经见。"④这里的"理想"即idea，今译"概念"。这样，作为译者的严复，其任务实际上是：一、在汉语中为那些"或有之而为译者所未经见"的"名义"寻找出中外概念的等价物；二、为那些"本为中国所无"的西方或外域的"理想"创造出一个等价物；三、这样的等价物必须足以表达精密的理想。⑤ 完成如此艰巨任务的方法只有两种：一是利用已经存在的语言成分；二是创造新的语言成分。此两项也是19世纪以来译词获取的主要途径。

如前所述，译词具有词的性质，又不完全是词，因为译词不可避免地会与原词发生形式上的、意义上的关联。译词与原词一方面不可能完全等价，另一方面经过一段时间的再范畴化，两者之间又存在着无限相接近的可能性。普通词语可以直接从日

---

① 沃尔夫则指出："现代中国或土耳其的科学家们在对世界进行描述时，使用了和西方科学家们一样的术语。这一事实只能说明他们全盘套用了西方的理性体系，而不意味着他们立足于本族语观察角度证实了这一体系。"本杰明·李·沃尔夫：《论语言、思维和现实：沃尔夫文集》，约翰·卡罗尔编，高一虹等译，第226—227页。
② 严复：《商务书馆华英音韵字典集成序》，载沈国威编著：《近代英华华英辞典解题》，日本关西大学出版部2011年版，第188—189页。该序言写于1902年，但未收于《严复集》中。
③ 严复：《与梁启超书二》，载《严复集》第三册，第516页。
④ 严复：《尊疑先生覆简》，《新民丛报》第12号（1902年7月19日），第62—64页；另载《严复集》第三册，第518页。
⑤ 有一些复杂的问题，如是用单纯词对译，还是创造新的合成词（复合词、派生词）对译等，详见第三节。

常生活中找寻,而大词的主要来源是中国古典。用古典词对译西方的大词至少在初期阶段有以下一些常见的问题:

1. 词语的指称范围中外不同;
2. 词语的意义网络中外不完全吻合;
3. 词语的周边义中外不一样;
4. 词语的语法义不一样。

以下我们以"权"为例,具体分析近代概念范畴的确立及词汇化的问题。

二、《万国公法》与"权利"

汉语典籍里"权""利"两字连用义为"权势与财货"①,"权"字的本义是衡器,转为衡量,后引申为"权柄""权势"。"权利"作为译词使用始于美国传教士丁韪良(W. A. P. Martin),丁氏在翻译《万国公法》时首次用"权利"对译 right。《万国公法》的原著是惠顿的 *Elements of International Law*,这是一部超过 900 页的鸿篇巨制,主要讨论各国的主权及战时的权利及义务。这一话题涉及以下的三组词语:

1. power, sovereign, authority, prerogative;
2. right;
3. obligation, duty.

在英语里这三组词所代表的概念范畴构成一个政治的语义场,以下分别以 POWER、RIGHTS 和 DUTY 代表各个概念范畴和所属的同位近义词。在丁韪良着手翻译前后,已出版的英华字典中这三组词的译词情况大致如下:

---

① 参见《汉语大词典》《辞源》,但使用例极少,甚至无法确定其是否为一个成熟的复合词。

表 1　三组词的译词情况

	马礼逊	麦都思	罗存德
power	权、权柄、权势；能、力、强	权柄；势、权势、德	力、气力、力量；权、权势、权柄、权能、全权、大权、大权能、国权、国柄、兵权、有权、有权势
sovereign	国主	主、人主、国主、主君	主、主权
authority	权柄	权势、权柄、威权、柄权	权势、权柄、威权、权
prerogative	/	格外之恩、超众的特恩	权、特权、格外之权、超常之权
right	应当的、不错、正是	应当的、不错、正是	应当、公道；执权、民之权、格外之权、异常之权
obligation	/	本分、本当、职分	本分、职分
duty	本分	本分、责任、责分	本分、职分、责任

从上表可知，在 POWER 的概念范畴中，power 被译为"权、权柄"，sovereign 和 authority 的译词或者与 power 相同，或者是包含"权"的二次复合词。英语中这三个词的区别在辞典所示的汉语译词上几乎被中和。另一方面，汉语中原来没有 RIGHTS 这一概念范畴，编纂者使用"应当"去对译，但是"应当"无法明确地译出应当得到的意思。对于概念范畴 DUTY，马礼逊的辞典中不收 obligation，将 duty 译为"本分"，所加的解释是：Duty, that which a person ought to do。这样 duty 就成了一种来自身份的责任。麦都思和罗存德对 obligation 和 duty 给出了以"本分"为主的相同的译词，这是因为汉语对二者并不加以区分。"本分"如同身份，虽然是与生俱来的性质，但不是作为"权利"的代价需要付出。只有罗存德在 right 的词条下给出了："I have a right to it，实属我的；in his own right，生而属他的。"罗似乎是想努力译出 right 与生俱来的含义；同一词条下又可见"to maintain one's right，执权；the right of citizens，民之权；prerogative，格外之权、异常之权"等。"执权"即维护自己的权利；"民之权"现在译作"公民权""市民权"；"格外之权"现在译作"特权"，而在词条 prerogative 下，罗存德实际使用了"特权"。prerogative 译为"特权"始于罗存德，马礼逊的辞典的英华部分不收 prerogative，麦都思在其辞典里所用的译词是"格外之恩、超众的特恩"。罗存德的"特权"为井上哲次郎的《订增英华字典》（1884 年）所接受，在日本普及定型。在中国，罗存德之后收录"特权"的是邝其照的《华英字典集成》（1887 年第 3 版）"权、特权"（第 261 页）。受英和辞典影响的《英华大辞典》（颜惠庆，1908 年）给出的译词是"特权、格外权、特别利权"。罗存德的字典中还有"to renounce a right，弃权""encroach, to creep and enter on another's rights，占人权、僭权、渐侵

入地"等 right 译作"权"的例子。总之,罗存德的《英华字典》是唯一尝试用"权"去译 right 的辞典。① 同时需要注意的是上述辞典中都没有使用"权力"。翻译惠顿的书,对译者丁韪良的最低要求是将互相对峙的概念范畴 POWER、RIGHTS、DUTY 的区别译出,形式可以是"词",也可以是词组或短语,但必须加以区分,不能混淆。那么我们来看一下丁韪良的实际翻译。

相关词语在原著中的使用频率情况大致如下:power,1100 余例;right,1700 余例;sovereign,近 700 例;authority,270 余例;duty,300 余例;obligation,150 余例。对于原著中的 power,如下所示,译者采取了不译、意译,或者译为"权"的三种处理方法(引文中的着重号均为笔者所加,下同):

1. So long as the independence of the new State is not acknowledged by other power.
不译:若他自未认新立之国。

2. Those powers are exercised by the East India Company in subordination to the supreme power of the British empire.
译作"权":盖此商会之行权凭本国之权。

3. Sovereignty is the supreme power by which any State is governed.
与 supreme power 合译作"上权""主权":治国之上权,谓之主权。

sovereign 译为"权"或"主权",authority 译为"有司",如:

1. Nations and Sovereign States.
译作"权":论邦国自治、自主之权。

2. The political power of the State and a judicial authority competent to enforce the law.
意译 political power 为"国势",authority 译作"有司":凭国势以行,赖有司以断之者也。

3. The habitual obedience of the members of any political society to a superior authority must have once existed in order to constitute a sovereign State.

---

① 罗存德的《英华字典》于 1869 年出齐,从时间上讲是有参照丁韪良《万国公法》的可能性的。《万国公法》中"特权"有 2 例,对译 conditional or hypothetical rights;而 prerogative 有 16 例,主要用"国君之权"对译。"权利"和"特权"可以说是一组相反的概念,罗存德的理解和在译词上的处理是可以肯定的。

authority 和 sovereign 都没有明确译出：国之初立者，必由民之服君上。

原著中的另一个关键词 right，也有不译、意译的情况，而更多的是译为"权"或者"权利"。如在第一章"论邦国自治、自主之权"中，丁氏开宗明义译道："海氏以公法分为二派：论世人自然之权，并各国所认他国人民通行之权利者，一也；论诸国交际之道，二也。""自然之权"即 natural rights；"通行之权利"即 right to pass；"交际之道"的"道"即 law。"权"和"权利"都对应 right，而"权"又表示 power。这样《万国公法》中的"权"有时指"power"，有时指"right"，译词上"权"和"权利"并无区分，两个重要的概念混在一起。故下文中的着重号部分，只能译作"自主之全权"：

> That the several States composing the Union, so far as regards their municipal regulations, became entitled, from the time when they declared themselves independent, to all the rights and powers of sovereign State, and that they did not derive them from concessions made by the British King.

不加区分地译作"自主之全权"：美国相合之各邦，从出诰而后，就其邦内律法，随即各具自主之全权，非自英王让而得之也。

但是 rights 和 obligations 还是有区别的，例如：

> It neither loses any of its rights, nor is discharged from any of its obligations.

rights 和 obligations 出现在同一句中，丁韪良分别译作"权利""当守之分"：于其曾享之权利无所失，于其当守之分亦无所减。

总之，三个概念范畴在译词对应上并不是泾渭分明的。需要指出的是丁韪良在《万国公法》中并没有使用"权力"一词。

丁韪良在以后的翻译实践中也意识到了这一问题，他在《公法便览》(1878年)的"凡例"中说：

> 公法既别为一科，则应由专用之字样。故原文内偶有汉文所难达之意，因之用字往往似觉勉强。即如一"权"字，书内不独指有司所操之权，亦指凡人理所应得之分。有时增一"利"字，如谓庶人本有之权利云云。此等字句，初见多不入

目,屡见方知不得已而用之也。

也就是说"权"不仅指"有司所操之权"(power),也指"凡人理所应得之分"(right),"权"的词义的判读完全依赖于上下文。为此"有时增一'利'字"以示区别。《万国公法》之后,"权利"开始出现在报章上。《申报》第18号(1872年5月21日)上可见"兵船所能领之额外权利者,邮船亦可能领"。几乎同一时刻,"权力"也有用例:"因中国权力不能远越重瀛而禁之。"(《申报》第11号,1872年5月14日)"权力"这个古典词在当时的《申报》上另一个意思是"力量"。

三、严复的"权利"

严复从另一个角度感觉到了"权利"的问题,对这个译词极为不满,他在给梁启超的信中指出:

> 唯独 rights 一字,仆前三年,始读西国政理诸书时,即苦此字无译,强译"权利"二字,是以霸译王,于理想为害不细。后因偶披《汉书》,遇"朱虚侯忿刘氏不得职"一语,恍然知此职字,即 rights 的译。然苦其名义与 duty 相混,难以通用,即亦置之。后又读高邮《经义述闻》,见其解《毛诗》"爰得我直"一语,谓直当读为职。如上章"爰得我所",其义正同,叠引《管子》"孤寡老弱,不失其职,使者以闻",又《管子》"法天地以覆载万民,故莫不得其职"等语。乃信前译之不误,而以直字翻 rights 尤为铁案不可动也。盖翻艰大名义,常须沿流讨源,取西字最古太初之义而思之,又当广搜一切引申之意,而后回观中文,考其相类,则往往有得,且一合而不易离。譬如此 rights 字,西文亦有直义,故几何直线谓之 right line,直角谓 right angle,可知中西申义正同。此以直而通职,彼以物象之正者,通民生之所应享,可谓天经地义,至正大中,岂若权利之近于力征经营,而本非其所固有者乎?且西文有 born right 及 God and my right 诸名词,谓与生俱来应得之民直可,谓与生俱来应享之权利不可。何则,生人之初,固有直而无权无利故也,但其义湮晦日久,今吾兼欲表而用之,自然如久废之器,在在扞格。顾其理既实,则以术用之,使人意与之日习,固吾辈责也。至 obligation 之为义务(仆旧译作民义与前民直相配),duty 之为责任,吾无间然也。①

---

① 严复:《与梁启超书三》,载《严复集》第三册,第518—519页。括号中为夹注。

严复这段话大概有如下几层意思:

1. 用"权利"去译 right,意义相差太大,极为勉强,影响概念的准确移译。因为对于"权利",严复的理解(即汉语典籍上的意义)是以权和力得到的利益,这样就与 right 所有的"与生俱来"的含义格格不入。

2.《汉书》中的"职"与 right 同义;但"职"可能与 duty 的译词"职责"发生混淆,严复暂时未加以采用。

3. 严复后来发现《诗经》《管子》等典籍中的"直"也应该训作"职"。

4. 在翻译大词时要特别关注初始义,然后追根寻源地找出派生义。

5. "直"的概念,中西有相通之处。汉语的"直"通"职"(应有的作用),西方 right 寓意"物象之正者,通民生之所应享"。所以英语的 right line、right angle 汉语分别作"直线""直角"。

6. 西方有 born right、God and my right 等说法,表示与生俱来的 right,这个意思可以用"民直"表示,但是"权利"则不行,因为"生人之初,固有直而无权无利故也"。

7. "直"的初始义湮没已久,需要重新使之显现出来。

8. obligation 译为"义务"、duty 译为"责任",严复均表示认同。严复在以前的译著中为了词形上的一致,曾经把 obligation 译为"民义",现在放弃了。笔者揣测这可能是因为 obligation 不但可以说"民",也可以说国家的缘故。"义务"是日本译词,但严复对此并没有特别的反应。

严复的这封信写于 1902 年 6 月(农历四月),"前三年"即指 1899 年。但这应该是一个时间的概数,严复在 1896 年的手稿本《治功天演论》中已经使用了"权利"和"直":

> 1. (蜜蜂)其为群也,动于天机之不自知,各趣其功,而于以相养,各有其职分之所当为,而未尝争其权利之所应享。①
>
> 2. 以谓天行无过,任物竞天择之事,则世将自至于太平。其道在听人人自由,而无强以损己为群之公职,立为应有权利之说,以饰其自营为己之深私。②
>
> 3. 故恕之为道,可以行其半,而不可行其全;可以用之民与民,而不可用之

---

① 严复:《天演论·卮言十一》,载汪征鲁等主编:《严复全集》卷一,福建教育出版社 2014 年版,第 23 页。
② 严复:《天演论·论十七》,载同上书,第 67 页。Once more we have a misapplication of the stoical injunction to follow nature; the duties of the individual to the state are forgotten, and his tendencies to self-assertion are dignified by the name of rights.

国与国。民尚有国法焉,为之持其平而与之直也,至于国,则吾恕而彼不恕,为之持其平而与之直者谁乎?①

4. 盖主治者悬一格以求人,曰:必如是,吾乃尊显爵禄之。使所享之权与利,优于常伦焉,则天下皆奋其材力心思,以求合于其格,此又不遁之理也。②

例1中"职分"即 duty,"权利"即 rights,全文为:Each bee has its duty and none has any rights。例2中原文也是 duty,但译词改为"公职",似乎要强调个人对于国家的义务,与私领域的义务相区分。例3说"恕道"可以适用于个人之间,而不可用于国与国之间。因为对于个人有国家为其主持公道,保证其权利,对于国家则不存在这种超然的力量。严复在《天演论》中"权力"仅有一例:"顾自营减之至尽,则人与物为竞之权力,又未尝不因之俱衰,此又不可不知者也。"③原著的意思是:如果对人与人之间的竞争约束过多,也会对社会起破坏作用。严复的译文的意思是:人与人之间的竞争若不存在,人与物(自然)竞争的力量也会因之减弱。本例中的"权力"与 power 对应,在现代汉语中 power 既可译作"权力",也可译作"力量",但严复的时代"力量"还不是常用词汇,多用"权力",如培根的名言"知识就是力量",严复译作:"培庚有言,民智即为权力。岂不信哉!"④例4中严复使用的是"权与利"的形式,这反映了严复对"权利"的理解:权利之近于力征经营。

继《天演论》之后,在《原富》中,严复用"权利"译 right,用"权力"译 power 或 authority,不再使用"民直""民职","直"字在这本译著中作价值的"值"义。

1903年严复出版了另外两部译著《群学肄言》和《群己权界论》,书中既使用了"权利",也使用了"直":

> 吾知议院遇此等事,固亦选派查办之员,以求公允,然其侵小民权利,而使之失职者,常十事而九也。吾非谓其知而侵之也,彼实不知而侵之,但议院不宜任查办之员,安于不知而致贫民遂见侵耳。彼民既贫,势不能来伦敦,询事例,具人证以讼其所被侵之直,议院务察此意而为政,庶几真公允耳!⑤

---

① 严复:《天演论·卮言十四》,载汪征鲁等主编:《严复全集》卷一,第27页。这段话是严复加译的。
② 严复:《天演论·卮言十六》,载同上书,第28—29页。原著中并没有这段话。
③ 严复:《天演论·导言十四》,载同上书,第33页。手稿本中这段话为:"自营减之至尽,则人与物为竞之权力,又未尝不因之俱衰,此又不可不知者也。"参见汪征鲁等主编:《严复全集》卷一,第26页。
④ 严复:《原富》,商务印书馆1981年版,第220页。
⑤ 严复:《群学肄言》,商务印书馆1981年版,第67页。

在这个例子里,"权利"和"直"并出,但并无意义上的区别,严复的意图不得而知。

> 故生人之道,求自存以厚生,非私也,天职宜如是也。自存厚生之事无他,爱得我直而已。群为拓都,而民为之么匿,么匿之所以乐生,在得其直,故所以善拓都之生,在使之各得其直。(直,汉人直作职分所应有者也。——译者注)①

"天职"和"直"都作"权利"解,译者严复在注中解释为"职分所应有者",但"职分"在《天演论》中又作"义务"解:

> 吾党祈福受厘之际,则曰吾之爱人,宜如己也,吾之报怨,将以德也。乃至朝堂之所申辩,报章之所发明,州闾之会,酬燕之顷之所谈,则曰不共戴天者也,是不与同国者也,是吾国体民直之所必争也。②

此例的"民直"即是"权利"。

> 为己为人,皆资勇果,勇果本于形气者也,为人兽之所共有,而视其所以行之者何如?使其用之以求其天直(天直,犹言所应享之权利。——译者注),以御暴虐,以遏侵欺,可贵者也。③

译者严复在注中解释"天直"是"应享之权利"。

> 则反是而观,勇之不足贵者,有所属矣。意纯起于自私,所求者非其应得之天直,虽曰勇果,殆与禽德邻也。故好勇而不知义,不独为之者非也,誉者与有罪焉,何则?以其奖败德而损群宜也。④
> 譬如自自由之说兴,而穷凶之孽,或由此作,即持干涉之义者,而民直(民直,即俗所谓权利与他书所称民权。——译者注)或以见侵。设仆云然,未必遂为自由之反对,抑亦非尚法者之叛徒也。⑤

---

① 严复:《群学肄言》,第140页。
② 同上书,第153页。
③ 同上书,第154页。
④ 同上。
⑤ 同上书,第307页。

在《群己权界论》的原著中，rights 和 obligation 是关键词，严复更多地用"权利"和"义务"去译，也有译作"直"（含"民直""天直"）的例子，如：

> 如是者谓之自繇国典。国典亦称民直，侵犯民直者，其君为大不道，而其民可以叛，一也。①
> 以下言言行自繇，本为斯民天直。——译者注②
> 盖言行自繇，固文明之民，人人所宜享之天直，借曰有为而然，其义隘矣。③
> 权利人而有之，或国律之所明指，或众情之所公推，所谓应享之民直是已。④
> 若夫行出诸己，而加诸人，斯功过之间，社会所以待之者大异此。夫侵人之端，莫大于夺其所应享之天直。⑤

严复一方面以"直"为主，在不同的语境中尝试着使用各种译词，另一方面还需要顾虑到当时社会上"权利""义务"都已经相当普及的现实，最终也没能给出一个明确的答案。⑥

四、结语

《英华大辞典》（颜惠庆，1908 年）上 right 的译词为："法律上之权、权利。有权利必有义务，警察有逮捕犯法人之权，要求无理之事物世人无是权利也。"而赫美玲的《英汉标准口语辞典》（1916 年）将"权利"和"民直"都作为教育部审定的译词处理。

在现代汉语中，"权力"和"权利"是同音词，口语层面无法区分；两者的单音节形式均为"权"，书面语中也无法区别，从词汇学的角度说不能算是成功的译词。这两个词在日语里音形、词形都是互相区别的，似无问题，但是作为词缀使用时，仍然无法确

---

① 严复：《群己权界论》，商务印书馆 1981 年版，第 4 页。此处加入了原编者注：1. 自繇国典，political liberty；2. 民直，political rights。
② 同上书，第 73 页。
③ 同上书，第 74 页。
④ 同上书，第 81 页。
⑤ 同上书，第 84 页。
⑥ 参见黄克武：《自由的所以然》，上海书店出版社 2000 年版，第 118—192 页。

定词义。① 尽管如此,"权力""权利"成了汉字文化圈的近代关键词,可知词汇学上的因素并不能完全决定译词的命运。

作为余论,笔者认为近代性概念范畴及关键词,有以下三种结构形式,即上下位结构、百科知识结构、"一物多名"结构。上下位结构,概念由笼统到抽象,即外延由大至小,如人类社会—国家—各种政体之国家(民主国、君主国、共和国)—族群—特定的团体。在这个上下序列中,"国家"处于基本层级上,具有重要的认知功能。百科知识结构具有联想语义场的特征,如谈到"权利",就会联想到"义务""责任""特权""人权""自由"等。联想的范围受到个人百科知识的限制。百科知识结构中的概念互相支撑,构成一个立体的概念网络。所谓"立体的"即概念之间构成同义(近义)、反义的关系。有的概念处于概念网络的节点位置,被称为"关键词"。严复在翻译赫胥黎的 *Evolution and Ethics* 时势必涉及如权利、义务、善、恶、同情、良心等概念,因为这些概念是讨论伦理学时不可或缺的。"一物多名"结构即同位同义结构。同一概念的命名常常是多种多样的,在近代翻译史上则表现为一名多译,而作为科学的术语最终要趋于统一。上述三种结构互相干涉,构成了近代西方概念容受的复杂局面。对此有深刻认识,才能拨云见日。

---

① 胡以鲁也指出:"如权利义务,犹盾之表里二面。吾国义字约略足以当之。自希腊有正义即权力之说,表面之义方含权之意。而后世定其界说,有以法益为要素者。日人遂撷此两端译作权利,以之专为法学上用语。虽不完,犹可说也。一经俗人滥用,遂为攘权夺利武器矣。既不能禁通俗之用,何如慎其始而译为理权哉?义务之字含作为之义,亦非其通性也,何如译为义分?"胡以鲁:《论译名》,《庸言》1914年第1—2期;沈国威:《译词与借词——重读胡以鲁〈论译名〉》,《或问》2005年第9号。

《万国公法》中 right 的译词："权利"与"权"

谷口知子[*]

一、小引

现在,"权利"一词不仅限于法律层面,在日常生活中也是常用词汇。1850 年来华的美国传教士丁韪良(W. A. P. Martin)在翻译 Elements of International Law 时所选用的"right"的译词,就是"权利"。[①]

1836 年,亨利·惠顿(Henry Wheaton)的 Elements of International Law 出版。该书最早系统地论述了国际法的原理。这一著作反复再版,给世界带来了深远的影响。丁韪良将该书的 1855 年第 6 版翻译成中文,1864 年以《万国公法》的书名出版。第二年《万国公法》传入日本。

《万国公法》将国际法知识以及"权利"的概念连同译词一起带入中日两国。中日两国的学者对此多有讨论。松井利彦、加藤周一、张嘉宁、柳父章等都对书中的译词做过研究。关于 right 的译词"权利",将英语原文和汉语翻译加以对照进行的研究尚不多见,本文通过对照原著与丁韪良的翻译,考察以下几个方面的问题:

---

[*] 谷口知子,日本关西大学教师。
[①] 松井利彦 1985 年在《漢訳〈万国公法〉の熟字と近代日本漢語》一文中阐述了《万国公法》中"权利"的使用情况。

(1)"权利"一词产生前,译者们如何把握"right"? 如何翻译?

(2)在《万国公法》中,"权利"一词的产生经历了怎样的过程? 为何选用"权利"这两个汉字?

(3)国际法中"right"的定义,"权"是 power,还是 right?

通过上述考察,希望能廓清欧美和中国对 right 一词理解的差异、中国人对 right 的理解程度,以及《万国公法》在中国传递 right 这一概念的具体情况。

二、译为"权利"之前,"right"在中国的译法

19 世纪初期,"right"一词的近代概念因来华的美国传教士汉译的欧美书籍及中国人自己的译作而为人所知。当时,传教士使用"分""本分""理""权"来翻译 right,而中国人则选用了"道理"。下面笔者将美国《独立宣言》及《各国律例》(1839 年)的原著与中文译著加以对照,考察中西是如何理解、翻译"right"一词的。

(一) 美国《独立宣言》的"right"及裨治文的译词"分""本分""理"

18 世纪以后,约翰·洛克(John Locke)的理论相继为西方各国的宪法所采用①,而率先接受洛克理论的是美国和法国。1776 年,美国《弗吉尼亚权利法案》(*Virginia Declaration of Rights*)的第 1 条、《独立宣言》的序文部分及 1789 年法国《人权宣言》均有关于 right 的条文。

美国传教士裨治文(Elijah Coleman Bridgman,也称高理文)在其 1838 年的著作《美理哥合省国志略》(以下简称《合省国志略》)中翻译了《独立宣言》。裨治文的这本地理书首次向中国介绍了美国的概况。其中,特别对美国的政体进行了描述。1861 年,裨治文对该书大加修订,以《大美联邦志略》的书名出版,成为中国人了解美国的重要书籍。

裨治文在《合省国志略》中将 right 译为"本""本分",在《大美联邦志略》中改译为"理":

(4) 原文:We hold these truths to be self-evident, that all men are created equal, that they are endowed by their Creator with certain unalienable Rights,

---

① 约翰·洛克在《政府论》(1690 年)中提出四项任何人均不可侵犯的个人固有之权利(right of properties):生命(life)、健康(health)、自由(liberty)、财产(possessions)。

that among these are Life, Liberty and the pursuit of Happiness。

（现代汉语译文：我们认为下述真理是不言而喻的：人人生而平等，造物主赋予他们若干不可让与的权利，其中包括生存权、自由权和追求幸福的权利。）

这段原文，两个译本的译文如下：

（5）《合省国志略》：上帝生民，大小同体，生以性命，各安其分，又立国政以范围之，使民不至流于邪僻，是性命本分之有赖也。乃不持不扶，则将焉用其政。（第4卷《百姓自脱英国之制》，第11页下）

（6）《大美联邦志略》：盖以人生受造，同得创造者之一定之理，已不得弃，人不得夺，乃自然而然，以保生命及自主自立者也。苟欲全此理则当立政以从民志。（上卷《民脱英轭》，第23页上）

《独立宣言》卷首"right"本义为"合乎道德的、道德方面的正确及正义"，反映了随着基督教的发展，支配自然界的法则与神的旨意。这是自然法中"right"的古典义。① 对此，《合省国志略》的"分、本分"具有"身份、地位、职责"的意义，而《大美联邦志略》中的"理"，除了"正理、身份、地位"以外，还含有"法律上、规则上"的意思。

（二）《各国律例》中伯驾和袁德辉的翻译

《各国律例》是滑达尔（Emerrich de Vattel）著 *Le Droit des Gens*（*The Law of Nations*）②的中译本。法文版的原著于1758年出版，1759年由奇蒂（Joseph Chitty）翻译的英文版 *The Law of Nations Bibliography of the Different Editions* 在伦敦出版，1796年美国版出版。③

将 *Le Droit des Gens* 介绍给林则徐的是袁德辉。④ 林则徐于1839年7月委托美国传教士伯驾（Peter Parker，1804—1888年）将此书翻译成中文。但林则徐对伯驾的翻译似乎不是很满意，又委托袁德辉再次进行翻译。袁德辉翻译的《各国律例》于1839年出版，收录于《海国图志》（60卷本第52卷，100卷本第83卷）。

---

① 自然法是以人类的本性和理性为基础，在人类社会中自然存在的、所有人普遍适用的法律。该法与欧洲的基督教神学相结合而发展。参见竹下贤、角田猛之、市原靖久、樱井彻《初学法理学与法思想》（2010年）；市原靖久《权利的概念史》（2010年）。
② 滑达尔（1714—1767年），又称瓦特尔，瑞士法学家、外交官。
③ 参见刘恒焕：《中国国际法学的开山者——林则徐》，《中山大学学报（社会科学版）》1991第1期。
④ 参见林庆元：《林则徐评传》，河南教育出版社2008年版，第249页。

伯驾和袁德辉翻译时所参照底本是1834年出版的奇蒂英译本。① 有人说伯驾只翻译了滑达尔书中的三个段落②，但笔者经过对勘发现，伯驾至少还翻译了第1卷第8章第94节、第3卷第1章第1—3节的部分内容。正如张嘉宁指出的那样，伯驾的翻译并非直译，而是采取了意译的翻译方法，并且译文十分晦涩难懂。③

袁德辉是理藩院（清政府处理蒙古、回族等少数民族事务的机构）的口译人员。他的翻译虽较伯驾有所改善，但并没有很好地表达原文的意思。④ 袁德辉对原著的第1编第8章第94节、第2编第8章第100—102节和第3编第1章第1—4节进行了翻译。⑤ 不过，袁德辉所翻译的仅仅是这些章节的一部分。

1. right 最早的法律译词——"理"和"道理"

如下所示，伯驾将 right 译作"理"和"天理"，而袁德辉则使用了"道理"一词：

（7）原文：As then every nation has a right to chuse whether she will or will not trade with another.（Par. 1 Chap. 8, §94 p. 135）

伯驾译文：如外国带鸦片往省，流毒射利，该本国不准他进口，亦不能告诉一说之事，此是理也。（第1卷第8章第94节第19页下）

袁德辉译文：各国有禁止外货物。不准进口的道理。（第1卷第8章第94节第20页下）

伯驾的"理"与裨治文的"理"有所不同，是"法律上的权利"意义的 right。这是14世纪以后在国际法制定过程中产生的概念，是在古典义"对个人正当的份额所具有的权利、支配、自由"之外附加的，18世纪以后为欧洲各国的宪法所采纳。

与之相比，袁德辉使用的"道理"大致相同，但是，在法律层面上，"理"的词义包含"法纪"这一法律概念，"道理"却没有。总之，伯驾和袁德辉的"理""道理"是首次对应法律概念上 right 的译词。

2. 袁德辉的"权"——对 power 和 right 的理解

从下面的例子中，我们可以看到袁德辉是如何理解 right 的：

---

① 参见刘恒焕：《中国国际法学的开山者——林则徐》。
② 张嘉宁：《〈万国公法〉成立事情と翻訳問題——その中国語訳と和訳をめぐって》《文献解題〈万国公法〉》，载加藤周一、丸山真男：《翻訳の思想》，岩波书店1991年版。
③ 同上。
④ 同上。
⑤ 参见熊月之：《西学东渐与晚清社会》，上海人民出版社1994年版，第225页；刘恒焕：《中国国际法学的开山者——林则徐》。

(8) The kings of England, who power is in other respects so limited, have the right of making war and peace. (Par. 3 Chap. 1, §4 p. 47)

袁德辉译文:如此唯国王有兴兵的权。但各国例制不同。英吉利王。有兴兵讲和的权。(《海国图志》第52卷第21页下第292条)

如前所述,袁德辉将 right 译作"道理"。因此,上例中的"right"似也应译作"道理"。然而,袁德辉却译作了"权"。这是为什么呢?其实,袁德辉并没有翻译上例着重号部分。他虽然读到了原文中王权受限的句子,但他只译有 power 之意的"权"。对于身处封建社会的袁德辉来说,皇权是至高无上的,他很难理解英国国王的 power(权力)会受到制约。

这是一个不同的社会背景影响译者的理解和译词选择的例子。

三、《万国公法》中的"权利"

"权利"作为 right 的译词最早出现于《万国公法》第1卷第1章格劳秀斯和霍布斯等人有关国际法的论述中。下文将就"权利"一词的诞生过程、选择"权利"作为译词的根据,以及"权利"的含义进行考察。

(一)《万国公法》的出版及翻译底本

如前所述,《万国公法》所用的底本是美国国际法学家亨利·惠顿的著作 *Elements of International Law*。译者丁韪良[①] 1862 年开始翻译,在江宁的何师孟、通州的李大文、大兴的张炜、定海的曹景荣等四位中国人的帮助下完成了《万国公法》的初稿。[②] 1863 年 9 月 11 日,在美国新任驻华大使蒲安臣(Anson Burlingame)的介绍下,丁韪良与总理衙门的文祥等四位大臣商讨了出版事宜。[③] 1864 年 4 月中旬译

[①] 关于丁韪良,参见 Immanuel C. Y. Hsü, *China's Entrance into the Family of Nation: The Diplomatic Phase, 1858—1880*, Cambridge, Mass.: Harvard University Press, 1960, pp. 123-124(徐中约:《中国进入国际大家庭:1858—1880 年间的外交》);田涛:《国际法输入与晚清中国》,济南出版社 2001 年版。

[②] 参见《万国公法》凡例;张嘉宁:《〈万国公法〉成立事情と翻訳問題——その中国語訳と和訳をめぐって》;田涛:《国际法输入与晚清中国》。

[③] W. A. P. Martin, "Journal of Removal to Peking", *Foreign Mission*, Vol. 22, No. 228 (Feb. 1864); Immanuel C. Y. Hsü, *China's Entrance into the Family of Nation: The Diplomatic Phase, 1858—1880*, p. 127;田涛:《国际法输入与晚清中国》。

稿最终完成。① 从董恂所作的序中可知,任职总理衙门的陈钦、李常华、方濬师、毛鸿图四人负责校对工作,同年《万国公法》由京都崇实馆出版。② 在海关总税务司赫德的要求下,恭亲王奕䜣拨银500两用于出版,并将300册发放至各地方官员手中。③

关于丁韪良使用的原著底本,在《万国公法》的原序与丁韪良的回忆录里都没有相关记载。若考虑翻译完成后的校对时间等要素,1855年第6版被认为是最有可能性的。④ 本文所使用的底本如下:

1. 原著:Wheaton, *Elements of International Law*(1855年第6版);
2. 汉译:惠顿:《万国公法》,丁韪良译,京都崇实馆1864年版。

(二) 为何是"权利"? ——法学家的见解

"权利"一词最早出现在《万国公法》第1卷第1章第五节p4aL6。这一节中,被称为国际法之父的雨果·格劳秀斯⑤在其著作 *The Rights of War and Peace* 中首次系统地论述了近代国际法。他的理论影响了霍布斯、普芬道夫、洛克、卢梭等人。

《万国公法》在第1卷第1章第1—5节介绍了国际法制定过程中,格劳秀斯和布番多等法学者关于"权"与"利"的论述:

(9) 原文:As they have not organized any common paramount authority... It is impossible that there should be a code of international law illustrated by judicial interpretations... From what authority is international law derived? (Par. 1 Chap. 1, §1 p. 1)

现代汉语译文:这些国家没有设立共通的最高权威……因此,通过司法解释进行说明的国际法协议是不可能存在的。……国际法的制定需要什么样的权威呢?

译文:倘求公法,而欲恃一国之君操其权,一国之有司,释其意,不可得矣,欲知此公法,凭何权而立。(第1卷第1章第1节第1页)

(10) 原文:Neither Hobbes nor Puffendorf entertains the same opinion as

---

① 田涛:《国际法输入与晚清中国》。
② 张嘉宁:《〈万国公法〉成立事情と翻訳問題——その中国語訳と和訳をめぐって》,第402页。
③ 《筹办洋务始末》第27卷,第25—26页。此后,中国官员纷纷阅读了《万国公法》,开始认识到外交的重要性。
④ 张嘉宁:《〈万国公法〉成立事情と翻訳問題——その中国語訳と和訳をめぐって》,第402页。
⑤ 格劳秀斯最有名的著作是1625年的 *De Jure Belli ac Pacis Libri Tres*。该书是三十年战争期间为了制定缓和战争惨状的规则而写的。

Grotius upon the origin and obligatory force of the positive Law of Nations。(Par. 1 Chap. 1, §5 p. 6)

  现代汉语译文:关于明确的国际法的源泉与(法律的、道德的)强制性的支配力,霍布斯与普芬道夫无法赞同格劳秀斯的观点。

  译文:霍毕寺、布番多,论公法出自何源,行恃何权,亦与虎哥稍异。(第1卷第1章第5节第3页)

《万国公法》还强调,在制定国际法之际,关于应考虑并尊重"利":

  (11) 原文:He had previously said,"As the laws of each particular State are designed to promote its advantage, the consent of all, or at least the greater number of States, may have produced certain laws between them"。(Par. 1 Chap. 1, §4 p. 4)

  现代汉语译文:他(格劳秀斯)明确表示:"各国的法都主张对本国的有利之处,因此所有或大多数国家的承诺(同意)可能会在各国之间产生某种固定的法。"

  译文:(虎哥)又云,各国制法,以利国为尚,诸国同议,以公好为趋,此乃万国之公法,与人心之性法,有所别也。(第1卷第1章第4节第2页)

  (12)原文:Grotius would, undoubtedly, have done better had he sought the origin of the Natural Law of Nations in the principle of utility, vaguely indicated by Leibnitz, but clearly expressed and adopted by Cumberland, and admitted by almost all subsequent writers, as the test of international morality. (Par. 1 Chap. 1, §4 p. 5)

  现代汉语译文:格劳秀斯若根据有益性的原则找出各国自然法的源泉的话,确实能做得更好。莱布尼茨曾含糊地提到过有益性的原则,而坎伯兰对此进行了明确表述并予以采纳。而且这个原则被大多数研究者公认为国际道德性的标准。

  译文:莱本尼子与根不兰所言,公法之初于利者……然彼时何为万国之利,尚不甚明,欲明之……究察之方有二,一则见广,一则虑深,见广则知事,虑深则知其事有利有害焉。(第1卷第1章第4节第3页)

《万国公法》还介绍了英国公使Lord Stowell的主张:各国根据各自的惯例运用国际

法,无法超出自然法一般原则规定的范围加以实施。(《常例大用》,第 1 卷第 1 章第 5 节第 3 页)

综上所述,翻译的根据应是出于各法学者的论说。造成影响的论说包括有关权力的论述,关于国际法的制定需要怎样的最高权威(authority)、法律以及道德约束力(obligatory)的讨论,以及权力带来的好处、有益性,各国通过权力所能平等享受的好处(advantage)与利(utility)。译者选择"权利"一词,是受各种有关"权力"与"利益"的学说的影响。

(三)"权利"的首见例——作为 privilege 的译词

《万国公法》刊行前,right 被译作"本分、分、理、道理",这几个词在《万国公法》中仍有使用,但并不对应 right。① "权利"最初是作为 privilege 出现的:

(13)原文:The same remark may be made as to what Puffendorf says respecting the privileges of ambassadors, which Grotius supposes to depend upon the voluntary law of nations。(Par. 1 Chap. 1,§5 p.7)

译文:虎哥以国使之权利皆出于公议,布氏云……至其利益之处,或本性法,或本默许,盖许与不许,原无强制也。(第 1 卷第 1 章第 5 节第 4 页)

(14)原文:Conferring upon them certain privileges which may be withheld at the pleasure of the State where they reside。(Par. 1 Chap. 1,§5 p.7)

译文:窃思布氏所言,国使之权利,分为二种,或本于天性而不可犯,或本于常例而随可改者,此说绝无所凭,盖国之能废其一者,亦能废其二,特恐启他国之怨仇报复耳。(第 1 卷 1 章第 5 节第 4 页)

privilege 的词源是 12 世纪初的拉丁语 privilegium,原意为 privi+lege,即"属于个人的法律"。那么 the privileges of ambassadors(国使之权利)是怎样的 privilege(权利)呢? 从上文例句看,privilege 依据源自道德道义的自然法,赋予国使这一身份的权力与利益,受驻在国政府的左右。而"权利"是存在于中国典籍的词,意为"权势与货财",并不包含法律上的意义。但是当"权利"成为 privilege 时,被加入了权力与利益的意义,同时又获得了属于个人、身份的法律上的新概念。

---

① "分"与 respect,"理"与 rules、state、precepts、general principles 分别对应;"道理"与 philosophers 对应。

(四)"权利"作为 right 的译词出现

right 这个英语词,在《国际法原理》Par. 1 Chap. 1, §6 中首次出现,原文译文对译情况如下:

(15)原文:In treating of the rights of neutral navigation in time of war。(Par. 1 Chap. 1, §6 p. 8)

译文:宾克舍以公法之源有二,理与例也,例则有各国之律法、盟约可证,论战时,局外者航海之权,彼云。①(第 1 卷第 1 章第 6 节第 4 页)

如上所述,中立国航海权的"权"字对应了"rights"。但这里只是"权","权利"作为 right 的译词首次使用,是在第 1 卷第 1 章第 6 节第 5 页:

(16)原文:Huberus asserts that ambassadors cannot acquire or preserve their rights by prescription。

译文:胡北路所云,国使之权利,不能因日久,便欲坚守不让也。(第 1 卷第 1 章第 6 节第 4 页)

然而,"权利"并非只被用来翻译"right",有时对应的是"privileges",如:

(17)原文:The privileges of their acquired domicile。
译文:可以土著之权利授之。(第 2 卷第 2 章第 6 节第 24 页下)
(18)原文:all the commercial privileges of his acquired domicile。
译文:所有通商之权利。(第 2 卷第 2 章第 6 节第 29 页下)

这是译者未能理解 privilege 与 right 的区别所致。下例亦是如此:

(19)原文:Nay, if they should even act with more injustice than other nations do, they should not, on that account... lost the rights and privileges of

---

① "彼云"指荷兰人宾克舍(Bynkershoek,1673—1743 年),他是近世法学派法学家,精通外交国际法、海上国际法。近世法学派与雨果·格劳秀斯、普芬道夫等初期法学者基于自然法讨论国际法的方法不同,主张以人定法为基础的国际法。

sovereign States。(Par. 1 Chap. 2,§2 p. 14)

译文:即有(对巴巴里采取的措施)较他国,更为不义,他国亦不可因此,遂不以自主之权利归之也。(第1卷第2章第14节第29页下)

原著区别使用了 privilege 与 right,但译文将 rights and privileges 合译为"权利"。法律意义上的 right 是平等地赋予所有个人和国家的,而 privilege 则是一种暂时的特权,它所赋予的对象是拥有一定身份和资格的个人。① 译者将 right 和 privilege 大致等同起来,并没有理解两者之间的区别。

四、国际法上的 right 是什么? "权"是 right 还是 power?

在第四节,我们将就国际法中的 right 是什么、享受 right 的条件以及随之而来的具体规定和限制是什么等进行讨论。作为 right 的译词,除了"权利"以外,还有"权""—权""—之权"等。我们还将观察"权"在什么语境下是 right,什么语境下是 power。

(一) 国际法上的 right 是什么?

1. right 的获得——独立国家、主权国家

在国际法中,享受 right 的资格是什么? 如下例所示,美国通过宣告自身为"自由、主权者、独立国家",获得了国内的主权及所有的 right:

(1) 原文:Thus the internal sovereignty of the United State of America was complete from the time, they declared themselves free, sovereign, and independent States... They declared themselves independent, all the rights and powers of sovereign States。(Par. 1 Chap. 2,§6 p. 18)

译文:一千七百七十六年间出谕云,以后必自主自立,不再服英国,从此其主权行于内者,全矣。故于一千八百零八年间上法院断曰,美国相合之各邦从出谕而后,就其邦内律法,随即各具自主之全权。(第1卷第2章第6节第18页上)

而关于荷兰(巴巴里)的文字如下:

---

① 原书 Par. 1 Chap. 24 的脚注(p. 78),对 right、privilege 的用法做了如下区分:And admitted to enjoyment of all the privilege, right, and immunities, of the citizens of the United State。〔(合众国)承认合众国国民的一切特权、权利以及免除义务的恩惠。〕《万国公法》中对原著的脚注一律没有翻译。

（2）原文：Therefore, are entitled to the same rights as other independent States。(Par. 1 Chap. 2, §14 p. 52)

译文：吾侪与之交战讲和，与他国无异，故当以他国自主之权利归之。（第1卷第2章第14节第29页上）

（3）原文：Nay, if they should even act with more injustice than other nations do, they should not, on that account... Lost the rights and privileges of sovereign States。(Par. 1 Chap. 2, §14 p. 5)

译文：即有较他国更为不义，他国亦不可因此，遂不以自主之权利归之也。（第1卷第2章第14节第29页下）

即，荷兰的巴巴里是通过交战、媾和而成为主权国家，获得了自主的权利。

2. right（权利）与 obligations、duties（职责、义务）

关于国际法中的 right 和 obligations、duties，《万国公法》有如下用例：

（4）原文：A state is a very different subject from a human individual, from whence it results that the obligations and rights, in the two cases, are very different。(Par. 1 Chap. 1, §9 p. 12)

译文：盖诸国与庶人迥异，其名分权利亦不同。（第1卷第1章第9节第7页下）

（5）原文：This law is applied, not merely to regulate the mutual relations of States, but also of individuals, so far as concerns their respective right and duties。(Par. 1 Chap. 1, §10 p. 14)

译文：即人人往来，亦尊此法，有权可行，有分当守……（第1卷第1章第10节第9页上）

（6）原文：But if it desires to enter into that great society of nations, all the members of which recognized rights to which they are mutually entitled, and duties which they may be called upon reciprocally to fulfil, such recognition becomes essentially necessary to the complete participation of the new State in all the advantages of this society。(Par. 1 Chap. 2, §6 p. 30)

译文：若欲入诸国之大宗，则各国相认有权可行、有分当为，他国若不认之，则此等权利，不能同享也。（第1卷第2章第6节第18页上）

也就是说，主权国家在获得 right 的同时，也被要求遵守 duty。obligation（职责）与 right（权利）有所区别，国际法规定，国家之间与个人之间的关系具有 right 与 duty（义务）。

3. 关于 right（权利）的规定与限制

《万国公法》所例举的国际法中，关于 right（权利）的规定与限制有以下条目：

第一，在国际法中各国完全自由、独立、平等的权利：

（7）原文：Each other as perfectly free, independent, and equal。(Par. 1 Chap. 1, §9 p. 8)

译文：盖二人皆以甘服之法，出于诸国互认，其平行自主之权。(第 1 卷第 1 章第 9 节第 8 页下)

第二，中立国给予交战国的权利的规定和限制：

（8）原文：If the foreign State professes neutrality, it is bound to allow impartially to both belligerent parties the free exercise of those rights which war gives to public enemies against each other... But the exercise of those rights, on the part of the revolting colony or province against the metropolitan country, may be modified by the obligation of treaties previously existing between that country and foreign States。(Par. 1 Chap. 2, §7 p. 32)

译文：若他国置外，必当守中不偏，而听凭战者相攻。彼此俱用一切交战权利……但叛民或属国攻本国，其得用此权利与否，必视其本国与外国早立之盟约如何而定。(第 1 卷第 2 章第 7 节第 19 页下)

（9）原文：In treating of the rights of neutral navigation in time of war... I have said... do not alter the law of nations。(Par. 1 Chap. 1, §6 p. 8)

译文：宾克舍以公法之源有二，理与例也。……论战时局外者航海之权，彼云……常例为公法，即不因十二盟约之不合而遂废也。(第 1 卷第 1 章第 6 节 4 页下)

第三，独立各国通过合法手段扩大领土的权利：

（10）原文：The right of every independent State to increase its national dominions, wealth, population, and power, by all innocent and lawful means。(Par. 2 Chap. 1,§3 p. 87)

译文:皆属自主者之权,即如和议而加土地,寻觅新域而徒民开拓……(第2卷第1章第3节第2页下)

第四,作为自主国给予他人居住特权的权利:

(11) 原文:To the right of every independent sovereign State to naturalize foreigners and to confer upon then the privileges of their acquired domicile。(Par. 2 Chap. 2,§6 p. 122)

译文:凡一国自主自立者,皆有权准外人入籍为本国之民,并可以土著之权利授之。(第2卷第2章第6节第24页下)

第五,人民个人的权利:

(12) 原文:Right of Self-preservation and Independence。(Par. 2 Chap. 1,§1 p. 85)

译文:第一章 论其自护自主之权。(第2卷第1章第1节第1页上)。

第六,通商之权利:

(13) 原文:All the commercial privileges of his acquired domicile。(Par. 2 Chap. 2,§6 p. 125)

译文:英美两国断案曰,外人徒来,或住家,或入籍,均得享其家入籍之地,所有通商之权利。(第2卷第2章第6节第24页下)

由上可知,right的译词"权利"表达了国际法对个人之间、本国和外国之间的个人行为和国家行为所做的规定及限制。需要指出的是,以下词组,尽管原著没有使用right,但译文中使用了"一权利""之权利":

人民通行之权利(1-1-10)、国法权利(1-2-19)、盟内各邦权利(1-2-23)、他邦之权利(1-2-25)、何等权利(2-1-9)、各国之权利、己民本有权利

(2-2-2)、美民之权利(2-2-6)、人民权利、本民同享权利(2-2-19)(括号内1-1-10意为第1卷第1章第10节)

译者根据原著的上下文选择使用"权利",与原文意义并无背离。据此可以认为,中国的译者大致理解了国际法上 right 的含义。

(二)《万国公法》中"权"是 right,还是 power?

《万国公法》中作为国际法术语 right 的译词,既使用了"权利",同时还使用了"权""一权"和"一之权"。其中"私权""自主之权"的"权"是 right 的意思,而以"上权"(第1卷第2章第5节)译 supreme power,"权"是 power 的意思。还有几例,仅据译文,无法断定是 right 还是 power。如:

(14)"制定律法之权"(第2卷第2章的标题):Right of civil and criminal legislation;

(15)"制律专权"(第2卷第2章第1节的标题):Exclusive power of civil legislation;

(16)"就其邦内律法,随即各具自主之全权,非由英王让而得之也"(第1卷第2章第6节):They declared themselves independent, all the rights and powers of sovereign States。

可见,《万国公法》的"权"是有歧义的,需要借助上下文才能确定是 right 还是 power。

1. "主权""自主之权""私权"与 right、power

在《万国公法》中 sovereignty 译作"主权",supreme power 译作"最高权力"。两例中的"权"都是 power 义。国际法中主权是一种什么样的权?在联邦和属国的情况中,仍然译为"主权",如奥地利联邦各国:

(17)原文:The union of the different States composing the Austrian monarchy is a real union...though the separate sovereignty of each State may still subsist internally。(Par. 1 Chap. 2,§17 p. 56)

译文:奥地利数国之相合也……各邦虽自行主权……(第1卷第2章第17节第31页下)

即,君主联合体内的各国拥有独立的主权,这里的主权译自"supreme power"。但是,如下所示,属国的"主权"则译自"sovereign rights",是 right:

(18) 原文:It may be united to it as a coordinate State with equal sovereign rights。(Par. 1 Chap. 2, §8 p. 32)

译文:并合于服之之国,或作藩属,服其管辖,或平行相合,同享主权。(第 1 卷第 2 章第 8 节第 20 页上)

在这段记述里,"主权"是指被征服的附属国在其国内可以行使的统治之"权"。这种情况下"主权"似乎就是 right。总之,可以说"主权"的"权"具有 power 的含义。

另一方面,"自主之权"的情况则复杂一些。含有"自主"译词里的"权",同时具有 right 与 power 的双重含义。例(19)—(21)是 right:

(19) 皆属自主者之权:The right of every independent State;

(20) 一国自主自立者,皆有权:The right of every independent sovereign State;

(21) 自护自主之权:Right of Self-preservation and Independence。

但以下二例"权"的意思是 power:

(22) 原文:Even whilst it exercised the sovereign powers of war and peace in that quarter of the glove without the direct control of the crown。(Par. 1 Chap. 2, §2 p. 27)

译文:前虽行自主之权,在东方或战或和,不待问于君,尚不得称为一国。(第 1 卷第 2 章第 2 节第 16 页)

(23) 原文:The sovereign power of municipal legislation also extends to the regulation of the personal rights of the citizens of the State, and to everything affecting their civil state and condition。(Par. 2 Chap. 2, §6 p. 121)

译文:自主之国,莫不有内治之权,皆可制律,以限定人民之权利分位等事。(第 2 卷第 2 章第 6 节第 23 页下)

以上(19)—(21)中"自主之权"的 right 是以独立国家为对象的 right。这是因为在国际法中,被别国承认独立的国家,拥有与别国平等的权利。与之相对,例(22)(23)中的"sovereign powers",与 sovereignty 一样,意味着国家的最高权力。从上下文中也可以看出,这个"权"是国家政府对国内或附属国所具有的强制力。可以说,"权"是 right 还是 power,遵循的是国际法的规定,这一点与译词"权利"的用法相同。

另外,"君主之私权"的"权"不是 power 的意思,而同下例中"民人之私权"一样,是 right 的意思:

(24) 原文:Sovereign princes may become the subject of international law, in respect to their personal rights, or rights of property。(Par. 1 Chap. 2,§ 3 p. 28)
译文:君之私权,有时归公法审断……公法中有一派,专论此等权利也。(第 1 卷第 2 章第 3 节第 17 页上)

君主在国内具有一切权利,国际法中君主的财产权与人民一样也用 right 来表示。但如果不对照原文的话,"君身之私权"的"权",也可以理解为 power。

2. "—权""—之权"与 power、authority、force

那么,power、authority、force 等是在什么样的语境中被译为"权"的呢?下面我们做一些简单的梳理。

(1) POWER

(25) 译词:执制法征税之权(第 1 卷第 2 章第 19 节第 32 页下)=legislation power;合邦制法之权(第 1 卷第 2 章第 24 节第 34 页上)=the legislative power of the Union;总会执权(第 1 卷第 2 章第 24 节第 34 页下)=congress has power;首领行法之权(第 1 卷第 2 章第 24 节第 34 页下)=executive power;司法之权(第 1 卷第 2 章第 24 节第 34 页下)=the judicial power;立约之权(第 1 卷第 2 章第 24 节第 34 页下)=treaty-making power;制律专权(第 2 卷第 2 章第 1 节第 17 页上)=exclusive power of civil legislation;争端审权(第 2 卷第 2 章第 19 节第 53 页下)=judicial power

上述包含 power 的译词中的"权",是国际法和国内法中的国家统治权,即立法权、行政权、司法权。统治权是国家的最高权力。

(26) 原文:Sovereignty is the supreme power by which any State is

governed。(Par. 1 Chap. 2, §5 p. 29)

译文:治国之上权,谓主权。(第1卷第2章第5节第17页下)

(27) 原文:The great powers of the European continent a perpetual pretext for interfering in the internal concerns of its different States。(Par. 2 Chap. 1, §5 p. 95)

译文:则欧罗巴诸大国,有管制小国内政之权。(第2卷第1章第5节第5页上)

(28) 原文:Representing the power, dignity, and all the sovereign attributes of his own nation。(Par. 2 Chap. 2, §9 p. 143)

译文:盖本国威权,仍在君身故也。(第2卷第2章第9节第29页上)

例(26)—(28)中的 power 是君主的最高权力,是欧洲大国对小国拥有的支配力,是国家的权力和威严。

(2) AUTHORITY

(29) 原文:From what authority is international law derived。(Par. 1 Chap. 1, §1 p. 1)

译文:欲知此公法,凭何权而立。(第1卷第1章第1节第1页下)

(30) 原文:By the State itself, under whose authority they exist。(Par. 1 Chap. 2, §2 p. 17)

译文:当除民间大会,凭国权而立者,无论其何故而立也。(第1卷第2章第2节第1页)

(31) 原文:There should exist a supreme authority capable of commanding all the members。(Par. 1 Chap. 1, §9 p. 11)

译文:有统权之,以为之制法禁暴二也。(第1卷第1章第9节第7页上)

(32) 原文:The courts of admiralty established under its own authority within its own territory。(Par. 1 Chap. 1, §12 p. 23)

译文:各自即有战利法院,凭本国之权。(第1卷第1章第12节第14页上)

例(29)—(32)中的 authority,有由地位等带来的权威、权力等意思。但从文脉来看,这些"权"也可以说是国家权力。总之,"power""authority"之"权",在所有政治形态下,都可以表达国家及大国所拥有的绝对权力。

(3) FORCE

(33) 原文：Upon the origin and obligatory force of the positive Law of Nations。(Par. 1 Chap. 1, §5 p. 6)

译文：论公法出自何源,行恃何权。(第1卷第1章第5节第3页上)

例(33)中的 force 是物理层面上的力量的意思,这个"权"被用来表示执行公法的强制力。

如上所述,"权"作为 right 的译词,被用于表达各国间的国家行为和个人行为的规则和限制,也用于人与生俱来的权利。同时,"权"又作为"power""authority"的译词,被用在本国与从属国关系、本国国内事务或绝对国家权力上。

五、结语

以上,本文对译词"权利"产生之前的情况、西洋和中国对 right 这一概念理解上的差异、新词"权利"的首见书证以及"权利"的用法等进行了考察。本文还根据《万国公法》中"权利"的使用情况,分析了该书向中国读者传递 right 概念的效果。

"权利"出现之前,right 被译为"分""本分""理""道理"等。传教士裨治文和伯驾使用的译词是"理"。裨治文的"理"表达的是"上帝给予人类的理所当然的生命和自由"。在《万国公法》中"权利"最初是作为"privilege"的译词使用的。privilege 的原意是"属于个人的法律",以后"权利＝right"的对译关系逐渐确立。本文还对"权"所对应的概念进行了考察,指出了"权"同时可表达 right、power 的歧义性。本文的考察,解明了 right 的中文译词"权利"产生的语史和理据。本文的结论可简述如下：

一、古汉语的"权利"具有权势、权力、利益等义。"权利"首先被用于 privilege 的译词,从而在"权力和利益"的词义之外,加入了"个人与法"的新概念。《万国公法》中涉及的法学家的学说对选择"权利"作为译词产生了影响,即国际法制定中权力的必要性,以及必须考虑由权力带来的可享受的利益。

二、传教士裨治文和伯驾将 right 理解为"理",而中国译者袁德辉将此理解为"道理"。含有法律层面意思的"理"比起"道理",更适合做国际法中 right 的译词。另外,袁德辉还将本该对应"道理"的 right 译成了"权"。在这里体现了袁德辉对于君主和国王的不同看法与把握。西方人和中国人对 right 理解上的差异,受到了中西方国家体制、社会、文化背景差异的影响。

三、一般认为,中国译者对国际法中的 right 具有一定程度的理解。这是因为新词"权利"的使用,不仅来自对 right 的翻译,还有一部分来自译者根据原著上下文的推测。尽管根据上下文推测出的语句较多,但几乎没有误用。

四、"权"在《万国公法》中兼有 right 和 power 两种词义,而且频繁出现。虽然其中有汉语自身的结构特点,但是否可以说:中国译者并不十分重视 right 和 power 的区别。如果"权利"是"权力+利益"的意思的话,它的使用与"权力"并没有太大的差异。

五、由 right、privilege 译出的"权利、权",是关于个人与外国、本国与外国或本国与从属国之间关系的概念,是自主独立的国与国之间限制国家行为和个人行为的概念。同时,寓意 power 的"权",是本国与从属国或本国国内事务上的概念,而 authority 则译为"上权""国权"。也就是说,power、authority 所对应的"权",是关于绝对国家权力的概念。

笔者认为,《万国公法》的译者基本上正确地译出了国际法中 right 的概念并传递给了中国读者。其原因是中国译者在翻译过程中,通过丁韪良的口述及 right 所处的上下文理解了国际法中 right 的概念。

汉语法律名词近代化演变特征的探析

——以"衙门""法院"为例

吉田庆子*

一、"衙门"的中日语词源调查

(一)"衙门"的中文词源调查

"衙门"早在中国古典文献中已有出现。根据《汉语大词典》的记载,"衙"是旧时官吏办公的地方,官署的称呼,也称"公衙"。例如"衙参"就是指官吏到上司衙门排班参见,禀白公事。"衙门"本是"牙门"之讹音而来,在《周礼》中称之为"旌门"。在中国古籍中有"每日衙门虚寂,无复诉讼者"[①]等用例。可见,"衙门"虽然代表行政机关,但在古代多使用类似于现在的"法院"的含义。

郭君臣、刘广有专著论衙门。书中称衙门是中国民间对于官府的称呼,但事实上却并没有哪个政府部门以"衙门"为名,直至清末"总理各国事务衙门"的出现。总理衙门也是中国几千年历史里唯一一个把衙门放进正式名称的机构,所以衙门一词更多是一种习惯和心理上的称谓,并不是实际的名称。它隐藏着人们对于官府的敬畏、羡慕和厌恶,而经历了历代的沿革,在人们的口中依然顶着"衙门"这个名字。[②]

---

* 吉田庆子,日本大东文化大学外国语学部准教授。
① 《北齐书·宋世良传》。
② 郭君臣、刘广:《衙门》,重庆出版社2006年版,内页。

综上所述,"衙门"是中国民间对官府(政府部门)的一个笼统的代表性称谓。"衙门"有两个层面的含义,一是代表官员办公的地方,二是指整个官僚机构,按我们现在的话说就是政府行政机构的总称。

总理各国事务衙门是清政府为办理洋务及外交事务而特设的中央机构,于1861年1月20日由咸丰帝批准成立。一开始被称为"总理各国通商事务衙门",简称"总理衙门""总署"或"译署"。总理衙门存续了40年时间,直到光绪二十七年(1901年),据清政府与列强签订的《辛丑条约》第12款规定,遂改名为外务部,位列六部之上,是中国晚清主管外交事务、派出驻外使节并兼管通商、海防、关税、路矿、邮电、军工、同文馆、留学生等事务的中央机构。

(二)"衙门"的日语词源调查

《日本国语大辞典》"衙门"条解释如下:

("衙"は、官庁の意)役所。官府。官衙。
《本朝文粹》(1060年)《闲庭花自落诗序》(大江以言):"彼衙门之鼓朝暮。迹虽滑龙尾之周行。"
《明六杂志》第五号(1874年)《教门论》(西周):"曰く司教の衙門をして其諸教を管轄せしむる。"
《文明论之概略》(1875年)(福泽谕吉):"衣冠美麗なりと雖も衙門巍々たりと雖ども、安ぞ人の眼を眩惑するを得ん。"
《旧唐书·张仲方传》:"两省官入朝、宣政衙门未开、百官错立于朝堂。"

由此,我们可以获得以下信息:

第一,从对词义的解释可以看出,中日文"衙门"的概念意义基本一致。

第二,《本朝文粹》是日本平安时代中期由藤原明衡编写的一部汉诗文集,以作为后世文章写作的范本为目的,收集了从嵯峨天皇到后一条天皇时期共17代约200年间的427篇优秀诗歌和文章,是平安时代汉诗的集大成者,并对后世的文章带来极大的影响。由此,我们可以判断"衙门"早在平安时代或者更早就已经在日语中有所使用了。

第三,根据《旧唐书》的例文可以推断"衙门"是源自汉语的古典词。

第四,《明六杂志》是明六社发行的近代日本综合性学术杂志。从1874年4月2日创刊到1875年停刊为止,共发行了43期。作为学会杂志的先驱,在文明开化时期对日本产生了巨大影响。从福泽谕吉在《文明论之概略》中的使用可以推断明治时期一般大众对"衙门"一词有普遍认知。

二、"法院"的中日词源调查

(一)"法院"的中文词源调查

在杨家骆主编的《宋史》中有如下记载:

> 九月丁未,以向敏中为鄜延路都部署。庚戌,淮南旱,诏转运使疏理系囚。癸亥,三司上《新编敕》。群臣三表上尊号,不允。庚午,幸兴国寺传法院观新译经。辛未,命近臣虑开封府系囚。壬申,诏荆湖溪峒民为蛮人所掠而归者,勿限年月,给还旧产。

此外,明代吴之鲸的《武林梵志》中也有:

> 定祖图传法正宗记辅教编上进,宋仁宗览之嘉叹,行传法院编次入藏。下诏褒宠,赐号明教大师。

不过,我们仔细考察上述记载后就可以发现,古籍中出现的"法院"其实不是"法院",而是"传法院"。

"传法院"是宋代专门翻译佛典的地方。《宋会要辑稿》记载"太平兴国五年,诏于太平兴国寺大殿西度地作译经院,中设译经堂……八年,改为传法院",解释了"传法院"名称的由来。

在调查中国古籍数据库后我们发现,其实现代意义的"法院"出现较晚,直到民国时期才有"一法院 不动产登记证明书 右证明登记完毕 中华民国二十二年二月二十七日福建思明地方 法院登记处印"的记载。因此,可以推断现今我们所使用的代表审判机关的"法院"并非汉语古典词,而是近代以后才进入汉语的一个外来词。而且从数据库的使用频率数据可以客观了解到,在明清时期其实"衙门"的使用相当普遍。

马西尼教授在著作中指出:

fayuan,法院,tribunal,双音节词,偏正结构,本族新词,名词。始见于1849年的 lin zhen(xi hai ji you cao:46)。1864年,Wanguogongfa(卷2,第35页背面)将该词用来翻译英语"court"。①

按照他的说法,1864年林缄的《西海纪游草》应该是"法院"在汉语中最早的用例。笔者查到1843年的《海国图志》是采用音译的方式将 King's Bench 翻译为"经士冕治"（现在的高等法院）,而 Supreme Court 则翻译为"苏勃林"（现在的最高法院）,由此可以推断至少当时在汉语中还不存在英文 court 的对译词。

使"法院"获得普遍认知的应归功于与《西海纪游草》同年出版的《万国公法》。该书中有：

各国所定章程,以训示巡洋之水师,并范围其司海法院,或作战利法院。
司法之权在上法院,并以下总会所设之法院。

此外,与"法院"相关联的词汇还有"地方法堂",该书解释：

地方法堂与战利法院有别,地方法堂审事不公,人民不得因而自行抵偿。该有司凭地方律法以行,在其地者必当服其辖也。若战利法院则凭万国公法而行,当无本国、别国之分。地方法堂之辖,别国人或有明许,或有默许,在其堂上控叩,即是明许;以己之身家货物寄托疆内,即为默许。

从文章的说明来看,这里的"地方法堂"似乎应该解释为现在的"内国法院"。

1887年黄遵宪在《日本国志》中将日本当时的刑法和刑事诉讼法（当时名曰《治罪法》）的条文全部翻译成汉语,并附上了详细的译注。在该书中他直接借用了日语汉字词"高级法院"。

1899年3月11日梁启超在《清议报》上刊登了《各国宪法异同论》的文章,该文在第二章介绍行政、立法、司法之三权时有如下叙述：

行政、立法、司法,三权鼎立。不相侵轶,以防政府之专恣,以保人民之自由。

---

① 马西尼：《现代汉语词汇的形成：十九世纪汉语外来词研究》,黄河清译,汉语大词典出版社1997年版,第207页。"xi hai ji you cao"指林缄的《西海纪游草》。

此说也,自法国硕学孟的斯鸠始倡之。孟氏外察英国政治之情形,内参以学治之公理,故其说遂为后人所莫易。今日凡立宪之国,必分立三大权。行政权,则政府大臣辅佐君主而掌之。立法权,则君主与国会(即议院也)同掌之。司法权,则法院承君主之名而掌之。而三权皆统一于君主焉。虽然其实际则不能尽如此。如英国之巴力门(即英之国会也)有黜陟政府大臣之权(凡宪法政府大臣之进退,其权皆归君主),盖行政、立法二权,全归国会之手。故英国之谚有之曰:国会之权,无事不可为。除非使男变女,女化男,乃做不到耳。观此可知其权力之大矣。唯司法之权,则仍归于法院也。

虽然从现代的法学观点来考察上述解释,尚有需要补充之处,但是法院独立行使司法权却解释得非常明确,中国从古至今一直是由行政统管一切,这对当时中国人的传统意识来说无疑是背道而驰的新思想。

1911年安徽法学社印刷发行了由日本学者冈田朝太郎口述、熊元襄编著的《法院编制法》原版,根据序言中的记载可以了解该书实际上早在1906年就已经开始使用。而之前1909年公布的《法院编制法》则基本上是直接移植了1890年(明治二十三年)日本制定的《裁判所构成法》。该法的起草成员有冈本朝太郎、曹汝霖、汪荣宝、章宗祥、陆宗舆等,中方成员都有留学日本的经历。对当时从制度体系到表达制度体系的法言法语仍处于空白状态的汉语来说,直接借用日语词汇的可能性极大,从需要在短时间内体系性引进大量概念思想的角度来看,这样的方式显然是节时节力的有效方法。

(二)"法院"的日语辞源调查

日本的《大汉和辞典》解释"法院"条是:

中国語圏における司法機関をさす語。裁判所。

似乎只是把"法院"当作一个汉语词在解释。而《日本国语大辞典》的说明则颇有不同:

〔名〕司法官庁。裁判所。

《万国公法》(1868年)(西周译):"又他の法院の為に其定したる罪科に処するの義あることなし。"

《明六杂志》第六号(1874年)《宗教》(森有礼):"僧徒は万事に付て常に此

法院の怒に触れさる様戒心し。"

从上述辞典的解释可以推断"法院"似乎是《万国公法》传到日本后才在日语中落脚的。此外,我们发现《日本国语大辞典》中还收录了"地方法院"一词。该辞典的解释如下:

〔名〕第二次世界大戦前、朝鮮、南洋群島、関東州などに置かれた裁判所の一つ。第一審の裁判をし、また、訴訟事件を取り扱い、判事単独で審理、裁判を行なった。

其他在《日本大百科全书》还有:

"高等法院",parlement,フランス語;
14世紀から18世紀末まで、フランス王国において最終審としての裁判機能を果たした最高諸法院 Cours souveraines の一つ。

综合上述辞典对"法院"的解释和用例,可以看出"法院"在日语中仅使用于某些特定地区,并非泛指一般"法院"。而韩语似乎曾更普遍地使用过"法院",据《ポケットプログレッシブ韓日辞典》的解释:

법원〔法院〕,名词;
【法律】裁判所。~장;
지방 법원〔地方法院〕;
〔名词〕【法律】地方裁判所;
대-법원〔大法院〕;
〔名词〕【法律】大法院;▼日本の最高裁判所に当たる。

明治初期,日本建立国会运动不断高涨,大家也认识到制定宪法的必要性。由于1880年11月在国会期成同盟第二次会议上议决次年必须递交宪法草案,因此1881年出现了各种私拟宪法,现在可以明确考证的就有60多种。其中,由日本思想家、政治家植木枝盛起草的《宪法草案》(又名《东洋大日本国国宪按》)采用了"法院"而非现在的"裁判所":

第百卅三条　聯邦立法院ハ聯邦行政府諸執行ノ職務ニ関スル罪科竝ニ国事　犯罪ヲ弾劾論告シ正的ノ法院ニ求刑スルノ権ヲ有ス
第五章　高等法院
第百九十五条　高等法院ハ執政ノ職務ニ係ル事案ヲ審判ス
第百九十六条　高等法院ハ皇王ニ対スル犯罪聯邦ニ対スル犯罪ノ如キ通常犯罪ノ他ナル非常ノ大犯罪ヲ審明ス

根据笔者的调查,实际上"裁判所"早在1848年神田孝平翻译出版的《和兰政典》中就有使用,之后箕作麟祥在第一次整套翻译《法兰西法律书》时也采用了"裁判所"。日本最早的《裁判所构成法》公布于1890年(明治二十三年),之后沿用至今。

三、英华华英词典的调查

以下是对早期出版的英华词典进行的调查,court的对译词如下:

表 1　早期各版本英华词典中 court 的对译词

英华词典名称	译词、解释
1822 年马礼逊《英华字典》	court of justice,衙门、吏部、户部; criminal court,刑部
1844 年卫三畏《英华韵府历阶》	衙门
1847—1848 年麦都思《英华字典》	庙堂、衙门、公廨、衙署、公署、官署
1866—1869 年罗存德《英华字典》	court of justice,公堂、衙门、署、衙署、公署、大堂、公廨、刑部
1872 年卢公明《英华萃林韵府》	衙门、巡礼处
1884 年井上哲次郎《订增英华字典》	court of justice,公堂、衙门、署、衙署、公署、大堂、公廨; the highest court of justice,刑部
1899 年邝其照《华英字典集成》	衙门
1908 年颜惠庆《英华大辞典》	place where justice is administered,公廨、公堂、裁判所、法廷; the highest court of justice,刑部
1913 年商务书馆《英华新字典》	公堂、衙署、裁判官
1916 年赫美玲《官话》	of a high official,衙门、衙署; of law or justice,审判厅、公堂、谳局、诉讼庭; (building of - of justice)法院(新)、法庭(新)

似乎早期将"衙门、衙署、公廨"等传统词语选为对译词的居多,进入20世纪后才开始倾向于翻译成"裁判所、法廷、法院"。

为了了解"法院"在汉语中的使用和吸收情况,笔者对英华词典中的"法院"也进行了调查,发现早在1866年罗存德的《英华字典》中就已经有"法院"出现。虽然早期就有使用的痕迹,但是从使用的频率和稳定度来看,似乎20世纪以后"法院"才真正被汉语接受。

表2 早期各版本英华词典中"法院"一词的出现痕迹

英华词典名称	译词、解释
1866—1869年罗存德《英华字典》	the highest tribunal in a foreign country,大法院;senate of the United States,花旗国法院
1884年井上哲次郎《订增英华字典》	the highest tribunal in a foreign country,大法院;the senate of the United States,花旗国法院
1908年颜惠庆《英华大辞典》	a court of justice,署、法廷、法衙、公堂、法院; a hall of justice or legislation,判事厅、公堂、行政厅、法堂、法院、立法官员、会法院; a celebrated tribunal of ancient Athens,古时雅典城之刑部、大法院; afterwards, a large hall for dispensing justice,法廷、法院; the chief judge of a court, especially in the Courts of Common Pleas and Queen's Bench,廉访、臬司、按察司、民事裁判官(英国上法院之裁判官); an ecclesiastical assembly or convention constituting a judicatory,宗教法院
1911年卫礼贤《德英华文科学字典》	law-court,法院、法庭
1913年商务书馆《英华新字典》	chancellor,高等法院长
1916年赫美玲《官话》	ecclesiastical,(新)教会法院; Constitution of Court of Law,法院编制法; prize court,海法院

中国的第一部法院组织法当推1909年公布的《法院编制法》,该法是移植的日本1890年制定的《裁判所构成法》,从词汇到法律体系框架都明显带有日本法的痕迹。

笔者将清末1909年制定的《法院编制法》与日本1890年的《裁判所构成法》进行了比较。可以看出,二者从法律的基本框架结构到用词都非常接近。可以了解,日文中以汉字为媒介的法律概念的翻译不可避免地伴随着大量词汇的移植。

从语言研究或中日翻译的角度来看,这是中日双方共同的一个课题。日本明治时期在移植西方新思想的时候也面临同样的问题。比如日本国语研究学者飞田良文先生在著作中就谈及日本明治时期的情况。他将日语的新词分为新造词、借用词和转用词三个种类进行分析。新造词是指日本本身不存在的概念，由日本人新创的词汇，如哲学、彼女等；借用词是指从居住在中国的欧美传教士汉译的西方书籍或辞典中借用而来的词汇，如介入、恋爱等；转用词则是在日本已有的同近义词里增加新的意义的词汇，如常识、印象等。① 而千叶谦悟为我们提供了一个汉语译词的分类方案：

Ⅰ类：在中国独自对外来概念新造或转用的译词；

Ⅱ类：被其他语言借用、含义变化后带着新的含义重新被引入汉语词汇的回归词；

Ⅲ类：日语固有的汉字词，即与汉语词汇无借用关系的词，之后被汉语作为译词引进的；

Ⅳ类：由来华外国人创造后，没有经过日语的介入，直接在汉语中扎根的词汇；

Ⅴ类：汉字以外的文字，由拉丁字母书写的译词。②

对于近代日中汉语词汇交流中的日语借词问题，沈国威有非常详细的研究。③

下表是《法院编制法》与《裁判所构成法》章节框架的对比：

表 3 《法院编制法》与《裁判所构成法》章节框架对比

《法院编制法》(1909年，汉语)		《裁判所构成法》(1890年，日语)	
章次（条目）	章题	章次（条目）	章题
第一章(1—13)	审判衙门通则	第一编 第一章(1—10)	总则
第二章(14—16)	初级审判厅	第一编 第二章(11—18)	区裁判所
第三章(17—24)	地方审判厅	第一编 第三章(19—33)	地方裁判所
第四章(25—32)	高等审判厅	第一编 第四章(34—42)	控诉院
第五章(33—45)	大理院	第一编 第五章(43—56)	大审院
第六章(46—53)	司法年度及分配事务	第三编 第五章(126)	司法年度及休暇

---

① 飞田良文：《明治生まれの日本語》，淡交社2002年版，第11页。
② 千叶谦悟：《中国語における東西言語文化交流》，三省堂2010年版，第46—49页。
③ 沈国威：《近代日中语汇交流史》，笠间书院2017年版，第7—49页。

续 表

《法院编制法》(1909年,汉语)		《裁判所构成法》(1890年,日语)	
章次(条目)	章题	章次(条目)	章题
第七章(54—68)	法庭之开闭及秩序	第三编 第一章(103—114)	开廷
第八章(69—71)	审判衙门之用语	第三编 第二章(115—118)	裁判所の用语
第九章(72—80)	判决之评议及决议	第三编 第三章(119—124)	裁判の评议と言渡
第十章(81—84)	庭丁	第二编 第六章(101—102)	廷丁
第十一章(85—104)	检察厅	第二编 第一章(57—66)	裁判所及び检察局の官吏
第十二章(106—127)	推事及检察官之任用	第二编 第二章(67—78)	判事
		第二编 第三章(79—84)	检事
第十三章(128—143)	书记官及翻译官	第二编 第四章(85—93)	裁判所书记
第十四章(144—153)	承发吏	第二编 第五章(94—99)	执达吏
第十五章(154—156)	法律上之辅助		
第十六章(157—163)	司法行政之职务及监督权	第四编(134—143)	司法行政の职务と监督权
附则(164)		附则	
末附			

下图则是《申报》中"衙门"和"法院"使用频率的统计图。显然,"法院"确实是近代才开始在汉语中频繁使用的词汇。

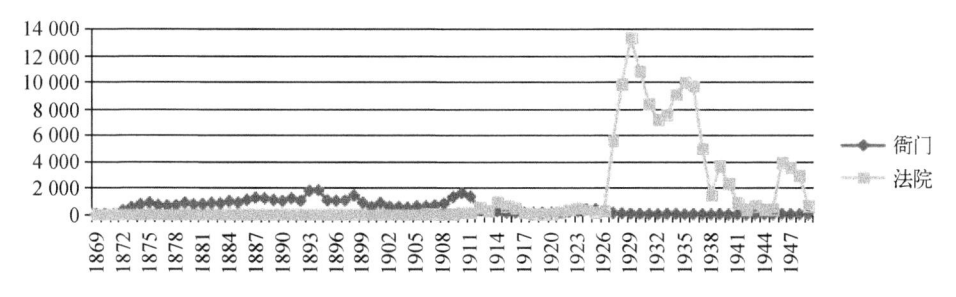

图1 《申报》中"衙门"和"法院"的使用频率调查(1869—1949年)

四、汉语新词间的竞合特征

根据英华词典的调查结果,我们看到清末的官方资料或法律条文中,court 的对译词有"裁判所""审判厅""审判衙门""法院",而英华字典、赫美玲《官话》(1916 年)中还有"审判衙门"这样新旧组合的混乱现象。下面,我们针对这个问题略做整理。

(一)裁判所

显然这是一个受日语影响的词汇。

《法部会议立宪阶段说帖》中有:"预备时期者,整顿内政,草定宪法及编纂法典(民法、商法、刑法、裁判所构成法、民刑诉讼法)是也。"1894 年黄庆澄《东游日记》中有:"县署不理刑案,居民口角细故,均由裁判所判决。"《清议报》第七册东报译编《檀岛新政条例》中有:"一,大审院为最高司法部。设置地方裁判所。"第三十一册《国家论》卷四中有:"裁判所势已不能敌大统领,及议院之为政。"等等。

(二)法院

黄遵宪《日本国志》(1887 年)中有"刑事裁判所、民事裁判所、军事裁判所、陆海军裁判所、治安裁判所、违警罪裁判所、始审裁判所",在《治罪法》中也有"轻罪裁判所、重罪裁判所、初审裁判所、控诉裁判所",基本上黄遵宪都是直接借用的日语汉字词。他在《日本国志·刑法志》第七章《高等法院》中也采用了同样的方法,直接借用了《治罪法》的"高等法院"。

(三)审判厅

1905 年清政府发行的《大理院编制法》中就有"审判厅"出现;1906 年沈家本的《法院编制法》条文中也多次出现了"审判厅";1909 年《各级审判厅试办章程》直接将"审判厅"使用于法律的名称。这种混乱使用的状况不仅出现在不同的法律中,也出现在同一部法律中。比如1911 年制定的《民事刑事诉讼暂定章程》中,有如下条文:

民事刑事诉讼暂行章程(部分抄录)

第一编 总则

第一章 审判衙门

第一条 各级审判衙门已按《法院编制法》既经编制者,民事、刑事案件均由该审判衙门审判。其未经编制者,暂照现行例办理,但诉讼程序应准用《法院编制法》及本章程之规定。

第二条　地方以上各级审判衙门事务管辖,除本章程及他项法令有特别规定外,应以《法院编制法》规定为断。

第三条　遇有下列各款情形,应向直接上级审判衙门用书状或言辞声请指定管辖:

第一,因管辖区域境界不明致不辨管辖审判衙门者。

第二,管辖审判衙门及《法院编制法》第五十二条所定代理审判衙门均因法律或事实有所窒碍不能行使审判权者。

第三,有管辖权之审判衙门被裁判确定为无管辖权,此外并无他审判衙门管辖该案件者。

第四,二处以上审判衙门因法律或被确定裁判为有管辖权者。但民事案件得以选择或合意定管辖者,不在此限。

直接上级审判衙门应以决定裁判本条之声请。

本条声请须向案件所系属之审判衙门为之,该审判衙门应停止诉讼程序以俟决定。但应紧急处分者,不在此限。

可以看到同一部法律里面居然同时出现了"审判衙门""法院""确定裁判""决定裁判"等词。显然,"裁判所""审判厅"是受到日语的影响,而"法院"则是一个从汉语传到日本的新词,"审判衙门"根据前述调查可以推断是一个新旧词的合成词。

实际上,这种新词间的竞合持续了很长一段时间,直到1927年国民政府在《国闻周报》发布执行《武汉机关应废止沿用审判所名,改成法院》以后,混乱局面才得以终结,所有的审判机关才开始统一使用"法院"。1932年国民政府公布《法院组织法》后,开始明确规定实行地方法院、高等法院和最高法院的三审制。之后"法院"一直使用至今。

现在中国大陆使用的"人民法院"来自1948年张君悌翻译的高里亚柯夫的著作《苏联的法院》。该书在序言部分有列宁的呐喊:"就叫人们喊叫,说我们没有改组旧的法院,而一下子就把它摧毁了吧,我们用这种方式给真正的人民法院清除了道路。"很明显,"人民法院"是一个区别于旧中国法院的概念。该书第一章第三节《苏维埃司法制度组织原则》中有"根据一九二三年一月一日生效的《苏联法院组织条例》,司法制度是由下面的形式组成的:1. 人民法院;2. 省法院;3. 苏联最高法院"[①]的记载。之后,随着1954年中国

---

① 高里亚柯夫:《苏联的法院》,张君悌译,东北书店1948年版,第11页。

政府公布《中华人民共和国人民法院组织法》,中国大陆开始统一使用"人民法院",并确定法院的审级为基层人民法院、中级人民法院、高级人民法院、最高人民法院。

五、"衙门"的近代化和分工细化与汉语的近代化特征

通过调查我们发现词汇演变有一些有趣的特征,即词汇所包含的社会作用、业务内容、功能的细化演变将引导词汇的变化和发展。笔者在调查《申报》时发现近代"衙门"有很多组合使用的事例,比如"总理衙门、通商衙门、审判衙门、会审衙门、领事衙门、海关衙门、步军统领衙门、关防衙门、运司衙门、地方衙门、衙门政府、铁道衙门、地方厅衙门"等大量的组合用法。如前所述,在我们的一般认知中,"衙门"是老百姓在口语中对政府官厅的统合性俗称。但是,调查却明确显示出清末随着"衙门"机构社会功能的近代化、分工细化,"衙门"登上大雅之堂,成为一个书面用语在报刊上出现。可见,"衙门"在汉语近代化的演变过程中曾经发挥过过渡性的作用。

2018年在关西大学的东西学术研究所的研究例会上,沈国威教授曾使用下图对词汇体系的近代化过程进行了说明①:

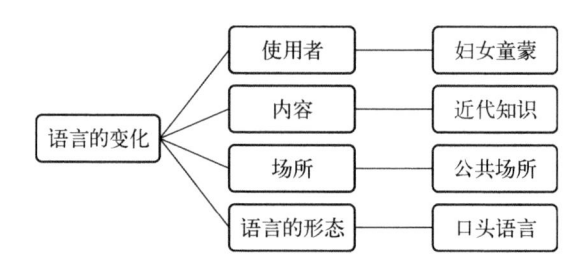

```
              ┌─ 使用者 ─── 妇女童蒙
语言的变化 ───┼─ 内容 ───── 近代知识
              ├─ 场所 ───── 公共场所
              └─ 语言的形态 ─ 口头语言
```

图 2　沈国威教授建构的词汇体系的近代化过程

简言之,语言的演变具体体现在它的使用者、内容、场所和语言的形态四个方面。那么,根据这个原理和上述调查,我们可以推断法律言语有如下特征:

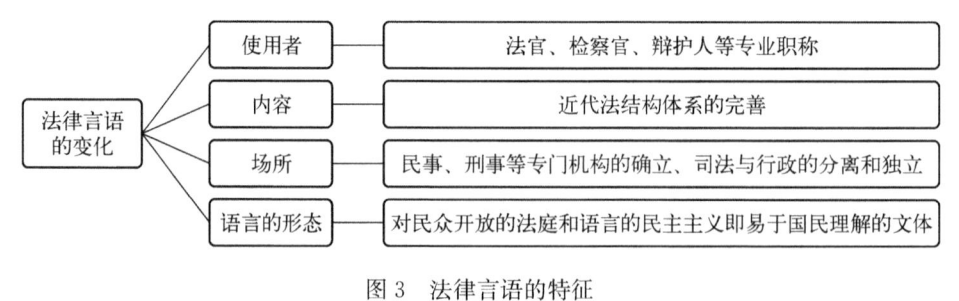

```
                  ┌─ 使用者 ───── 法官、检察官、辩护人等专业职称
法律言语          ├─ 内容 ─────── 近代法结构体系的完善
的变化    ───────┤
                  ├─ 场所 ─────── 民事、刑事等专门机构的确立、司法与行政的分离和独立
                  └─ 语言的形态 ─ 对民众开放的法庭和语言的民主主义即易于国民理解的文体
```

图 3　法律言语的特征

---

① 原文为日语,中文为笔者翻译。

简言之，法律语言的变化是一个由内向外的演变。法律言语的近代化过程将通过近代化机构中的专业职称、近代法理念、近代法相关的各种专门机构的建立以及民主化发展的过程中对一般市民的公开审判和浅显易懂的法律文体的要求而得以显现。

六、小结

综上所述，通过对日中辞典和相关资料的调查我们可以客观判断，"衙门"作为一个中国古典词，自古在日中两国都是作为官府、官厅的含义在使用。近代法意义的"法院"首现于中国，以《万国公法》为媒介传到日本，之后在日中两国使用。一方面，日语的词源调查虽然显示日本也曾经有过"法院""裁判所"两词的使用竞合期，比如《治罪法》中就有裁判所和高等法院同时使用的情况出现，但法律正式条文等一般都采用了"裁判所"。日本在1890年制定《裁判所构成法》后，以该法的公布为契机，"裁判所"的用法正式成为近代法概念court的"正牌"对译词，而"法院"虽然之后在日语中仍然有使用的痕迹，但仅限于部分特殊地区的裁判所。

另一方面，汉语中代表court意义的词汇有俗语和正式的称呼。古代有"衙门、刑部"，后有"公廨、公堂"等，进入20世纪以后"法院"才正式成为court的对译词，得到大家的认知和普遍使用。但是因为受日语书籍翻译和战争时期法律制定、执行的拖延等影响，真正得到容受和普遍认知还花费了很长的一段时间。

本稿通过对"衙门""法院"的词源调查和词汇使用变迁历史的梳理，力求体现中国近代法律新词、新概念的传入、容受过程中的一个层面和特点。法律词汇本身具有体系性、集团性和整体性特征，因此在法律翻译和移植的过程中，新的法律词汇也体现出与文学词汇和其他领域的词汇不同的情况。因为法律词汇对词义要求严谨准确和专业性的特征，通常必须是一词一义，鲜有一词多义的情况出现，加之词汇的整体性和整合性，在汉语本身不具备充分的近代法律词汇、没有对译词的窘况下不得不采取所谓的"拿来主义"翻译策略，造成翻译日本专业法律书籍时词汇的整体容受。当然，其中也不排除翻译人员本身对法律专业词汇理解调查不够充分，以至造成囫囵吞枣直接借用日语词的情况出现。

此外，通过这次调查我们还可以了解到法律词汇较之其他领域的专业词汇有一个非常独有的特征，就是它的容受期比较明确，可以将法律的公布作为法律词汇容受、确定的一个坐标点。

清末人们对西方法政思想的求知欲逐渐增强，但是接受近代法律思想必须具备近代词汇和近代文体两个具体的条件。日文法律书籍的翻译从某种角度来说引导和促进了汉语从一字词到二字词的演变，大量的新词丰富了汉语的表达，而大量的法律新词则使汉语解说西方近代法律思想成为可能。尽管当时中国部分知识分子对这些日语法律新词并不持欢迎态度，但丝毫未影响到这些日语法律名词术语的"泛滥"。

《盲人骑瞎马之新名词》中曾述："日本维新以前汉文行乎日本，自维新而后日文行乎中土。"该书中所指出的60个新词中，明显与法律相关的新词就有以下31个，半数以上都是法律词汇：

> 取缔、取消、引渡、手续、权利、权力、义务、相手方、当事者、所为、意思表示、强制执行、差押、第三者、场合、手形、大律师、律、让渡、亲属、继承、片务、双务、债权人、债务人、取立、损害赔偿、法人、奸非罪、重婚罪、条件之契约

其实，日本在最初接受西方法律思想时也经历了同样的历程。日本法学家穗积陈重先生在著作中就有如下阐述："1881年成为东京大学讲师时，当时大多数的教科书皆为外文，教学也采用将外文的教科书交给学生、根据教科书授课或直接用英语讲授等方式。直到1887年左右大部分的用语才得以确定，虽然不尽完善，但终于可以开始用日语讲授全部课程。"[①]由此可见因日语或日语中的汉语词能够表达近代法律概念的用语极少，明治初期的法政学者在翻译创制法律词汇时经历了相当多的曲折和辛劳。

同样，言文一致的日本文体也引导和推进了汉语学术教育的成长。沈国威教授曾多次强调的"科学说话"即在学校传授西方新思想、新知识的过程中，传统的背诵、暗记教学已经无法适应社会发展的需要，为了系统性、理论性地讲授新知识、新思想，汉语有必要彻底改变词汇和文体。按照穗积陈重先生的记载，日本也是花费了六七年的时间才终于使"法律说话"成为可能。

西法东渐，中国近代法从胎动到诞生经历了一个比较复杂曲折的过程。其背景有人为的原因，也有其他社会状况、政治因素以及传统儒教文化的影响。新思想、新概念吸收的先决条件是与法律概念相对应的新词汇的完善以及新文体的确立，日语的法律新词为中国接受近代法思想提供了一个捷径。翻译是传递知识与文化的媒介，而语言作为传递过程的底座，最终受到影响的也是语言，体现这种语言变化的则是词汇和文体的变化。清末近代法律书籍的翻译和法律移植为汉语输入了大量的法律新词以及言文一致的新文体形式，不仅丰富了法律言语，也为中国接受近代法奠定了基石。

---

① 穗积陈重：《法窗夜话》，吉田庆子等译，中国法制出版社2015年版，第115—116页。

"农奴"概念的诞生及其运用

陈力卫[*]

一、中国无"农奴"

汉语里描写农民的词很多,"农夫、农民、佃农、雇农、贫农"等,都是很早就开始使用的,而"农奴"却是一个新词,查查《汉语大词典》就知道,1902年麦鼎华[①]翻译的《欧洲十九世纪史》被列为该词的最早出处,意味着这个词是在20世纪初才开始进入中文语境的。

那么,对于一个新的概念的形成和出现,我们当然要考虑几个问题:一是它是从哪来的,导入到汉语的背景是什么?二是进到汉语以后会在语言上引起一些怎样的变化,也就是同一语义场内,新词挤进来后所占的地位要如何确定?三是这一新生概念本身是否在新的语境(汉语)里继续发生变化,这种变化又具有什么"中国特色"?最后就是用这一概念(外来的、理论的)开始重新解释我们过去的历史时,会有什么问题?

---

[*] 陈力卫,日本成城大学经济学部教授。
[①] 麦鼎华的名字出现在《早稻田学报》1908年8月号所载的毕业生一栏里。他还翻译过《埃及近世史》(上海广智书局1902年版)和《中等教育·伦理学》(上海广智书局1906年版)。

二、"农奴"出自日译

实际上,我们说"农奴"是外来词,从上述《汉语大词典》所举的《欧洲十九世纪史》例中就已经可以看出其端倪了,比如:

> 帝国以内农奴之数,殆有四千六百万,其中半数为帝室之耕夫,此外半数为大地主之耕夫,咸视此农奴为附属土地之不动产。

这里除"农奴"外,还用到"不动产",这个词也是日语借词。回顾时代,我们知道1902年应该是"广译日书"最为盛行的时期,再看译者的留日背景以及其他译作,就知道这实际上是一本译自日文的著作。按此线索,我们果然能找出前一年(1901年)出版的译自英文的日文文本,大内畅三译《欧洲十九世纪史》(ハーリー・プラット・ジャッドソン著,东京专门学校出版部1901年版),其中相对应的部分是:

> 帝国内に殆ど四千六百万の農奴を有し、其中半数は帝室所有地の耕作夫にして他の半数は大地主の耕作夫なりしが、彼等は動産に非ずして土地に附属する不動産なりと見做され。

也就是说,翌年该书由麦鼎华译成中文时,围绕"农奴"的一系列语词得以在中国传播。

然后,我们再顺藤摸瓜,可以将其英文文本也找出来,可以知道日文是从 Harry Pratt Judson 著英文 *Europe in the Nineteenth Century* 翻译过来的,其中 serfage 对译为"农奴制",serf 对译为"农奴"。

于是,我们进而要考虑两个问题:一是日文的"农奴"是如何形成的?二是除日文外,中文本身还另有接受西学的途径,而在华传教士是如何应对上述两个英文概念的?

(一)"农奴"成立前史

日本早期的汉文体著作《万国史记》(1879年)作为世界史教科书不仅畅销日本,而且在中国也广为流行,该书卷十六描写俄罗斯部分时,有"释放全国农隶"条,但还没有用到"农奴"一词:

> 俄国自古多农隶,买卖之不异奴隶,盖始于一千六百年间,俄帝下令国中凡农民非得地主特许,不得脱佣役。自是农民愁苦日甚。尼哥劳帝即位,立制令农夫隶土地不隶地主。至亚历山德第二,更下令佣使农夫皆给赁银,许农夫买土地于地主,养其家口。一千八百六十三年释放全国佃户四千万人,听其自主,田主不得拘束。国中地价渐贵,人民皆知力作可贵,无藏蓄金货者。农隶释放后二年间所营家屋比前六年间所造其数更多。

这里的"农隶"与后述的中文译法"随夫"有异曲同工之趣。其后,1880年千叶文尔编译的《露国沿革史》(丸屋善七1880年版)用的是"耕奴"。大阪《朝日新闻》(1882年1月5日)里也用"耕奴"来表示这一意义,但描述的却是在维也纳举行的纪念奥地利农奴解放100周年的活动:

> 墺地利国にて往時ジョセフ第二世帝の耕奴を解放して不羈の人民たらしめしより今年にて丁度一百年に当れば同国の農民等は百年祭を維也納に於て執行し最早農民は土地に附着したる者にあらざるを祝せんとする由なり。

之后还有很多译法,如1883年《近世露国变乱实记》的"贱雇农",1892年《国民之友》(第10卷,第141—158号)中的"贱奴":

> ウ、ウ、我は何等の薄命なるぞ、向きには此の賤奴が自殺せりを思ひて手づから怨を報ひ甘心すべきよし無くなりしを悲めるに……

到了1893年的《露国史》(水交社1893年版),则称之为"奴隶农"。翌年(1894年)明治启蒙思想家之一的津田真道在《物不齐论》一文中又将之译成"庄奴",并标有外文读音,我们引用如下:

> 奴隷は欧州の古希臘羅馬の時を最多とす、耶蘇教の行はるゝに従ひて、漸次之を保釈せり、唯魯国に荘奴(サーバー)と云ふ者存在せしかども、魯の先帝之を保釈して良民と為したりき、因て目今欧州には奴隷其痕を絶ちたり、北軍遂に勝を制したるに因りて、黒奴平民となり、故に目今奴隷の猶存するもの、南米諸国及亜弗利加のみなりと云ふ。支那には奴なる者あれども、欧米の如く残酷の

苦役に任ずる者に非ずと云へり。我国の古亦良賤の別ありたれども、中世以来賤奴の名を聞かず、其無くなりしは果して何の時なりしや詳ならず、但近時迄穢多非人なる者諸国に散在せしかども、明治維新の際悉く釈されて平民と為りたり。(《东京学士会院杂志》1894 年第 16 编之一)

这里的认识已经很全面了,首先说"奴隶在欧洲古罗马时代最多,随着基督教的普及,逐渐解放之,唯俄国尚存",文中分别用"奴隶"(欧洲)、"庄奴"(俄国)以及"黑奴"(美国)。谈到中国的"奴"时说,其没有像在欧洲那样受到残酷的苦役。而日本则本来是没有农奴的,即"我国虽然古有良贱之别,而中世以来不闻贱奴之名,不知何时消除这一差别。但至近时仍有秽多非人(即部落民)散在诸国,到明治维新时才悉得解放为平民"。

这之后尚有《朝日新闻》1898 年 10 月 3 日《露帝亚历山纪念碑》一文中的"小农解放"和 1899 年占部百太郎著《近世露西亚》(开拓社 1899 年版)中的"隶民制"等说法。翌年有贺长雄讲述的《近时政治史》(1900 年)里也有用"隶民解放"或"农民解放"的例子。

再看看日本当时的对译辞典,其中尚未出现"农奴":

1872 年,吉田贤辅:*An English and Japanese Dictionary*:serf(農作二用ヒラレタル),奴仆、奴隶;

1885 年,斋藤重治译:《袖珍英和辞书》:serf,奴隶(農業ノ);

1887 年,箱田保显编译:《英和对译新辞书图汇》:同上;

1888 年,酒井勉:《英和对译中字汇》:同上;

1888 年,イーストレーキ、棚橋一郎译:《和譯字彙:ウェブスター氏新刊大辞書》:serf,奴仆、农仆;serfdom,奴僕タル、土地ト共二売買セラルヽ奴隸(往時魯西亜二在リタル如キ)、農僕タル;

1897 年,中泽澄男等编:《英和字典》:土地ト共二売買サル、奴仆;

1901 年,和田垣谦三:《新英和辞典》:农仆;

1911 年,《模范英和辞典》:serfage、serfdom;the condition of a serf,农仆之地位、奴仆之身分;Serf,土地附属的奴仆,农仆。

从以上辞典的对译可以看出,在 20 世纪前,serf 和 serfdom 的译法多种多样,尚未固定,1872—1888 年先是译作"奴仆、奴隶",但加上括号限定为农业。1888 年以后出现

"农仆"的译法,并辅以"与土地一同买卖的"或"往昔俄国存在的"这类说明,以示近代农奴概念的特征。

日本出版的《国史大辞典》(吉川弘文馆 1990 年版)认为,"农奴"一词最早出现在 1901 年 9 月,即由思想家、政治学家、法学博士浮田和民在其《帝国主义与教育》(民友社 1901 年版)一书中最先译出①:

> 一千八百六十一年,露国は一片の勅令を発して農奴(のうど)の制を廃し、無数の貴族をして世襲財産たりし農奴使用権(のうどしょうけん)を失はしめたり。

而实际上,这种说法仍值得商榷。至少在其书出版的三个月前,也就是 1901 年 6 月,前面提到的麦鼎华翻译所使用的日文底本大内畅三所译的《欧洲十九世纪史》中已经用了"农奴制"这个词了。而且,再往前溯一个月,《朝日新闻》1901 年 5 月 25 日的连载《虚无党日记》(4)里也有"アレキサンドル二世農奴の制を廃するや"的说法。所以说,该词未必是由浮田和民所创译的,这似乎又落入我们批评过的"名人造词说"的窠臼。②

(二) 中文语境的对译

19 世纪英华词典中,罗存德《英华字典》(1866—1869 年)里对这几个英文词的释义如下:

> serf,奴仆
>
> serfdom,为奴仆
>
> slave,奴、奴仆、奴婢;female slaves,女奴;a slave girl,丫头、丫鬟、婢、妮子;a slave boy,童奴家生娣;those whose persons have been sold to others are called slaves,卖身与人者名称为奴仆。

---

① 1901 年自由主义政治学者浮田和民在《帝国主义与教育》中将 1861 年俄国的 Освобождении крестьян 翻译为"農奴の制の廃止",这是"农奴"的早期的例子。按俄语直译的话应该是"农民解放",但当时俄国的所有农民身份上都是西欧中世纪的农奴,因而内容上没有问题。但这一先驱译法并没有立即固定为经济史学上的译词。19 世纪末以降,在研究西洋经济史的过程中,1908 年北村松之助在其著《西洋史新辞典》中译之为"地面つき役夫"(随地夫),1917 年权田保之助将 K. Bücher 的 *Die Entstehung der Volkswirtschaft* 翻译为《经济的文明史论》,将 Leibeigene 译作"农奴"。由此,1910 年前后,该词才作为学术用语得以成立并迅速普及开来。

② 陈力卫:《近代日本の漢語とその出自》,载《日本语学》,明治书院 2011 年版。

slavery bondage,当奴之事、为奴者;to sell into slavery,买为奴、贩为奴;born in slavery,生而为奴

20世纪以后的颜惠庆《英华大辞典》(1908年)里援用了日文的"农仆",又加上了新译的"田奴"和解释:

A slave, in some cases the personal property of his master, in others attached to the soil, and transferable along with it,奴仆、农仆、田奴、随田地之奴仆、与土地共买卖之奴仆

虽然还没有用到"农奴"一词,但最后面的两句解释已经说明了农奴的性质。这也说明词典的语词收录总是落后于实际使用的。

19世纪最为中国士人广泛阅读的世界史,当推1895年于上海出版的李提摩太口译的《泰西新史揽要》(History of the Nineteenth Century),其第19卷俄罗斯国第5节为《释随夫》[①],称:"以务农一业而论,尤当加意厘剔农民,庶免受终身之累。""然其弊伏于三百年之前(中国明季),初不知其缘起,积而至于近世,遂有农夫四千八百万人以田业为附骨之疽,毕世莫能自拔,何其酷欤。"译者亦比较中国佃户,称俄之"随夫谓当随田耕种,不许移居他处也",且"查泰西各国昔年亦曾有此陋习,既而废之,唯俄国之富家尽视为利之所应得,虽以历代之贤君哲后亦苦于措置之无从"。最终,也有"释放随夫,善政也"之字样。所依英文底本为Robert Mackenzie著 The 19th Century: A History,"随夫"一词对应的是英语serf。这一译法,也是着重"随田耕种,不许移居"之义,确为中国古来所没有的概念。

中文传统典籍里,并不出现"农奴",虽然《新唐书·酷吏传》中有其字样,但并非一词:

俄召为合宫尉,擢洛阳令,进司仆少卿,赐司农奴婢十人。

而"农奴"在《朝鲜王朝实录》中则以成词的形式不止一次出现。这也许不是从中文传过去的,或可视为朝鲜自己对农夫的一种说法:

---

① 麦肯齐:《泰西新史揽要》,李提摩太、蔡尔康译,上海书店出版社2002年版,第339—342页。

> 户曹启:"忠清道扶余屯田农奴三百名及黄海道长渊屯田农奴八十名,皆纳半贡。考其屯田所出之数……其长渊农奴,仍旧收贡,扶余农奴除贡。今后丰年不用心劝课守令及监考色掌,农奴收半贡。"命依启施行,其农奴虽所出数……〔《世宗实录》七年(1425年)卷二十八,夏四月二十四日〕
>
> ……传播诸道,则其间为日亦多,远方儒生,将率其农奴,坌集京师。〔《中宗实录》三十四年(1539年)卷九十,夏四月十九日〕

这里所指的农奴,既可纳贡,亦可除贡,不是我们上文所说的那种附属于领主,可以买卖的近代俄国式的农奴,不过相当于佃农的另一种说法而已。

那么,在这一节里我们可以看到,中文古典中并没有"农奴"一词,反倒在15—16世纪的朝鲜汉文里多有出现,但意义上仍是指农民。这一"农奴"字形是否直接触发了20世纪日文的译法,尚不得知晓。近代中国的英华字典中将serf译为"奴仆",曾传入日本,用在早期的英和词典里,但日语里随后多用"农仆"来对译之。日文文章中则呈多种译法,如"农隶""耕奴""贱雇农""贱奴""奴隶农""庄奴""小农""隶民""农民"等,以区别传统的"奴隶"。到了1901年出现"农奴"后逐渐趋于统一。而近代在华传教士则将serf译为"随夫",这也是在斟酌了该词义后的一种创译。但随着日译的导入,该词逐渐在中文里消失。

三、《共产党宣言》的传播与"农奴制"

(一)"农奴制"的历史回顾

恩格斯称文明时代的"三大奴役形式"是奴隶制、中世纪的农奴制和近代的雇佣劳动制。[①] 这主要是依据欧洲的历史及现状而言的。"奴隶制"主要指古希腊和罗马,奴隶通常指失去人身自由并被他人(通常是奴隶主)任意驱使的人。世界历史上,人们因为战争、犯罪、破产、血统等原因成为奴隶,在成为劳动工具的同时也被当成一种有价值的货物进行赠赐与交易。而"中世纪的农奴制"是封建社会中封建领主在其领地上建立起来的剥削奴役农奴的经济制度。在这种制度下,少数封建领主或农奴主占有土地、山林、草原和河流等绝大部分生产资料,并部分占有农奴;农奴从农奴主手中分得一块土地,作为代价他们必须无偿耕种领主土地,服各种劳役,并上缴大部

---

① 参见《马克思恩格斯选集》第四卷,人民出版社1972年版,第172页。

分劳动产品。农奴制的基本特征是农奴被束缚在土地上,不得不依附于农奴主。而农奴主则利用这种人身依附关系,对农奴实行超经济的强制剥削。农奴制的地租形式主要是劳役地租,辅以少量的实物地租和货币地租。农奴制在15世纪以后逐步放松各种人身制约,英国至14世纪末叶实际上已经消灭了农奴制。17世纪以后欧洲各国陆续取消这一制度,1789年法兰西的宪政国民大会通过法令,废除贵族特权,解放农奴。前面举的《朝日新闻》(1882年1月5日)的例子就是报道在维也纳举行的纪念奥地利农奴解放100周年的活动。

而俄国在欧洲来说,是最晚取消"农奴制"的国家。1861年,沙皇亚历山大二世签署了废除农奴制的法令,规定农奴在法律上有人身自由,有权拥有动产和不动产,担任公职和从事工商业,地主不能买卖农奴和干涉农奴的生活;规定土地仍然归属地主所有,农奴可以得到一定数量的土地,但必须出钱向地主赎买。俄国由此解放了劳动力,为工业和国防提供了源源不断的人力资源。

美国废奴运动是从19世纪30年代初开始在美国北部兴起的,受欧洲封建农奴制解体之影响,早在殖民时代和独立战争时期,富兰克林、杰斐逊等人就提出废除奴隶制。美国独立后,北部各州先后废除了黑人奴隶制。但南部诸州由于棉花种植业的迅速发展,种植园奴隶制反而不断扩大。《解放黑奴宣言》(*The Emancipation Proclamation*)是合众国总统林肯于1862年9月22日颁布的。1863年1月1日又正式命令解放奴隶。这实际上与俄国的农奴解放是相互呼应的。

(二)《共产党宣言》的翻译和传播

我们已经知道,"农奴"在日语中的使用始于1901年,之后也被继续使用,比如1904年《读卖新闻》上《露国土地负担额の加重》(1904年8月24日)一文中也用到"农奴解散"一词:

> 当時即ち千八百五十九年に於て四億二千五百万留に達せしが後幾何もなく農奴解散の際右負債額八一時悉皆償却を了し。

但该词得以流通和普及,最关键的还是与马克思《共产党宣言》的翻译和传播息息相关。① 无论是1904年《平民新闻》,还是1906年《社会主义研究》杂志中的翻译,日文版《共产党宣言》都用到了"农奴"一词,且附有英文对译:

---

① 陈力卫:《〈共产党宣言〉的翻译问题》,《二十一世纪》2006年第2期。

希臘の自由民(Freeman)と奴隷(Slave)、羅馬の貴族(Patrician)と平民(Prebian)、中世の領主(Lord)と農奴(Serf)、同業組合員(Guild-master)と被雇職人(Journey-man)、一言を以て之を掩へば圧制者と被圧制者。

古代羅馬には、貴族、騎士(Knight)、平民、奴隷あり。中世には封建領主、家臣(Vassal)、同業組合員、被雇職人、徒弟(Apprentice)、農奴あり。

夫れ中世紀の農奴中より、初代の都市に於ける特許市民は興起せり。而して是等市民中より、紳士閥の第一要素は發達し来る。

例へば農奴制時代に於ては、農奴も亦其市邑の公民と為るを得、封建の専制治下に於ても、小町人が紳商と為るを得たり。

《共产党宣言》中的这四例,不仅有"农奴",还出现了"农奴制",较1901年出现的三例"農奴の制"相比,1904年的译法显然可以作为一个固定的三字词来看了。

1908年《天义》报首次据此转译成中文时,严格地将第一例译为:

希腊之自由民与奴隶,罗马之贵族与平民,中世之领主与农奴,同业组合员与被雇职人,蔽以一言,则均压制者与被压制者之阶级。

1919年2月河上肇在《社会问题研究》第二册上刊登了《マルクスの社会主義の理論的体系》(二)一文,引用《共产党宣言》的开头部分说:

総て過去の歴史は階級争闘の歴史である。(希臘の)自由民と奴隷、(羅馬の)貴族と平民、(中世の)領主と農奴、同業組合の親方と職人、簡単に言へば圧制者と被圧制者とは古来常に相反目して。

该文马上便被渊泉①翻译成中文,以《马克思的唯物史观》为题登载在《晨报》上,1919年5月《新青年》第6卷第5期又对其转载,并加编者按:"这篇是日本研究马克思的大家河上肇所著的,简洁明了,很有价值,特译出来,作研究的资料。"该部分被译为:

---

① 1987年杨纪元指出,根据陈溥贤(又名博生)的同时代人梁漱溟的回忆指出:"'渊泉'姓陈,名博生,福建人,为《晨报》一负责人。"参见杨纪元:《"渊泉"不是李大钊的笔名》,《党史研究资料》1987年第10期。

> 一切过去的历史,是阶级斗争的历史。自由民和奴隶,贵族和平民,地主和农奴,同业组合的头儿和工人,简单说来,压制者和被压制者,从古以来,是互相反目的。

一般认为河上肇的思想学说,最早是由李大钊介绍过来的。有趣的是,署名李大钊的《我的马克思主义观》(上)一文登载在同一期《新青年》上,我们可以将两者所译的同一段落做一对比:

> 凡以前存在的社会的历史都是阶级竞争的历史。希腊的自由民与奴隶,罗马的贵族与平民,中世的领主与农奴,同业组合的主人与职工,简单的说,就是压制者与被压制者,自古以来,常相反目。

区别是显而易见的。河上肇日文原文有加括号的定语:"希腊の""罗马の""中世の"。因为《共产党宣言》的德文本和英文本都没有这些定语,而最早的日文版,无论1904年《平民新闻》,还是1906年《社会主义研究》,都是直接译自英文的,却将这三个定语不加括号地放在译文中。河上肇当然是看过最早的日译版,或许为了更尊重原文,才将之加上括号。如上文所示,李大钊的译文加上了"希腊的""罗马的""中世的"这类限定时代的定语;但渊泉的译本里,或许是参照了原文,故而没有加这三个定语,结果造成本来是作为历史叙述的这三个对比部分,在缺乏西洋史背景的中文语境中,可能被视为现时社会存在的对立,至少在没有历史知识的人看来容易混淆。之后所见的中文译本都如此,不见那三个时代定语:

表1 各版本《共产党宣言》中的表达

李泽彰 (1919年)	自由民和奴隶,贵族和平民,地主和农奴,同业组合的头目和工人,简单的说,就是压制者和被压制者,自古以来,老是立于反对的地位
陈望道 (1920年)	自由民(freeman)和奴隶(slave),贵族(patrician)和平民(plebeian),领主(lord)和农奴(serf),行东(guild-master)和佣工(journey-man),总而言之,就是压迫阶级和被压迫阶级
华冈 (1932年)	自由民(freeman)和奴隶(slave),贵族(patrician)和平民(plebeian),领主(lord)和农奴(self),行东(guild-master)和佣工(journey-man),总而言之,就是压迫者和被压迫者
成仿吾、徐冰 (1938年)	自由民与奴隶,贵族与平民,领主与农奴,行东与帮工,一句话,压迫者与被压迫者,总是处在互相的经常的对立之中

续　表

陈瘦石 (1943年)	自由民与奴隶,贵族与平民,领主与农奴,行东(guild-master)与旧工(journey-man),质言之,即压迫者与被压迫者,无日不站在相反地位
博古 (1948年)	自由民与奴隶,贵族与平民,地主与农奴,行东与雇工,简单说,压迫者与被压迫者,总是处在彼此的永久对抗中
莫斯科本 (1950年)	自由民与奴隶,贵族与平民,地主与农奴,行东与帮工,简言之,压迫者与被压迫者,始终是处于互相对抗的地位
注音本 (1958年)	自由民与奴隶,贵族与平民,地主与农奴,行东与帮工,简言之,压迫者与被压迫者,始终是处于互相对抗的地位
编译局本 (1964年)	自由民和奴隶,贵族和平民,领主和农奴,行会师傅和帮工,一句话,压迫者和被压迫者,始终处于相互对立的地位

我们还注意到另一处译法的变化,针对早期日文版的"領主と農奴",1908年《天义》译本、1920年陈望道译本、1943年陈瘦石译本都是原文照搬为"领主与农奴";但1919年5月的《新青年》渊泉译本、1919年李泽彰译本以及1948年博古译本均改为"地主与农奴",特别是1950年的莫斯科译本采用了这一译法,导致1958年文字改革委员会出版的注音本《共产党宣言》也依样承袭。

这一改动有两种可能,一是中文里没有"领主"一词,需要拿"地主"来代替;二是依据外文翻译时,俄文版的помещик亦含有地主之意,所以1950年莫斯科本是译为"地主与农奴"的。① 这一翻译使本来描述欧洲的事物,更容易被代入进中文语境中,即在以土地革命为动力的革命运动中,凸显阶级对立,使二者处于尖锐的阶级对立之风口浪尖上,从而既把"地主"一词打入万劫不复之深渊,也使"农奴"一词与中国现实更为接近。这一改动也可以看作"农奴"语义泛化的主要原因。

但是,我们现在用的人民出版社的编译局本则又重返旧译"领主与农奴",这是何时开始改回来的呢?似乎是从完成土地改革后的1964年9月的第六版时开始的。该译本是根据1959年德文版并参考其他外文版本和各种中译本重新校订的,后收入1972年《马克思恩格斯选集》中文第一版;1978年译本仍沿用了1964年译本,该译本最初为1978年中共中央党校编《马列著作毛泽东著作选读》(内部发行)所采用,1992年人民出版社出版了单行本。

---

① 之后的中文版多依此版,比如人民出版社1953年北京版本说明:"本书本版是根据莫斯科外国文书籍出版局一九四九年所出最新中文版翻印的。"

四、"农奴"的词义扩展

(一) 日文语境下的"农奴"

日本在进入大正(1912年)时期以后,题目中涉及"农奴"的论文数量开始增多,先是以介绍俄国农奴解放后的情况为主:

《農奴解放を中心として観たる露西亜文明》(昇曙梦,《科学と文芸》1915年第1号)

《露国の農奴解放に就て》(ルロア、ボリュー,《经济时报》1918年11月)

《ツルゲエネフと農奴》(《トルストイ研究》1919年第1期)

《農奴解放後に於ける露西亜の土地問題》(吉川秀造,《经济论丛》1926年第3期)

随后,也有将之与俄国革命相关联的:

> ロシヤは前には貴族と賤民の外に中等社会は殆んど無く、百姓は農奴として土地に附着し、土地と離るる事を得ざる家畜の如きものなり。……大なるものとして特筆すべきは、一八六一年三月三日の勅令に依り農奴を解放した事である。當時農奴の数は全国に二千三百万人あつて、之を開放するに付き……遂に一八六三年迄に全国に渉りて殆んどその実行を了つた。就中帝室領に於ては、農奴解放は同じく一八六三年何等の報酬を求めずして農奴に其土地を下附した。①
> 革命の影響は欧洲列国に於て第三階級に属する平民に自由を与へ又た農奴を解放して国民皆平等に個人としての権利を認めらるる様になつた。②

俄国革命后,日本对俄国的关心高涨。1920年代以降,随着马列著作陆续被翻译为日文,日本的历史学家针对王政复古史观和皇国史观,开始努力将日本历史的发展过程置于普遍的世界史发展的一环来把握。也就是说,参照欧洲经济史学中广义的农

---

① 箕作元八:《最近露西亞革命の由來》,《太阳》1917年第5号。
② 浮田和民:《欧洲戦乱と民主政治の新傾向(第一)》,《太阳》1917年第13号。

奴制概念,日本学者开始思考农奴制在日本的形成,得出了两个基本结论:第一,农奴制成立的前提是土地所有者为私自的封建领主;第二,前近代地主制与近代寄生地主制也应包括在农奴制的概念之中来考虑。①

随着民本主义的兴起,除借鉴俄国的教训以外,日本亦开始反省自己的民族性。即通过对"农奴制"的探讨,将自民族的历史体验映照在"农奴"这一概念上进行反思,出现了一系列相关的论文,如:

《日本の封建農奴》(有元英夫,《中央公论》1924 年第 11 号)

《日本歴史に於ける奴隷、農奴及び賃銀奴隷》(白柳秀湖,《社会科学》1928年刊)

《維新革命に於ける農奴解放》(山岸信雄,《プロレタリア科学》1930 年第 2—7 号)

实际上日本也是地主拥有农地,佃户耕作并向地主交租。首先向这一制度宣战的是作家有岛武郎。作为文学家,他应该知道托尔斯泰在自己庄园里实施的解放农民的种种措施。当有岛武郎继承并接管父亲所得的农场,自身成为地主后,于良心上感到不安。1922 年 7 月他在北海道(旧狩太村)宣告解散农场,把所有的土地分给佃户,庄园住宅分给农民居住。当时的《小樽新闻》1923 年 5 月 20—21 日(9817 号、9818 号)对此进行了报道,但在报道中并没有用"农奴"一词,而是用的"农地解放""土地解放"。用他自己的话来说,就是:"私の土地解放は時代の思想に伴つて行つたもので将来漸次土地が解放される前兆之も見るべき。"(我把土地分给农民,是顺应着时代精神的,也可视为将来逐步实施的土地改革的前兆。)

中里介山在 1938 年以后发表的小说《大菩薩峠・農奴の巻》中则说日本没有农奴:

> 事実、日本には農民はあるが、農奴というものはない。内容に於て、史実なり現実なりをただしてみれば、それは有り過ぎるほどあるかも知れないが、族籍の上に農奴として計上されたものは、西洋にはいざ知らず、日本には無いはずであります。

---

① 参见日本《国史大辞典》"奴隶制"条。

正因为没有实体的对应,所以"农奴"一词就逐渐沦为最底层的贫苦人之意。比如,记者茅原华山在其《新动中静观》(东亚堂书房1913年版)里专设一节讲"农奴、工奴、商奴",以嘲讽日本人面对统治阶级的奴性:

> これは農民でなくして農奴、工民でなくして工奴、商民でなくして商奴でなくして何だ、大将に率かれて城濠の埋草と為るのが日本人民、否、日本人奴の天職であらう。

这里是拿"民"与"奴"进行对比,凸显出为"奴"的悲哀,可以看出"农奴"一词在日语里开始被用来指称最底层的农民。之后还有1914年久米正雄的《農奴の心》。1924年木村靖二的《飢えたる農民》(二松堂书店1924年版)正是以《農奴制に泣く》为题,具体描述了冈山县儿岛郡藤田村的地主与佃农之间的斗争:

> 岡山県児島郡藤田村は農奴制とまで言われてゐる錦、都、高崎、大曲の四区に分れその内都区の二百二十町歩が昨十二年二月争議の地となった。

而作为无产阶级文学的代表作之一,叶山嘉树在小说《海に生くる人々》(1926年)里就已经将劳苦的工薪阶级比喻为奴隶和农奴:

> われら、賃銀労働者も、奴隷のように、農奴のように、われらの子孫をして拳を握らしめないであろうか。それは、人間の力をもっては、意思の力をもってしては、いかんともなし難いところのものであるか。

之后,1928年喜田贞吉在《融和問題に関する歴史的考察》中也用该词泛指受苦的农民:

> 幸いに農家に雇われて、自身耕作に従事しましても、それはやはり働かせてもらって、生きさせていただいている譯ですから、農奴ともいうべきものでありました。

还有题为《農奴の夢》的长篇叙事诗(石井安一,《文坛战线》1928年2月号)和《農奴の要求——北海道蜂須賀農場の小作人へ》(今野大力,《文坛战线》1930 年 3 月号)一诗都是这一时代控诉剥削阶级的呼声。后者云:

> 雪に埋れ
> 吹雪に殴られ
> 山脈の此方に
> 俺達の部落がある
> 俺達は侯爵農場の小作人
> 俺達は真実の水呑百姓
> 俺達の生活は農奴だ!

在这首诗中,"小作人—水吞百姓—农奴"依次递进,"农奴"的这种用法已经表示生活在最底层人的自我认同,成为一种最受剥削的比喻表达。直到今天,我们还可以看到下面这种句子:

> それまでは、農奴のように働いていましたから、勉強だけして生きていられる生活が天国みたいに感じられました。(蒲島郁夫:《私が学問に目覚めた時》,"東大教養学部進学情報センターシンポジウム",2002 年 4 月 26 日)

此文的作者时为东京大学法学院院长,其两年后还出版有《運命:農奴から東大教授までの物語》一书(三笠书房 2004 年版),这里当然是把"农奴"完全作为生活在社会底层且艰辛劳作的人来看了。

(二) 中文语境下的"农奴"

我们知道中国本来也是没有所谓"农奴制"的称谓的,当然也没有"农奴"一说。"奴隶"一词倒是在汉代之后的著作中出现过,而"奴"和"隶"这两种名称在先秦时代就已存在了。但随着"农奴"这一新概念的兴起和使用,特别是上一节讲到的,通过《共产党宣言》的传播,本属于欧洲中世纪的概念被拉到中国的现实语境中来了,构成了"地主与农奴"的这一超越时空的对立关系。

1927 年 1 月 15 日《民国日报》上登有广东《省政府命令解放奴婢》一文,不仅要解放"奴""婢",也要解放"农奴",该文曰:

> 今本省早告统一，已入训政时期，凡福国利民之政，自宜及时施行，力求贯彻。近查各属地方，于蓄奴婢之外，尚有仍存奴制者，服劳给事义务无限，而其性命财产，则皆操之于主人，且奴之子常为奴，永受钳束，无恢复自由之望，名曰义男，或曰家生，实则世奴而已。民国成立，人民平等，载在《约法》，阶级制度，久已废除，封建旧习，既不复存，何得尚有主奴之制？最近省政府已有禁止高要县沙埔东乡农奴之令，似宜推行全省。

在由孙科、陈树人、宋子文、李济深、甘乃光签署的《修正解放奴婢办法条例》第二条里说："各乡村农奴，或称义男，或称家生，应一律恢复自由，解除主奴名义。"这里所说的"农奴"与"义男""家生"一样，被视为一种可以买卖的奴仆。实施这一措施的时代背景，即"民国成立，人民平等，载在《约法》，阶级制度，久已废除，封建旧习，既不复存，何得尚有主奴之制"，这也是欲与整个世界的废奴潮流相接轨。

这里的"农奴"承载了新的概念和意义，主要偏重"农村"这一字面的意思，有点与前面提到的《朝鲜王朝实录》中的用法类似，偏离了近代"农奴制"下的"农奴"概念，相当于中文语境中的一种套用。

但是也有沿用"农奴"近代概念的例子，如徐永昌在其日记（1927年12月29日）里说：

> 在俄以煽惑农人为主体，因俄有大地主，农奴之太不平，闻田地五分之三在大地主手。

在20世纪三四十年代的社会史书籍中，则可以见到对农奴制的介绍，比如：

> 其起源亦很古，大致不外下列的两种：第一是原来开垦土地而得所有权者，以其所有权让与地方豪族或寺院，自己只保留世袭的使用权，子子孙孙住居于其地内，或住居他处，而以其土地为自己耕作之用，或借与他人耕作；第二是和分益佃耕制的起源一样，农奴解放，地主给以土地的使用权，而自己只保留所有权，以后永久佃耕的起因更多，如开垦、土地改良、买卖禁止、所有权移转、地主和佃农争议的调停等，指不胜屈。（刘光华：《农业政策》，南京书店1932年版）

而从理论上阐述农奴制的是著名马克思主义哲学家、中共一大代表李达，他写道：

> 第三期为农奴制度盛行之时代,农奴制度较之奴隶制度稍为和缓,就其模范的形式言之,凡属农奴,每一星期得以数日耕种其向地主租种之土地,所得之农产物归一己所有,其与奴隶之状态不同。……但农奴因租种地主土地之故,每一星期必以数日为地主服役,而从事义务劳动,其被他人掠夺其剩余劳动,则与奴隶相似。
>
> 至奴隶制度之所以能缓和而变成农奴制度之原因,则因奴隶之劳动不灵敏不热心之故,为增进生产力计,不能不改良其境遇,使为奴隶而业农者亦得以其一部分之劳动力独立生活也。……初期国家为贵族阶级支配奴隶阶级之政治组织,封建国家为封建阶级支配工商农奴之政治组织,代议国家为有产阶级支配无产阶级之政治组织,劳农国家为无产阶级支配有产阶级之政治组织,此政治组织与阶级之历史的关系也。(李达:《现代社会学》,昆仑书店1933年版)

这里已经开始将农奴置于阶级观念中来考虑,下面两例也是如此:

> 在封建制度之下,广大的土地,都掌握在封建领主手里;封建领主,不仅是凭着自己所掌握的土地,而且还凭着超经济(经济外的权力的强制)的权力来剥削农奴或农民。(邓初民:《世界民主政治的新趋势》,华夏书店1947年版)
>
> 奴隶占有制的生产方式产生奴隶主和奴隶阶级,封建主义制的生产方式产生封建主和农奴阶级,资本主义制的生产方式则产生资产阶级和无产阶级。(张香山:《阶级和阶级斗争》,中国青年出版社1956年版)

国共两党对"农奴"一词也各有自己独特的诠释,有时甚至是针锋相对。据《"总统"蒋公大事长编》(1952年)记载蒋介石云:

> 中共……将农民变成农奴,已采取第一个步骤,开始农业集体化。

而与之相对的是毛泽东作于1959年6月的诗《七律·到韶山》:

> 别梦依稀咒逝川,故园三十二年前。
> 红旗卷起农奴戟,黑手高悬霸主鞭。
> 为有牺牲多壮志,敢教日月换新天。
> 喜看稻菽千重浪,遍地英雄下夕烟。

据人民文学出版社1963年12月版《毛主席诗词》解释,农奴本指封建时代隶属于农奴主、没有人身自由的农业劳动者,此处借指旧中国受奴役的贫苦农民,亦即强调阶级分化的一种表现。这正说明该词义的演变与日语的情形相似,都被用来指称受奴役的贫苦农民。当然,更重要的是最后一句话"即强调阶级分化的一种表现"。

(三)"农奴""农奴制"概念的中国特指

《现代汉语词典》(第7版)里将"农奴"解释为"封建社会中隶属于农奴主或封建主的农业生产劳动者。在经济上受剥削,没有人身自由和任何政治权利",将该词的用法限定于封建社会。《辞海》(1979年)在解释"农奴制"时也说:

> 中世纪时,农奴制在欧洲各国占主要地位。随着商品经济的发展,特别是由于农民暴动和大规模的起义,农奴制渐趋解体。15世纪时,欧洲多数国家基本上废除了农奴制;在中欧和东欧许多国家,到19世纪中叶才废除。中国西藏地区,于1959年实行民主改革时,彻底消灭了农奴制。

1959年实际上是"农奴"使用率高涨的一年,如《辞海》所述,"农奴制"被用于西藏地区,以说明中央政府对西藏实行土地改革和社会改革的正当性,"农奴"一词也终于名副其实地找到了对应口。比如:

> 在这种制度下的大小封建土地,在世界史上称为"领地",领有的人称为"领主",被领主压迫剥削的称为"农奴"。①
> 在西藏黑暗的农奴制度下,农奴主给农奴定的劳动纪律是极严格、极残忍的。②

舆论也配合这一论调,如《翻身农奴把歌唱》的成功创作和电影《农奴》更是强化了"百万农奴翻身解放"这一时代的主旋律。于是,"农奴"或"农奴制"便成了1959年以前西藏的专用语。与此同时,西藏以外的中国农民则由此彻底摆脱了"农奴"这一称呼。

---

① 束世澂:《西藏社会性质的分析》,《学术月刊》1959年第6期。
② 左其煌、孙晓泉:《论民主、自由与平等》,中国青年出版社1959年版。

五、还有多少"奴"要消除？

除了"农奴"以外，汉语里带"奴"的构词还有很多，既有传统的"奴才、奴仆、奴婢、家奴"，又有新词"洋奴、黑奴、女奴、性奴、亡国奴、守财奴"，也可以临时构词，如：

骂他人为美奴、英奴与日奴。

这样看来，"奴"字的构词法也有了很大的变化。早期作为一个独立概念，可以说强调一种为他人所支配的属性。现在到了被物质所支配的时代，出现了"车奴""房奴"或"网奴""卡奴"等，虽然同样表示丧失了自主性的个人，但早先的"奴"多趋于被动，而现在的"奴"则有心甘情愿的一面。当然，这也可以视为一种自嘲，以此表达现代人受经济压迫而感受到的生活的压抑。所以，我们可以说每个"—奴"都有一部自己的血泪史。

广松涉与"超越近代"论[*]

彭 曦[**]

广松涉(1933—1994年),原东京大学教授,日本当代著名马克思主义学者、新左翼运动旗手、哲学家,他基于《德意志意识形态》文献学研究而提出的马克思从异化论到物象化论的转变学说在马克思主义学界产生了深远的影响。[①]

1994年3月16日,广松涉在《朝日新闻》上发表了题为《东北亚成为历史的主角——以日中为轴心建构"东亚"新体制》的文章,他在该文中断言:"以欧美为中心的时代正在永逝……新的世界观、价值观最终将从亚洲产生,并席卷全世界。……可以确定的是,新价值观的基调将是……关系主义,它将取代至今为止占据主导地位的'实体主义'。"[②]在此基础上,广松涉呼吁:"以日中为轴心建构'东亚'新体制!以此为前提建构世界的新秩序!"[③]可以说,广松涉的这种观点与孙江所指出的20世纪末弥漫于中日两国的一种期待,即"亚洲各国尽快揭开历史魔咒,建构跨越民族—国家

---

[*] 在日语中为"近代の超克"。"近代"在日语中是 modern 的翻译词,指封建制度瓦解、资本主义制度确立以后的时代;"近代化"则是 modernization 的翻译词。不过,作为历史分期,"近代"在日本一般指1868年明治维新到1945年战败这段时期,之后为现代。"超克"在日语中是"超越"并"克服"的意思,在此割舍"克服"。

[**] 彭曦,南京大学外国语学院日语系副教授。

[①] 广松涉的八部代表性著作已经被译成中文,由南京大学出版社出版,并且有新的翻译计划。另外,2002年以来,中日两国学者联合举行过6届广松涉哲学学术研讨会,发表了大量的相关论文。

[②] 广松涉:《广松涉著作集》第14卷,岩波书店1997年版,第498页。

[③] 同上。

(nation-state)藩篱的地域性整合体"①有相互呼应之处。作为马克思主义学者,广松涉此番言论令许多人感到不解。据与广松涉有亲密交往的古贺暹回忆说:"当时,几乎所有左翼都认为广松涉成了右翼,并对之进行了批判。"②连古贺都曾对他儿子说"不要读这种右翼文章"③。然而,这并不是广松涉一时心血来潮而突然"转向",其背后有他内在的思想逻辑。他曾无数次表明要超越自笛卡尔以来以"主观—客观"二元对立为象征的近代哲学,而且在《朝日新闻》上发表上述文章20年前还对"超越近代"论进行过专题探讨。1974年12月至1975年9月,他在《流动》杂志上登载了系列论文《"超越近代"和日本的遗留构造》,1980年将该系列论文以《"超越近代"论——对昭和思想史一个侧面的思考》的书名出版。

说起"超越近代"论,人们首先想到的一般是太平洋战争爆发后不久的1942年7月,当时日本著名知识分子13人参加的题为"超越近代"的座谈会以及发表在《文学界》杂志同年9月、10月号上的论文。该座谈会以及相关论文从理论的侧面主张日本侵略战争的正当性,并对日本明治维新之后的欧化路线进行了清算,"超越近代"论也因此成为"左右日本知识分子的流行语之一"④。战后,该论调遭到批判与清算,例如丸山真男认为主张"超越近代"的人显得十分"悲惨和滑稽",因为在日本"近代思维都还没有真正确立,根本谈不上超越"。⑤加藤周一指出:"如果说日本浪漫派编造出了对战争在感情上加以肯定的方法,那么京都学派则是提供了将这场战争合理地加以肯定的方法。"⑥然而,随着日本战后逐渐复苏,该论调在20世纪50年代末又逐渐在文明批评和文学论中出现,到了70年代初再次成为热点论题。那么,广松涉从"超越近代"论中继承了怎样的课题意识,这些课题意识与他对马克思主义的理解以及以"物象化"论和"事的世界观"为代表的广松涉哲学有何关联呢?本稿希望能阐明这些问题。

一、对京都学派"超越近代"论的共鸣

日本在战争期间主张"超越近代"论的主要有三个阵营,即《文学界》同人、京都学派、日本浪漫派。广松涉认为,这三个阵营并不像竹内好所说的那样形成了"思想的

---

① 孙江:《在亚洲超越"近代"?——一个批评性的回顾》,《江苏社会科学》2016年第3期。
② 古贺暹:《廣松涉と政治的実践》,《情况》2007年别册。
③ 同上。
④ 竹内好:《近代の超克》,筑摩书房1983年版,第53页。
⑤ 丸山真男:《戦中と戦後の間》,みすず书房1976年版。原文发表于1945年12月。
⑥ 加藤周一:《何谓日本人》,彭曦、邬晓研译,南京大学出版社2008年版,第150页。原文发表于1959年。

统一战线",因为论者们对于自身力图超越的对象——"近代"并没有一个明确且一致的认识:日本浪漫派以及《文学界》同人以诉诸感情的方式来展开对近代的批判,他们"在理论上处于混沌状态"①,而京都学派的"世界史哲学则承担了建构'理论'的任务"②。因此,广松涉在《"超越近代"论》中对日本浪漫派以及《文学界》同人的观点基本上是一笔带过,对于京都学派的论述也没有局限在参加座谈会的三人即下村寅太郎、铃木成高、西谷启治身上,毋宁说广松涉更加关注京都学派核心人物西田几多郎的观点。那么,广松涉试图从京都学派关于"超越近代"论中发掘怎样的积极价值呢?

广松涉指出下村寅太郎关于近代科学的历史定位有可取之处,认为该问题与20世纪70年代广受关注的关于近代科学技术的功过以及近代合理主义的诸论调有所关联,但广松涉也注意到下村寅太郎的观点并没有引起包括物理学家菊池正士在内的与会者的积极响应,认为"超越近代"论在批判性超越近代科学这一点上没有自觉地表示出明确的方向性。

就铃木成高而言,广松涉关注他对"超越近代"含义的理解:"所谓超越近代,在政治上意味着超越民主主义,在经济上超越资本主义,在思想上超越自由主义。"③很显然,铃木意识到了"近代"的多义性。另外就日本而言,他主张超越近代还与"超越欧洲的世界支配这种特殊课题重叠"④,并提示了分析该问题的具体方案。广松涉认为座谈会并没有按照铃木成高的思路展开,他梳理铃木成高的观点只是为了便于把握"超越近代"论的理论水准。

在参会者三人当中,广松涉最为关注的是西谷启治。西谷启治认为"近世在文化上因为宗教改革、文艺复兴和自然科学的形成这三次运动而与中世纪彻底诀别"⑤,其结果是带来了宗教对世界和人性的否定、自然科学对人性的忽视、文艺复兴和人道主义对人性的全面肯定这种分裂状态,而且这些"包含相互冲突和分裂的西欧文化,明治维新以后也渗透到日本,日本也出现了统一的世界观的形成基础走向瓦解的危险,以及人在把握自己时陷入混乱的危险"⑥。西谷启治这样对西方文化对日本带来的危害进行描述,并开出了消除这种危害的处方,他说:"主体的无的立场,很显然这是东洋的宗教性的特色。我认为只有这种东洋的宗教性才能解决西洋近代的宗教文

---

① 广松涉:《"近代の超克"論》,载《广松涉著作集》第14卷,第194页。
② 同上书,第194页。
③ 同上书,第18页。
④ 同上。
⑤ 同上书,第32页。
⑥ 河上彻太郎等:《近代の超克》,富山房百科文库1979年版,第21页。

化与科学之关系的困难。"①也就是说,西谷启治试图立足于"主体的无"来重新实现世界观的统一,使日本的传统精神为当时日本所面临"树立新世界秩序和建立大东亚"②的课题服务,也就是为当时日本所推行的帝国主义侵略政策服务。不过,广松涉认为并不能以此真正判断"超越近代"论的思想理论水准,因此他把论述对象扩大到没有直接参与"超越近代"讨论的京都学派的高坂正显、高山岩男以及西田几多郎、三木清、田边元等人。

广松涉认为高坂正显对自由主义有独到的理解,在他看来高坂正显不像战前、战时的许多论者那样将自由主义与个人主义联系起来思考。高坂正显主张"自由主义不是单纯的个人主义,而是人类中心主义"③,并且把自由主义(人类中心主义)与合理主义、机械主义联系起来思考。他认为人在通过机械来支配自然的时候,人反过来成为一种机械,变成自然的必然体系中的一部分,而这正是"人类中心主义是机械主义,以及人类被机械所否定的缘由之所在"④。而且高坂正显认为这种情形同样见于资本主义体制:"人类自己建立资本主义体制,同时也成为其奴隶。"⑤广松涉认为高坂正显对"近代"的定位以及在现状认识方面的论点值得关注,但同时也指出他在如何超越这些问题方面显得十分平庸,因为:"在原理上,他的超越近代论并没有超出西田哲学的范畴,所采取的不外乎将一切托付给东洋的'无'这样的构图。"⑥广松涉认为这种问题源于战时"超越近代"论在思想理论上的局限,以及该理论在原理上的弱点,因为当时的主张大多在意识形态上追随日本帝国主义的侵略政策,并将之合理化。不过,广松涉认为应该对高坂正显所提出的"人类不能自由地对待自己的创造物,反而服从自己的创造物"⑦这样的逻辑构造进行重新审视。在广松涉看来,高坂正显实际上提出了人的异化为什么会出现以及这种异化是如何形成的、应该如何将之消除、人的异化在存在论上是怎样一种状态这些问题,广松涉认为高坂正显的上述观点与20世纪30年代欧洲哲学的动向处于相同的潮流之中。⑧

就高山岩男而言,广松涉主要对他的《世界史的哲学》(1942年)是如何对"大东亚战争"进行"合理化"的问题进行了论述。该书旨在对"近代世界史学所依据的根本

---

① 河上彻太郎等:《近代の超克》,第26页。
② 同上书,第32页。
③ 广松涉:《"近代の超克"論》,第44页。
④ 同上书,第47页。
⑤ 同上。
⑥ 同上书,第55页。
⑦ 同上书,第64页。
⑧ 同上。

原理进行彻底批判"①的基础上"建立新的世界史学"②。高山岩男认为近代史学建立在所谓进步史观的基础上,那在本质上将历史性理解为时间性,而历史作为历史成立,还需要"我们人类的主体能动性"③,因此他主张"历史总是具有时间与空间的综合构造"④。广松涉认为高山岩男的历史哲学决不是风土史观,并指出高山岩男没有像斯宾格勒那样以西洋这种"生物"的寿命自然到来的方式来阐述西洋的没落。⑤

为了更加全面地把握当时的思想潮流,广松涉还对"昭和维新"以及"国家改造论"的社会经济背景以及主要主张进行了详细论述,指出其中包含对国家垄断资本主义的批判,并认为这种批判与"超越近代"论有相通之处。另外,广松涉还对三木清所主张的"历史的理性"、田边元的"种的逻辑"进行了论述,认为他们的观点当中已经具有"超越近代"的指向性。在此基础上,广松涉最终聚焦于京都学派创始人西田几多郎。广松涉注意到:西田几多郎在1933年的《知识的客观性》一文中曾经表明"我相信东洋文化的基础中具有可以与西洋文化抗衡的深邃内容……我们必须用近代的方法来精炼含有贵重金属的东洋文化的矿石"⑥;在1934年的《哲学的根本问题续篇》中将西洋文化规定为以"有"为基础的文化形态,而将东洋文化规定为以"无"为基础的文化形态;另外,在1938年题为《日本文化的问题》的演讲中采取了"皇室中心主义"的立场。西田几多郎对于东西方哲学的态度、立场也引起了广松涉的特别关注。西田几多郎认为儒学、易学以及佛教这些东洋思想宗教没有前途,主张"穿越西洋哲学",也就是深入研究西洋哲学并将之超越。西田几多郎主张日本的国体原理超越了"个人主义与全体主义""自由主义与法西斯主义"的对立。广松涉认为西田几多郎哲学对京都学派的"超越近代"论起到了标杆的作用,因为"京都学派的'世界史的哲学'、三木清的'东亚协同体的思想原理'都是在西田的这种备忘录的延长线上展开的"⑦,也就是说在广松涉看来,京都学派所主张的"超越近代"论以及支撑该主张的哲学观、国家观的主要内容在西田几多郎那里已经形成了。

《"超越近代"论》是广松涉关于日本现代思想史的唯一专著,而他在该书中完全没有言及他的马克思主义研究以及自身所建构的哲学体系。因此,仅仅阅读该书很难把握他究竟试图从"超越近代"论中批判地继承什么问题意识。为了明确这一点,

---

① 广松涉:《"近代の超克"論》,第66页。
② 同上。
③ 同上书,第76页。
④ 同上。
⑤ 同上。
⑥ 同上书,第204页。
⑦ 同上书,第200页。

有必要结合广松涉自身的学说进行分析。广松涉的学术成就主要体现在两个方面：一是关于马克思主义的研究，二是立足于马克思主义研究而建构起来的被称为"事的世界观"的自身的哲学体系。首先让我们结合广松涉的思想形成过程来看一下他对于近代主义的基本认识。

二、青年广松涉思想中的"马赫与列宁的对决"

少年广松涉在接触左翼思想之前，首先通过科普读物，例如马赫主义者卡尔·皮尔逊的《科学概论》等受到了马赫思想的影响。日本战败以后，左翼书籍解禁，广松涉阅读了列宁的《唯物主义与经验主义批判》一书。列宁在该书中指出："用新的谬论、术语和诡计来掩饰唯心主义和不可知论的旧错误的经验批判主义在全部认识论问题上是反动透顶的。只有那些根本不懂得什么是一般哲学唯物主义以及什么是马克思和恩格斯的辩证方法的人，才会侈谈经验批判主义和马克思主义的结合。"①广松涉在阅读该书时已经加入青年共产同盟，他晚年回忆说："对于当时的我来说，马克思和列宁的话简直就是真理，不过对《唯物主义与经验主义批判》还是觉得难以接受。"②因为他之前通过科普读物形成了一种认识，认为"朴素的实在论瓦解了"③，但他的这种认识"遭到了列宁'陈旧'理论的冲击"④。为了对这个问题进行梳理，他研读了列宁所批判的马赫主义者的著作。两三年之后，"我开始确信列宁的批判并不能成其为批判"⑤。因为这样的缘故，当时他还被左翼同学取了"马赫先生"这样一个绰号。广松涉在东京大学哲学专业读本科时，为了能够阅读马赫原著，特意到红露外语学习德语。当时掌握的德语，为他日后从事《德意志意识形态》文本学研究奠定了语言基础。1963年，广松涉翻译出版了马赫的《感觉的分析》，并撰写了题为《马赫的哲学》的篇幅约4万字的论文。1966年，广松涉又与加藤尚武共同编译了马赫的《认识的分析》。广松涉之所以如此关注马赫，是因为在他看来，马赫对牛顿的绝对时间空间概念进行了批判，进而以此为基础对实体主义进行了批判。广松涉的毕业论文《关于认识论的主观的一个论考》（1959年），以及《关于马克思主义认识论》（1963年）等论文就明确采取了排斥实体主义、提倡关系主义的立场，而这种立场无疑受到了马赫主

---

① 《列宁全集》第18卷，人民出版社1988年版，第378页。
② 小林敏明编著：《哲学家广松涉的自白式回忆录》，赵仲明、刘恋译，南京大学出版社2009年版，第180页。
③ 同上。
④ 同上。
⑤ 同上书，第181页。

的影响。广松涉认为马赫哲学中包含对笛卡尔以后的近世哲学的思维进行批判性超越的姿态,可以提供超越近代思考的合适线索。

那么在广松涉看来,马赫是以怎样的方式超越"近代思维的框架"呢?首先,他针对传统的物心二元论,提出了"要素一元论"。马赫认为作为初始存在的"感觉的各种要素"它本身不是"物",也不是"心",而是"中性"存在。"空间、时间与颜色、声音一样,应该叫作感觉。"①这些要素不能再分割,已经是世界的最终构成要素。在主观—客观二元论者看来,自我(主观)受到来自物体(客观)的刺激的触发,产生感觉。而马赫则认为通常被视为第二性的感觉才是第一性的存在,才是形成世界的根本要素,"物体"以及"自我"只不过是要素复合体的名称。

当然,广松涉并没有对马赫进行无条件的赞赏,他表示:"对于马赫哲学不应该全盘照搬,尽管其中充满了许多天才的想法和创见,但归根结底他还是在近代意识形态的框架内对近代哲学进行自我批判,在近代科学主义的思维框架内对科学主义进行自我批判。"②为了克服马赫的这种不彻底性,广松涉先是在马克思恩格斯思想中发现"物象化"论的观点,然后基于"物象化"论建构起了他自身的"事的世界观"。

三、马克思从"异化论"到"物象化论"的转换说

1956年2月,赫鲁晓夫在苏共第20届党代会上对斯大林进行了批判,日共在同年3月的五中全会上对苏共的决议表示支持,并在机关刊物《赤旗》上号召日共党员"学习苏联20届党大会精神",主张日本存在和平革命的可能性。③ 日本青年学生党员对日本共产党的"和平革命"路线感到绝望,他们主张社会主义暴力革命,并因此被称为"新左翼"。④ 当时,"日本革命的共产主义者同盟"(简称"革共同")和"共产主义者同盟"(简称"共产同")是代表性的新左翼势力,其中前者一开始占据主导地位。"革共同"先是基于托洛茨基主义对斯大林主义展开批判,进而发展为"异化革命"论,而黑田宽一(1927—2006年)是该理论的代表性论者。黑田宽一深受梅本克己等人的哲学主体性论的影响,他在1956年刊行的《社会观的探求》等书中基于早期马克思的异化论对其革命理论进行了阐述,他主张通过倡导个人的主体性来促成工人阶级

---

① 马赫:《感觉的分析》,洪谦等译,商务印书馆1997年版,第6页。
② 广松涉:《现象学とマルクス主義》,载《广松涉著作集》第7卷,岩波书店1997年版,第523页。
③ 小山弘健:《战后日本共产党史》,芳贺书店出版时间不详,第206—207页。
④ 关于20世纪50年代末至60年代初日本新左翼运动的状况,可参见藏田计成:《新左翼运动全史》,流动出版1978年版。

的崛起。由于黑田的异化革命论以及在西欧出现的将马克思主义与存在主义结合起来的"马克思式存在主义"的影响,"自我异化"当时在日本甚至成为一种流行语。

1963年,广松涉作为哲学专业博士生在学术刊物《理想》第9期上发表了《马克思主义与自我异化》一文。在该文中,广松涉针对"自我异化"庸俗化,以及随意将马克思主义与存在主义结合起来的"马克思式存在主义"进行了批判。他充分意识到"异化"是黑格尔以及黑格尔学派的用语,因此首先对"异化"的概念史进行了梳理。广松涉认为"自我异化"与"特别的主体概念"有着密不可分的联系。"自我异化"在黑格尔那里是"精神",而在黑格尔左派那里则出现了各种翻版,在施蒂纳那里是"人性"(Menschheit),在鲍威尔那里是"自我意识"(Selbstbewuβtsein),在费尔巴哈那里是"常人"(Der Mensch)甚至"类存在"(Gattungswesen)。① 广松涉认为青年马克思将黑格尔主义脱胎换骨,着手"将经济社会的各种关系,以及法制的、政治的、宗教的各种关系,特别是制度的存在视为作为类存在的人类自我异化态进行论述,并且将这种异化及其被克服的内在必然过程作为辩证法的自我运动进行阐述"②,并通过这种方式将原本难以相容的英国古典经济学与法国社会主义结合起来了。广松涉主张马克思以自我异化这种思想为中介实现了三个源泉的统一,因此"在此意义上,因为有'自我异化',马克思主义才得以形成"③。广松涉进而指出:马克思在《德意志意识形态》中与"自我异化"概念诀别,因为"马克思完全克服了'自我异化'赖以成立的一般主体概念。这样一来,自我异化论已经无法维持了"④。而且,他基于自己对《德意志意识形态》的文献学研究,指出"现行版(即阿多拉茨基版)《I.费尔巴哈》无异于伪书"⑤,因为编者将手稿随意剪辑拼凑,其结果是"在一些读者看来,自我异化论在《德意志意识形态》中似乎得以维持"⑥。广松涉明确表示:"当论者把'异化'这个概念当作用于'说明的概念',并以此进行系统阐述时,我们在根本想法上无法赞同异化革命论。"⑦因为在他看来,基于异化论来重新建构马克思主义,这种做法无异于使马克思主义倒退到黑格尔左派的水准,使科学社会主义倒退到真正的社会主义。⑧

广松涉在上述批判异化革命论的论文中宣称马克思超越了"自我异化"论,但他

---

① 广松涉:《マルクス主義の成立過程》,至誠堂选书1984年版,第59页。
② 同上书,第57页。
③ 同上书,第57—59页。
④ 同上书,第66页。
⑤ 同上书,第64页。
⑥ 同上。
⑦ 同上。
⑧ 同上书,第405页。

并没有解答新开辟的视域是什么这个十分重要的问题。对这个问题的解答,要等到他的"物象化"论的出现。所谓广松涉"物象化"论,是指广松涉特别关注马克思著作中"物象化"(Versachlichung)、"物化"(Verdinglichung)这两个词语①,以此作为切入口来解读马克思后期思想,并在此基础上建构他自己的社会哲学、文化哲学的体系这样一系列的论述。1983年,广松涉将20世纪60年代末至80年代初的物象化论结集为《物象化论的构图》一书,他在该书中指出:"马克思的所谓物象化,是对人与人之间的主体际关系被错误地理解为'物的性质'(例如,货币所具有的购买力这样的'性质'),以及人与人之间的主体际社会关系被错误地理解为'物与物之间的关系'这类现象(例如,商品的价值关系,以及主旨稍微不同的'需要'与'供给'的关系决定物价这种现象)等等的称谓。"②在苏联的教科书体系中,被认为首先有"唯物辩证法"这样的第一哲学,将之运用到历史领域成为"历史唯物主义",而运用到自然领域就成为"自然辩证法"。广松涉认为这是对历史唯物主义的歪曲,因为"马克思、恩格斯完全没有以将自然界与人类(自然界与历史)截然分开的近代哲学方式去理解存在"③。在广松涉看来,历史唯物主义并不是狭义的"历史"观,而是马克思主义世界观本身,而"从形成史的角度来看,从异化论地平到物象化论地平的飞跃,这的确是与历史唯物主义立场的设定融为一体的"④。

广松涉将"主观—客观"二元论视为近代哲学的象征,并认为近代哲学在黑格尔那里达到了顶点。在广松涉看来,黑格尔在《精神现象学》中将"绝对精神"视为"实体—主体",并以这种"实体—主体"的自我异化和自我获得的过程来观察世界。广松涉注意到,马克思在《1844年经济学哲学手稿》中对黑格尔的异化论给予积极评价,但同时也认为"绝对精神"是致命的问题,因此希望通过费尔巴哈的人本主义来克服"主观—客观"图式,也就是通过"人"的自我异化和自我复归的大循环的过程来把握人类史。然而,施蒂纳在《唯一者及其所有物》中批判费尔巴哈的弟子们所主张的"人"是作为本质存在的"人",而不是实际存在的"人",那只不过是"神"的别名。由

---

① 广松涉注意到卢卡奇在1932年的《历史和阶级意识》中频繁使用了"物化""物象化"这些术语。但广松涉明确表示"我的物象化不是以卢卡奇为媒介"(广松涉:《为了超越近代知的地平》,《周刊读书人》1982年11月1日号),因为"卢卡奇有时候甚至将'物化'的概念与'异化'以及'外化'这样的概念基本上以相同意义来使用,他在概念上没有明确地区分'异化'与'物化'"(广松涉:《物象化论的构图》,彭曦、庄倩译,南京大学出版社2002年版,第67页)。1992年,广松涉回忆说"通过涂尔干,被称为物象化的这种现象给我留下了深刻印象"(小林敏明编著:《哲学家广松涉的自白式回忆录》,赵仲明、刘恋译,第176页),由此可知广松涉的物象论主要是受到涂尔干的启发。
② 广松涉:《物象化论的构图》,彭曦、庄倩译,第70页。
③ 同上书,第3页。
④ 同上书,第73页。

此，马克思开始对自己赞赏费尔巴哈人本主义的思想水准进行反省，并在1845年撰写的《关于费尔巴哈的提纲》中批判"费尔巴哈把宗教的本质归结于人的本质"[①]，提出了"人的本质并不是单个人所固有的抽象物，实际上，它是一切社会关系的总和"[②]的重要观点。进而马克思恩格斯在撰写《德意志意识形态》时，摒弃了将人类史作为自我异化和自我复归过程进行把握的构图，认为那是"本末倒置"的做法。广松涉认为马克思恩格斯基于关系的基始性对人类对自然的以及相互的关系进行了阐述，扬弃了社会唯名论与社会实在论的两极对立，并因此确立了历史唯物主义。而马克思恩格斯这样的思想转变与"从欧洲传统的'存在主义'本体论到'关系主义'的本体论都是相通的"[③]。因此，广松涉主张："从形成史的角度来看，从异化论地平到物象化论地平的飞跃，这的确与历史唯物主义立场的设定是融为一体的。"[④]这就是广松涉立足于"物象化"论对马克思主义形成过程所做的阐释。之后，广松涉还在《〈资本论〉的哲学》（1974年）、《以物象化论为视轴读〈资本论〉》（1986年）等著作中从"物象化"论视角对资本主义经济的商品拜物教展开了深入批判。总之，广松涉主张马克思恩格斯通过确立历史唯物主义超越了起始于笛卡尔，在黑格尔那里达到顶点，以"主观—客观"二元对立性为象征的近代哲学。

在广松涉看来，构成各种关系的东西不会独立自存，存在的是将各个人视为"项"的关系态。而且这种关系态不是作为他们自身相互间的各种关系而被意识到。在人们的日常意识中，那种关系毋宁以独立自在于各个人的客体对象的形式，或者以对象属性和对象物彼此之间的关系的形式呈现出来。正因为如此，"社会"往往被人们错误地视为实体。为了阐明这种物象化"错视"的原理，彻底超越以"主观—客观"对立为象征的"物的世界观"，广松涉建构了立足于关系主义的"事的世界观"这种独特的哲学体系。

四、以"事的世界观"超越"物的世界观"

首先让我们看一看广松涉对所谓"物的世界观"的描述："传统的物的世界像将世界，即将所有存在界视为由各种'物'构成的世界像。……它与实体主义世界观相对应。在这样的世界观中，首先有独立存在的实在体（实体），那些实体被认为具有各种

[①]《马克思恩格斯全集》第3卷，人民出版社1956年版，第5页。
[②] 同上书，第5页。
[③] 广松涉：《物象化论的构图》，彭曦、庄倩译，第48页。
[④] 同上书，第47页。

各样的性质,并彼此相关。在此,被描绘为具有性质的实体原初地存在,那些实体形成第二性的关系。"①对此,他倡导"事的世界观"。在他看来:"'事'不是对事件以及事象的称谓,而是要在它们物象化之后才形成的时间、空间性的结果(event),……可以说它是一种关系主义的存在观。"②而关系主义的主张是:"且不说所谓物的'性质',就连被视为'实体'的东西,其实也是关系规定的'接点'。这种存在观认为:实体并不是独立存在,然后才第二性地形成关联,关系规定态才是原初的存在。"③具体来说,广松涉是通过"四肢的构造论"来建构这种"事的世界观"的。所谓"四肢"是一种比喻,那犹如动物四肢与身体构成一个有机整体,因此"四肢"的"肢"可以表述为"契机"。广松涉从"对象的侧面"和"主体的侧面"对意识过程进行考察,认为两个侧面分别具有"现实的"和"理念的"契机,这样合起来共有四个契机,呈现"四肢的构造"。让我们结合广松涉的论述对其内容进行说明。

首先,就对象的侧面而言,展现在人们面前的现象具有"所与—所识"的构造。所与是看到的东西,所识是被赋予的意义。广松涉指出:"作为现象的第一肢的'所与',那不是自己完结地独立自存的自足性的东西,而始终是'所与—所识'关系的'项',那只有在'作为单纯的那个以上的意义的所识被觉识'这样的关系规定性中才是'所与'。"④同样道理:"现象的第二肢即'所识'始终是'所与—所识'的关系的'项',只有在'所与''作为单纯的那个以上的某种东西被觉识'这样的关系规定性中,才是意义的所识。"⑤比方说,某人把某线条当作某种符号、文字或者图形来觉识时,那种线条就是所与,被觉识的符号、文字或者图形就是所识。线条是实在的,而被理解为符号、文字或者图形即被赋予的某种意义则是理念的,因为符号、文字或者图形并不以该线条为必要条件,还可以用其他方式来表示。这种理念的某种意义在所与被人觉识时被赋予肉体(Inkarnation)。广松涉举例说,当画在黑板上的图形被人们觉识为三角形时,三角形不是处于理念的世界,而是寓于图画上。在这种情况下,图画的颜色、大小等规定只具有次要意义。

其次,就主体的侧面而言:"内在于现象的世界,使现象的事态得以归属的'身体的主我'以及'身体的客我',在那里单纯的身体存在以上的某人(所谓的精神的能知)这一点上,他是能知的主体。……人称的各种个体,只要是能知的主体,那么就作为

---

① 广松涉:《存在与意义》第1册,彭曦、何鉴译,南京大学出版社2009年版,第2页。
② 同上书,第3页。
③ 同上。
④ 同上书,第50页。
⑤ 同上书,第59页。

'能知的何人以上的能识的某人',以'实在的、理念的'二肢的二重态的相而实际存在。"①广松涉举例说:某人看到"花"或者"牛",并把那当作"花"或者"牛"来觉识。某人面对"花"或者"牛"时他是实在的,当他把"花"觉识为"花",或者把"牛"觉识为"牛"时,他就成了理念的,因为这种不以特定的实在的某人为必要条件的知识具有理念性。如果某人将"花"觉识为"牛",或者将"牛"觉识为"花",他便会遭到"嘲笑"这种无情的制裁,而最终接受这种共同主观的知识。在广松涉看来,这种共同主观并不是主观臆想的结果,而是社会生活的产物。总之,广松涉认为不能将意识内容视为外在实在的投射,或者将意识内容理解为外在实在进入意识当中的结果,试图以这样的方式来排除"主观—客观"对立的立场。

五、结语

广松涉从马克思思想中发掘出"物象化"论,并以之为基础建构了独特的"事的世界观"。广松涉学说在20世纪七八十年代产生了极大的影响,特别是"物象化"论一度引领了日本马克思主义研究的潮流。但广松涉的观点也受到了多方面的批判。例如,山之内靖则认为广松涉的马克思主义研究与阿尔都塞一样:"一方面具有哲学思维领域常见的逻辑系统性这样的优点,同时也伴随脱离历史现实这样的缺陷。……他们无法避免与哲学中的后现代主义交织、汇合的倾向。"②在山之内靖看来,广松涉哲学的影响力在20世纪90年代迅速弱化,就是因为被后来的后现代主义的潮流淹没了。广松涉的弟子小林敏明对广松涉从现象当中分出所与和意义的二肢性这种做法的有效性提出质疑,因为在他看来广松涉不可能承认没有任何历史性的所与。在此基础上,小林指出广松涉"从如实展现的现象当中分出原本没有的契机,不得不说这是一种自我矛盾"③。在小林看来,这种自我矛盾之所以会出现,是因为广松涉所主张的现象的四肢性是以语言过程的四肢性为原型,并将之视为现象世界的内在构造。"而对于语言而言,关系的第一性究竟是不是本质"④尚有质疑的余地。笔者认为,广松涉从马克思恩格斯著作中发掘"物象化"论,这对于深入理解马克思主义,对于分析社会关系构造具有十分重要的参考意义,但把"物象化"论的适用范围无限扩

---

① 广松涉:《存在与意义》第1册,彭曦、何鉴译,第59页。
② 山之内靖:《受苦者的目光:早期马克思的复兴》,彭曦、汪丽影译,北京师范大学出版社2011年版,第3页。
③ 小林敏明:《作为角色的他者与物象化》,载大庭健等:《广松涉论》,ユニテ1982年版,第166页。
④ 同上书,第167页。

展并以之为基础建构所谓"事的世界观"以超越"物的世界观",这样做则是走到了与庸俗唯物主义相对的另外一个极端。他致力于提倡关系第一性,但其实一旦通过某种关系形成的"物",它本身并不会因为是否被人觉识而改变,物质第一性并不会被关系第一性所取代。

"近代"基本上可以理解为资本主义时代,因此"超越近代"可以理解为超越资本主义体制以及支撑该体制的政治、经济、思想、文化等价值体系。资本主义从它刚出现的时候就一直遭到批判,揭露资本主义剥削本质的马克思主义以及否定"近代"(modern)的"后现代主义"(postmodernism)都是"超越近代"的思想。换言之,"超越近代"论与"近代"始终相伴,或者说"近代"一直在超越自我。因此"超越近代"论并不是非西方的,更不是日本的专利。日本的近代化是通过摄取西方科学技术、社会制度以及思想而展开的。正如家永三郎所指出的那样,日本的近代化与西洋化很难截然区分开来。① 也因此,在哲学上"超越近代"的议论是通过移植西方哲学,特别是移植德国哲学来进行的。如前所述,太平洋战争爆发后的"超越近代"论主要是由京都学派所展开的,而当时的京都学派论者深受西田几多郎的影响。西田几多郎哲学用西方的哲学概念来阐述禅的体验等东方思想,以日本的"无的"哲学与西方的"有的"哲学相对峙,而广松涉试图以"事的世界观"超越"物的世界观"的思路与西田几多郎有惊人的相似之处。

富永健一把"超越近代"论视为"后现代主义"的翻版,并认为"保持日本古来的民族精神、排斥西洋化、赞美日本的'家族'和'乡土'、回归亚洲"这些是"超越近代"论的主要内容,而民族主义思潮则构成其思想背景。② 当然,广松涉对于二战期间的"超越近代"论给予高度评价,以及提出与"大东亚共荣圈"颇为相似的"'东亚'新体制"并不是因为他要否定战争的侵略性。但广松涉认为欧洲人自身无法超越"近代",因为在他看来,虽然"欧洲知识分子已经率先做了(超越近代的)准备工作,但他们终究带有欧洲的局限性"③,因此广松涉采取了"东亚对欧洲"的构图,他的立场自然也因此带上了浓厚的民族主义、亚洲主义的色彩,而这正是广松涉对京都学派产生强烈共鸣的深层原因之所在。1994年5月22日,也就是在《朝日新闻》上发表上述文章之后不到两个月,广松涉因患癌症与世长辞,他也因此成为一个"壮志未酬"的悲剧英雄。

---

① 家永三郎:《日本文化史》,岩波书店1959年版,第245页。
② 富永健一:《近代化の理論》,讲谈社1996年版,第467页。
③ 广松涉:《广松涉著作集》,第498页。

翻译技艺

江户兰学翻译与汉译佛经的
关联路径[*]

——以译词三法为中心

徐克伟[**]

一、序论

1774年，一部自荷兰语译出的西方解剖学著作《解体新书》在日本江户（今东京）刊行，掀起了一场持续近百年名为"兰学"的西学运动。作为日本乃至汉字文化圈独立且较为成熟地译介近代西方知识文化的滥觞，其翻译方法无疑备受世人瞩目。作为译者的杉田玄白（1733—1817年）确有论述：

> 译有三等：一曰翻译，二曰义译，三曰直译。如，和兰呼曰"偭验题"（beendren）者即骨也，则曰"骨"，翻译是也。又如，呼曰"加蜡假偭"（kraakbeen）者，谓骨而软者也；"加蜡假"（kraak）者，谓如鼠啮器音然也，盖取义于脆软；"偭"（been）者，"偭验题"（beenderen）之略语也，则译曰"软骨"，义译是也。又如，呼"机里尔"（klier）者，无语可当，无义可解，则译曰"机里尔"，直译是也。余之译例

---

[*] 本文为作者博士论文《日本兰学翻译中的汉学资源及其局限：以〈厚生新编〉（1811—1845）为中心》（日本关西大学外国语教育学研究科，2017年3月）第六章《译词创制三法："直译""意译""音译"概念溯源》的一部分，今在其基础上修订而成。
[**] 徐克伟，北京大学外国语学院博士后。

皆如是也。读者思诸。①

这里杉田玄白明确论及"翻译""义译""直译"三种译词方法。其中,"翻译"和"直译"不难理解,前者如"beenderen"译曰"骨",系一般性的术语对应,不妨称作"对译";后者如"klier"译曰"机里尔",即音译。需要注意的是第二种"义译":杉田玄白将原词"kraakbeen"拆开,将拟声词"kraak"(英语 crack,噼啪声)理解成如老鼠啃噬器物之声,取"脆软"之意,"been"(bone)即骨,故名"软骨"。也就是说,这里系按着原词构成进行分解、意译,进而组合成词的"摹借"(或称"仿译")。②

后来,其弟子大槻玄泽(1757—1827年)进一步推演如下:

> 遂私立种种译例以从事,所谓直译、义译、对译是也。即译"协卢僧"(hersenen)曰"脑",译"法卢多"(hart)曰"心"之类,谓之直译;译"泄奴"(zenuw)曰"神经",译"吉离卢"(klier)曰"滤胞"之类,谓之义译;直曰"劫业卢"(kegel,英语"cone",圆锥、圆锥状的物体),曰"蛤瓦杌"(kraag,英语"collar""tippet""ruff",有衣领、披肩、飞边等意)之类,谓之"对译"。(又谓之"音译",茂质固昧于音学,其下字填音者,恐多不妥当者,伏待后之识者耳。)三译者,效浮屠氏译经旧例矣。③

在大槻玄泽笔下,一般的术语对应作"直译"(hersenen,脑;hart,心),杉田玄白表音译的"直译"被改为"对译",又称"音译"(kegel,劫业卢;kraag,蛤瓦杌),而"义译"的名称虽没有变化,但从译例(zenuw,神经;klier,滤胞)来看,并非摹借,而是基于译者自身对外语词义和所指事物的理解而创制的新词,即"汲义"。④

总体而言,所谓译词三法共涉音译、意译二大类,后者又细分为对译、摹借、汲义等三种,即共四种译词方法。关于杉田玄白译词三法及其影响,从1964年日本国语

---

① 杉田玄白:《解体新书》(序图卷),"凡例",须原屋市兵卫1774年版,第5a页。
② 王力:《汉语史稿》(下),中华书局1980年版,第526—527页;Federico Masini, "The Formation of Modern Chinese Lexicon and Its Evolution toward a National Language: The Period from 1840 to 1898", *Journal of Chinese Linguistics*, No. 6, (1993), p. 129;朱庆之:《佛经翻译中的仿译及其对汉语词汇的影响》,《中古近代汉语研究》2000年第1辑,247页;沈国威:《近代中日词汇交流研究:汉字新词的创制、容受与交流》,中华书局2010年版,第86页。
③ 大槻玄泽:《重订解体新书》卷五,植村藤右卫门、鉐屋安右卫门、秋田屋太右卫门、须原屋市兵卫1826年版,第1b页。
④ 王力:《汉语史稿》(下),第526页;沈国威:《近代中日词汇交流研究:汉字新词的创制、容受与交流》,第86页。

学者松村明到 2017 年国内翻译学研究者陶磊,不断有研究者予以探究,取得了丰硕的成果。① 不过,耐人寻味的是,作为最基本的源流问题,尚存在分歧:有学者认为,所谓译词三法起源于《翻译名义集》等汉译佛经②,至少从中有所启发③;而有学者则认为这实际上只是一种借助中国典籍的权威化的做法而已④。二者的关联,究竟有无其实? 支持者均竭力从汉译佛经挖掘译词三法的蛛丝马迹,却始终缺乏直接证据。而反对意见却有理有据:不但大槻玄泽证言所出较晚,有附会嫌疑,而且杉田玄白自身亦态度暧昧:

> 此度翻译《解体新书》,迄今虽略见和兰书日译,皆未为翻译也。今虽不及自我作古之业,万事译法皆新制。虽有浮屠氏译法,我等皆未学焉。唯对译、义译、直译,三等译法,可谓效彼法焉。⑤

一方面说荷兰书籍翻译在日本前所未有,翻译方法皆属首创,自己并未学习汉译佛经;另一方面却说三种译词方法可算是对其的效法,杉田玄白这段话颇令后人困惑。

江户兰书翻译的译词三法与汉译佛经究竟有无实际关联? 这的确是一个值得深入探究的问题。如果确有其实,势必有发生关联的具体路径。毕竟杉田玄白及其兰学在日本并非孤立的翻译活动,更非首创,在江户时代尚有翻汉文为日文、译古典为时语等翻译实践⑥,可以而且应该更加立体、更加全面地审视这一问题。故接下来就让我们展开历时性梳理,探寻兰学翻译与汉译佛经的关联路径。

二、译词创制三法的提出及其问题

在具体讨论佛经与兰学在译词法上的关联之前,有必要澄清杉田玄白的"否认说",只有解决了这一问题,才有可能向下继续讨论二者的关联。

---

① 相关研究及成果可参见陶磊:《日译西书〈解体新书〉中的"直译"和"义译"》,载王宏志主编:《翻译史研究》,复旦大学出版社 2017 年版,第 59—95 页。
② 杉本つとむ:《近代、日中言語交渉史序説:方以智〈物理小識〉を中心に》,《国文学:解釈と鑑賞》1991 年第 1 号。
③ 杉本つとむ:《江戸の翻訳論と翻訳法》,《国文学研究》1988 年总第 95 期,第 62 页。
④ 沈国威:《近代中日词汇交流研究:汉字新词的创制、容受与交流》,第 74 页注释 3。
⑤ 杉田伯元校正:《和兰医事问答》卷下,弘所须原屋 1795 年版,第 10ab 页;《和兰医事问答》(二),徐克伟译,沈国威校,第 150 页。
⑥ Rebekah Clements, *A Cultural History of Translation in Early Modern Japan*, Cambridge: Cambridge University Press, 2015.

如果我们对杉田玄白"否认说"的语境略有了解，便不难发现，兰学翻译与汉译佛经的最早关联并非由其提出，而"否认说"见于他写给建部清庵（1712—1782年）的书信中。建部清庵虽不懂荷兰语，但很早就在思考荷兰书籍的翻译问题，并设想如鸠摩罗什、玄奘等于中国翻译佛典，日本亦能够出现有识之士将荷兰语医学文献译成汉文或日语；在接到杉田玄白的复信后，他再次致信并论及佛经翻译，尤其就译名的编排问题，提出参考汉译佛经《翻译名义集》（1157年）进行编纂的构想。对于建部清庵关于参考汉译佛经的构想，杉田玄白做了上文那番闪烁其词的回应。

至于对杉田玄白弟子大槻玄泽的质疑，从杉田玄白处看似有一定道理，却忽视了大槻玄泽原为建部清庵门生的事实。正是在建部清庵的推荐下，大槻玄泽转至杉田玄白处专攻兰学。后来，大槻玄泽在修订《解体新书》之际，仿效《翻译名义集》，编纂了计六册四卷的《翻译新定名义解》（1826年）。三译法与其佛学造诣应不无关系，而大槻玄泽自身对于佛经翻译确有相关研究。但玄泽的论述较晚，不应列入最早发生关联的考察范围；建部清庵不懂荷兰语，不大可能就译词方法展开实质性探索，那么究竟佛经翻译与兰学的关联始于何人何时？

由于直接证据的缺乏，目前尚无法确切判定关联发生的年代，但确有早期兰学和更早时期的儒学两方资源可供探寻。

三、早期兰学资料中的译词法

其实，在《解体新书》的宣传图册《解体约图》中，既已涉及译词方法：

戊　大几里儿，华人所未说者，蛮名直译。
东　门脉，华人所未说者，蛮名翻译。
西　奇缕管并科臼，华人所未说者，蛮名直译。①

其中，"几里儿""奇缕"二词分别为荷兰语（蛮名）"klier""gyl"之"直译"，显然杉田玄白于此略而不谈"大""管"等意译成分，就此来看，即音译；而"门脉"，为"poort-ader"之"翻译"，因为原词由"门"（poort）与"脉"（ader）构成，为"蛮名翻译"，即摹借。在同年十月致建部清庵的书信中，杉田玄白亦明确论及三译法，用例稍有不同，分别为

---

① 杉田玄白：《解体约图》，须原屋市兵卫1773年版，第3页。

"骨""软骨""牙意缕"(gyl),但名称及其所指与《解体新书》所载完全一致。①

无论是在书信中,还是在回忆录《兰学事始》(1815年)里,杉田玄白都曾明确交代,《解体新书》并非其独立译作,而是由一个以前野良泽(1723—1803年)为核心的译者团队完成的。② 从流传至今的前野良泽作品以及后世学者的研究成果来看,杉田玄白应所言不虚。③ 那么此人在"三译法"问题上有无贡献便成了一个亟待解决的问题。

前野良泽确曾论及这一问题。在《思思未通》(年代不详)中,考辨一句荷兰谚语的日语翻译时,亦曾论及词语翻译方法问题:

> 西意曰 geen A voor een B kennen, figuurlijk spreekwoord, heel bot heel dom zijn。无认以 A 当 B,是比谚也,至钝(至愚)矣……本文 een 之言,译文略之,见注。然注阙,未说其义。私译云:正译一也,又义译指物之辞……译文附侧抹茶者,直译彼音也……zijn,助语也,今义译分为言、也二字。④

这段文字出自前野良泽对长崎通词西善三郎(? —1768年)所译荷兰语谚语的考证。引文中共出现了"正译""义译""直译彼音"等三种译词方法,从名称与内涵上看,"义译"与杉田玄白所论完全一致,表音译的"直译"或非专门术语,确已出现了该字串,且含义相同;只有"正译"与"翻译"有区别。⑤ 但从所指来看,无论是"正译"还是"翻译"均为对译,而前野良泽的"义译"指汲义法,杉田玄白则指摹借法,杉田玄白的"直译"或为前野良泽"直译彼音"的缩略。不过,该资料没有明确的时间标记,据曾言及该作

---

① 在收录该书信的1795年刊本《和兰医事问答》中,三译法名称为"对译""义译""直译";但据新发现的两份抄本来看,杉田玄白当时所用为"翻译""义译""直译"。前后的变化应为杉田玄白本人的思考变化或出版过程中弟子的改订所致。参见杉田伯元校正:《和兰医事问答》(卷下),第10ab,22a 页;平野满:《新出史料〈蘭学問答〉と〈瘍医問答〉:〈和蘭医事問答〉の初稿と第二稿》,《骏台史学》2007年总第130号。
② 国书刊行会编:《文明源流丛书》(第一),国书刊行会1913年版,第15—19页;《文明源流丛书》(第二),国书刊行会1914年版,第394页。
③ 前野良泽生前似并没有作品刊行,但今天在早稻田大学图书馆等机构可以看到其手稿、抄本等资料。不少资料经后人整理并出版,其中以《前野良泽资料集》(三册,大分县立先哲史料馆编,2008—2010年版)最为全面。而后世关于前野良泽的研究成果也颇为丰富,其中以岩崎氏论考最为精详,参见岩崎克己:《前野兰化》第1—3卷,平凡社1996—1997年版。
④ 该资料整体无页码标记,仅此部分标有页码,并参考校勘本。前野良泽:《思思未通》,载田川玄随:《兰学秘藏》,第1a—5b 页;大分县立先哲史料馆编:《前野良泽资料集》(二),大分县教育委员会2009年版,第252—255页。
⑤ 此外,前野良泽在《和兰管蠡秘言》(1777年)、《和兰译筌》(1785年)等作品中,亦曾论及"正译""义译"等译法,时间虽晚,但可见上文所论绝非孤例。参见吉野政治:《蘭書三訳法の起源とその名称》,第46页。

品的《兰学阶梯》(1783年成书,1788年刊行)推测,应完成于1788年以前,但具体的写成年代难以判明,不能据此断言前野良泽的论述一定早于杉田玄白。

其实,这些译词方法是否为前野良泽的发明尚有待考察。之所以这么说,因为单就该作品来看,正如研究者所指出的那样,尽管前野良泽信心满满地指责西善氏所译未通,但似乎反倒是对方所译略胜一筹。① 前野良泽笔下的译词法是否出自西善氏?目前还不得而知,但在其所属长崎通词集团中确有类似的论述。在《解体新书》出版的同一年,另一位荷兰语通词本木良永(1735—1794年)亦有翻译方法的讨论:"以予观之,解此书,非浅识吾辈之所及。千言万语,何得正译哉!今解此书,不抱和汉之文则,专从荷兰之文意,交正译或义译、假借、略文。"②从字面上看,显然"正译"及"义译"与前野良泽论述相同,但各译法的具体所指,文中并没有说明。

良永后来的阐释则更为明确:

> 所以云太阳穷理者在于太阳,于此名中,荷兰语名 hooft planeten 有六星,云 hooft 此正译"头",云 planeten,拉丁天学语也,此语通荷兰 dwaalster,此译惑星。又一名云 dwaalster,此译"惑者"。云 hooft planeten 之时,虽应正译"头惑星"语,荷兰语意云人之头时,云身长、高大,故取义大也。今此义译作"大惑星"。③

这里论述的是荷兰语"hooft planeten"(大惑星,中文称"巨行星")的翻译问题,他认为,"hooft"意为"头"(hoofd),planeten(复数,单数主格 planeet)为拉丁语(源自希腊语 πλανήτης、πλάνης,拉丁语作 plānētēs、plānēs),对应荷兰语"dwaal ster",而"dwaal"意为"惑",所以正确的译法当为"头惑星","大惑星"为"义译"。因此,关于"正译"与"义译"的用法,良永与前野良泽并无二致。虽然能阐明译法具体内容的材料出现较晚,但最早提出时间则为1774年秋。

我们知道,前野良泽曾于1770年前后游学长崎,亲炙兰通词,荷兰语学习及其翻译能力主要受益于他们,译词方法作为其中一环,从长崎传播到江户亦不足为怪。不过,前野良泽负笈长崎之际,良永虽已有《和兰地图略说》《阿兰陀地球说译》《平天仪用法》等译作多种,但年岁(1735年生)与资历(1766年晋升为小通词末席)尚浅,二人

---

① 杉本つとむ:《前野兰化〈思思未通〉小察》,载佐藤喜代治教授退官记念国语学论集刊行会编:《佐藤喜代治先生退官国语学记念论集》,樱枫社1976年版,第97页。
② 本木良永:《天地二球用法》,"序",1774年写本;徐克伟校译:《兰学资料校译注(一):天地二球用法序》,《或问》2015年第28期。
③ 本木良永:《新制天地二球用法记》卷一,"第一章",1793年写本。

是否有过交往,目前还缺乏相关史料佐证。

所以,仅凭目前所见这些兰学资料,尚难以将兰学译词三法的发明权确切归在前野良泽或本木良永名下,但也呈现了未必为杉田玄白首创的可能。

四、儒学文献中的译词法

在江户日本,别有国学、儒学等方面的翻译实践及理论探索。前者为古典日语文献的翻译,后者为中国汉文典籍的翻译。其中,儒学作为江户时代的官方学问,其翻译实践系中日间的跨语际行为,相关理论探讨自然应给予特别关注。

当然,日本拥有悠久的汉文学习传统,并逐渐形成一种被称为"训读"的特殊翻译方法。① 只不过训读被视作翻译是江户中期的事情,在相当长的历史时期内,人们并未形成明确的翻译意识。翻译意识的萌发,并于翻译实践中展开理论探索,大致可以追溯至伊藤仁斋、荻生徂徕等儒学家那里。

天和年间(1681—1684年),古义学倡导者伊藤仁斋(1627—1705年)即已着手将唐宋名文翻译成日语,并与原文对照阅读,以教授弟子。尽管笔者尚未在仁斋的作品中看到翻译相关的具体论述,但就其后人所辑《译林》(收录仁斋及其门人的近200篇译文)来看,翻译作为一种学习手段早在江户兰学勃兴之前就已在汉日两种语言中展开。受仁斋之教,其子伊藤东涯(1670—1736年)曾论道:

> 《礼》曰:"五方之民,言语不通,嗜欲不同。达其志,通其欲,东方曰寄,南方曰象,西方曰狄鞮,北方曰译。"……吾邦学士习华语以属缀,其来也远矣哉。然拘于方言,或不能无颠倒错置之失。先子欲矫之,尝译古文以课诸生,俾谙字法。②

显然,东涯从汉学典籍《礼记·王制》中寻找到翻译的依据,并指出汉日语序不同,拘泥于日语(方言)进行阅读理解汉文,难免"颠倒错置之失",所以其父仁斋(先子)通过翻译教授弟子,使他们掌握用字之法。故后来仁斋之孙云"今天下知有译文者,盖始此时"③,绝非自我标榜的无稽之谈。

而到了古义学的抗衡者、古文辞学派创始人荻生徂徕(1666—1728年)那里,探

---

① 金文京:《漢文と東アジア:訓読の文化圏》,岩波书店2010年版。
② 伊藤长胤(东涯):《训蒙用字格》卷一,林权利兵卫1734年版,第1ab页。
③ 伊藤善韶:《译林序》,载《译林》卷一,1770年写本。

索触及翻译理论方法。在翻译相关的论著中,徂徕明确提出训读即翻译的观点:

> 此方学者,以方言读书,号曰"和训"。取诸训诂之义,其实则译也,而人不知其为译矣。古人曰:"读书千遍,其义自见。"予幼时切怪古人:方其义未见时,如何能读?殊不知中华读书从头直下,一如此方人念佛经陀罗尼,故虽未解其义,亦能读之耳。若此方读法,顺逆回环,必移动中华文字,以就其方言者。一读便解,不解不可读。信乎和训之名为当,而学者宜或已于为力也。但此方自有此方言语,中华自有中华言语,体质本殊,由何吻合。是以和训回环之读,虽若可通,实为牵强,而世人不省。读书、作文一唯和训是靠,即其识称渊通,学极宏博,倘访其所以解古人之语者,皆似隔靴搔痒。其援毫摅思者,亦悉侏僑鸟语,不可识其为何语。①

徂徕认为,用日语读汉籍的方法"和训",即训读,其实质就是翻译,只是此前人们并未认识到这一点罢了。当然,如果说二者没有任何差别,似乎也就没有必要另立翻译了。而徂徕认为,汉语和日语是两种本质不同的语言,以颠倒顺序的训读法,虽似通其意,但实属牵强,于其本意,犹如隔靴搔痒。

正是认识到和训的这种局限性,徂徕才将其与翻译区别对待,并力排和训,倡导翻译:

> 曰"和训",曰"译",无甚差别。但和训出于古昔缙绅之口、侍读讽诵金马玉堂之署,故务拣雅言,简去鄙俚,风流都美,宜人耳。且时属淳厐,语言之道未阐。以此而求于中华之言,其在当时,尚已寥寥觉乏矣。况义世降时移,语言之道益变益繁,益俚益俗,故以今言而求于和训已觉古朴,不近人情……又以今言而求于中华语,其比古愈繁愈细者,稍可与华言相近。且俚俗者,平易而近于人情,以此而译中华文字,能使人不生奇特想,不生卑劣心,而谓圣经贤传,皆吾分内事。左骚庄迁,都不佶屈。遂与历代古人交臂晤言,尚论千载者,亦由是可至也。是"译"之一字,利益不鲜,孰谓吾好奇也哉!②

徂徕指出,和训虽典雅,但缺乏语意探索;随着时代与语言的变化,这种方法愈发显得

---
① 荻生徂徕:《题言十则》,载《译文筌蹄》初编卷一,泽田左卫门1715年版,第2ab页。
② 同上书,第4b—5a页。

捉襟见肘,应该"以今言求于中华语",即以当时的语言翻译汉文典籍,并不避俚俗之言,以拉近读者与经典的距离。所以,徂徕主张以翻译贯通古今。

不仅如此,徂徕还论及译法问题:

> 译文有直翻与义翻两种。直翻者,一一目算,付日本之词于唐之文字也。义翻,有倭汉风土之异,故语脉亦有随之而变。故不得直翻之处,以一句之义译之,云义翻。譬如"不短"直翻云"短くない",或因其处义翻云"長い""ちょうどじゃ"。总而云语脉之异,日本之内亦有之也。①

从译例("不短")来看,徂徕这里所论主要为词语层面的翻译问题,将翻译分为"直翻"与"义翻"种。前者是词语的直接对应,如"不短"译曰"短くない";后者则是依据具体语境("语脉""句义")的翻译,如"不短"译作"長い"(长)或"ちょうどじゃ"(正好)。

当然,徂徕的翻译论亦非无源之水,除了他本人的刻苦钻研,还与当时中国僧人、精通汉语的文人、唐通事(于长崎等地负责中国商贸往来的翻译人员)有关。正因为有与这些僧人、文人学者的交往经历,特别是延请唐通事出身的学者冈岛冠山(1674—1728年)组织译社②,徂徕才主张应先以"崎阳之学"为最佳治学之法:

> 故予尝为蒙生定学问之法,先为崎阳之学。教以俗语,诵以华音,译以此方俚语,绝不作和训回环之读。始以零细者,二字三字为句。后使读成书者。崎阳之学既成,乃始得为中华人,而后稍稍读经子史集四部书,势如破竹,是最上乘也。③

所谓"崎阳之学",即唐通事的汉语学习及其翻译。徂徕认为,应先教授俗语,用汉语诵读,然后译成江户时代的日常口语("俚语"),不依赖和训,通过不断地积累,便能像中国人一样通读汉文典籍。

此外,先后在伊藤仁斋、荻生徂徕门下就学的另一位儒学家太宰春台(1680—1747年)曾在其作品中论及音译问题:

---

① 荻生徂徕:《训译示蒙》卷一,菱屋次右卫门1738年版,第4b页。
② 可参见石崎又造:《近世日本に於ける支那俗语文学史》弘文堂书房1943年版,第44—142页。此外,今天可见当时的汉语学习资料及其翻译作品,参见古典研究会编辑:《唐话辞书类集》全二十集,汲古书院1969—1976年版。
③ 荻生徂徕:《题言十则》,第7ab页。

于中华……又以汉字附注佛书之梵文,曰对译。一曰对注。如我国读汉字,以国字旁扶书其音。梵文对译之类也。

佛家有陀罗尼,皆梵语也。本以梵字书之。中华之人,不能读梵字,故翻译佛书者,以汉字之合梵音者,附书其旁。以汉字之音,读梵字。是云对译,或云对注。①

太宰春台指出,日本用假名(国字)注读汉字,类似于"对译"。"对译",或云"对注",即中国人以汉字标注梵文读音,如梵语"陀罗尼"(dhāraṇī)即如此。

通过以上仁斋、徂徕、春台等氏的作品及其论述,不难发现,于江户兰学之前,在儒学家群体中确已形成翻译自觉,并通过中日语言间的翻译实践展开相关理论探索,明确论及"直翻""义翻""对译"等译词法。我们知道,前野良泽、杉田玄白等兰学家拥有较深的汉学功底,从学术传承上看,前野良泽曾于仁斋弟子青木昆阳(1698—1769年)处学习荷兰语,而杉田玄白受徂徕影响较深,所以他们就译词方法的探索,确有可资参考借鉴的资源,绝非闭门造车。

概而言之,杉田玄白或不曾涉猎汉译佛经,因此有了"否认说",仅就译词三法做出了附和。较早见于其笔端的译词三法,不但在同时期的长崎通词那里有类似论述,在更早的儒学家那里亦可见相关讨论。

值得注意的是,兰学家或儒学家在讨论译词法之际,都或多或少言及中国的佛经翻译,究竟这些译法与汉译佛经有着怎样的关系?

五、译词法的关联

关于佛经中的相关论述,受篇幅所限,这里不能详细展开,今择取几位僧人的相关论述与日本学者所论进行对照。为论述方便,特制简表如下②:

---

① 太宰春台:《倭读要领》卷一,须原屋新兵卫1728年版,第4b页。
② 汉译佛经中的相关论述今有电子版《大正藏》可资利用。"中华"电子佛典协会制作:《CBETA 电子佛典集成》,台北"中华"电子佛典协会2014年版。"—"表示论述者未有具体论述,尚未确定论述者有无相关探索则留白。

表 1　各学者译词法名称及译例对照表

学者 \ 译法及译例	意译			音译
	对译	摹借	汲义	
吉藏（隋）			直翻 Arhat,应	— Arhat,阿罗汉
道宣（626 年）	正翻/译		义翻/译 Antarvāsa,偂体着	
景霄（897 年?）	正翻（译） Cakṣus,眼 Puṇḍarīka,白莲花		义翻 Vinaya,律 Nyagrodha-vṛkṣa,柳树	不翻 Buddha,佛 Dhāraṇī,陀罗尼
法云（1157 年）	正翻/译 Vinaya,律	— Tathāgata,如来	义翻/译 Nyagrodha-vṛkṣa,柳树	不翻/译字不译音 Dhāraṇī,陀罗尼
春台（1728 年）	—	—	—	对译 Dhāraṇī,陀罗尼
徂徕（1738 年）	直翻 不短—短くない	—	义翻 不短—長い、ちょうどじゃ	—
良永（1774 年 & 1793 年）	正译 Hooft,头	正译 Hooft planeten,头惑星	义译 Hooft planeten,大惑星	假借、略文 —
良泽（年代不详）	正译 Een,一 Voor,先、次之	—	义译 Een,指物之辞也今随文而去之 Voor,与	直译彼音 A,阿；B,别
玄白　1773 年	—	翻译 poort-ader,门脉	—	直译 Klier,机里尔
玄白　1774 年	翻译 Beenderen,骨	义译 Kraakbeen,软骨		
玄白　1795 年	对译 Beenderen,骨			直译 Gyl,奇缕
玄泽（1826 年）	直译 Hersenen,脑 Hart,心	义译 Ontleedkunde,解体科①	义译 Zenuw,神经 Klier,滤胞	对译、音译 Kegel,劫业卢

---

① 大槻玄泽:《重订解体新书》卷五,第 2a 页。

从汉译佛经僧人到日本儒学家,从长崎通词再到江户兰学者,均在音意两类,对译、摹借、汲意、音译等四种译词方法的框架下进行探索,从名称到具体运用确呈现出一定的延续与变化。

从名称与所指来看,表对译的"正翻""直翻"概念出现在汉译佛经、日本儒学以及早期兰学作品中,表现出前后的一致性与延续性,只不过本木良永等兰学者的"正译"亦包含摹借法;在杉田玄白那里改称"翻译",后来又称"对译",再后来学者大多称为"直译",并同时涵盖摹借法。而摹借法于佛经翻译中虽确有运用,但并未形成固定名称;由于日本使用汉字与假名书写表记,汉日词汇的翻译通常施以训读或以音读方式直接借用,基本不涉及这种译法;而兰学翻译面对的是异质语言,语意解析自然十分重要,所以,杉田玄白最初即称之为"义译",这种称呼方法在弟子大槻玄泽那里得到延续,并同时涵盖了汲义法,其名称与所指基本保持一致,亦有个别学者称"翻"。至于音译法,其内涵虽古今无异,只是称呼一直处于变动不居之中。

论述至此,便出现了另一个问题,即各译法的界限究竟在哪? 意译、音译上不难理解,但意三种译法,为何同一"义译"会既指摹借又指汲义(玄泽)? 为何同样的摹借,"hooft planeten"(头惑星)和"kraakbeen"(软骨)分别作"正译"(良永)与"义译"(杉田玄白、玄泽)? 为何同样的例子"vinaya"(律)却会被视为不同的汲义(景霄"义翻")与对译(法云"正翻")?

这主要是因为对译、摹借与汲译三者在不同时期呈现一定的交叉。通常说来,语言解读能力处于较低阶段时,音译以外的翻译法,均为意译,既包括一般的对译,也包括摹借法与汲义法。又因为摹借是一种基于词语构成及其含义的译词方法,与简单的对译形成区别,人们亦将其与汲义并举,如此一来,二者也就构成了另一层次上的意译$_2$。随着外语学习者能力的提升,摹借因其原语与译词直接对应,故常与对译等量齐观,二者构成基础层级上的意译$_1$。而早期译者通过汲义法构建起对应关系,后来者便很少追究译词获得的过程,往往会视作简单的对译。如此一来,我们似乎便得到对译、意译与音译三种译词法,也就是今人常言的直译、意译和音译,只是我们不能因此忘记前两者其实存在交叉。

在以上的讨论中,我们勾勒出日本兰学译词三法的源流、含义与界限,但不可忽略的是,三种译词方法在两种翻译实践中的地位不尽相同,有着不同的次第。

在佛经翻译中,大多数佛经译(论)者首先谈论二分法,即"翻"与"不翻",也就是意译和音译。结合玄奘的"五不翻",我们可以更加明确地说,与翻译相比,"不翻"的音译更等而上之:"多义""顺古""此无"等后三项或可视为对准确性的追求,但"生善"与"秘密"两项则是出于陌生化、神秘感的考虑,从而达到弘扬或维系宗教信仰的目的。这也就是为什么汉译佛典中会存在大量的音译词。

而兰学翻译正相反,基本如杉田玄白所奠定"译有三等"的基调,音译居末。通常,兰学家会尽可能将原词翻译出来,音译实为不得已的手段。这一点可以从"腺"的译出看得十分明确。最初,杉田玄白将荷兰语的"klier"音译作"机里尔",玄泽改称"滤胞":

> 滤胞,义译,歹郎就拉、它邓,并罗(glandula、aden,腺)吉离卢,兰klier。按此物一种小泡子……名之曰吉离卢。(按吉离卢之名特命此物。别无它义。汉固所未说以故。宜音译以存原称。然有嫌此物独存原名异于他物。因以其官能作用宛如用筛罗滤过水浆者。义译曰滤胞耳。窃顾未必切当。姑期他日之再考云。或以胭充焉。然内经中胭者。肉之标也。胭。谓肘膝后肉。如块着也。固不可取焉也。)①

尽管玄泽觉得应该"音译以存原名",但碍于"机里尔"与其他汉译词不一致,所以根据其过滤功能,意译为"滤胞"。他本人也觉得"滤胞"似不妥当,但姑且如此,留待日后再考。后来,由宇田川玄真造新字"腺"②,并最终固定下来。可见在兰学家看来,音译是翻译的不完整状态,尽可能为原词匹配汉译名,以方便理解。这是因为兰学家的翻译更多是作为一种实学,音译虽有其准确性,但不利于新知识的理解与传播。

而直译与意译在佛经与兰学翻译的次第基本相似。在佛经翻译中,道宣所论"并无正译,但用义翻略知途路",可谓佛经翻译者的共识:与"义翻"相比,"正译",即对译能准确表达出原词的内涵,是更加理想的译法。另外,从用字"正"上,亦能看出译经者对直译的重视。不过,需要说明的是,在佛经翻译中,对于没有直译的词语,虽然能够采用意译,但更倾向于音译:

> 翁声蓬声及四薜陀悉皆明了,所谓:一、颉力薜陀,二、耶树薜陀,三、娑摩薜陀,四、阿健薜陀……(其中义者,初、广明作业,二、盛陈赞颂,三、说祭药法式,四、治国养身。诸婆罗门咸多诵习。斯之四号无可正翻,为此俱存梵字。)③

虽然能够意译或解释说明,但"无可正翻,为此俱存梵字"。也就说,对于不能直译的

---

① 大槻玄泽:《重订解体新书》卷五,第24ab页。
② 宇田川玄真:《题言》,载《医范提纲》卷一,青藜阁1805年版,第7b页。
③ 《根本说一切有部苾刍尼毗奈耶》卷一。

概念,往往会采用音译。

而对于杉田玄白等兰学家而言,对译位于"译有三等"之首,被视为最理想的状态,在翻译的过程中,选用已有的汉字词,以保证译词的权威性(标注译词在中国典籍中的出处)与中西学术之间知识的传承性。①

不过,在实际操作中,兰学翻译表现出一定的灵活性。如广川獬就曾明言,自己在翻译之际"多用义译":"翻译者直译为要,然反迂于达意者有之。如此书则要达意,故多用义译。览者勿异一言一句与原书龃龉。"②尽管直译被视作理想状态,但实际操作中也表现出一定的灵活性。

大致说来,在佛经翻译中,三译法的次第是音译、直译、意译;而兰学翻译中,则是直译、意译、音译。就直译和意译两者而言,虽然在两种翻译中的地位基本相似,但佛经翻译比较强调陌生化、神秘性与原貌,如果不能直译,多选择音译;兰学家将直译视为最理想的状态,比较强调权威与知识传承,意译一定程度上被视为杜撰,但是为了表意准确,会灵活使用意译进行翻译。

六、结论

概而言之,所谓三译法包括音译与意译两大类,而后者又可分为对译、摹借与汲义等三种,共四种基本译词法,其中三种意译法在不同时期,呈现一定的交叉并随外语学者能力的提升而发生转变。兰学家的译词三法,在汉译佛经中确能找到一定的依据,但我们也不应就此忽略日本儒学者、兰学家所做的探讨。正是这些探讨,提供了江户兰学翻译与汉译佛经的关联路径。

---

① 沈国威:《近代中日词汇交流研究:汉字新词的创制、容受与交流》,第 77—78 页。
② 广川獬:《兰疗方》,"凡例",出版者不详 1804 年版,第 6b—7a 页。这里的直译与意译呈现从词语转向句章层面。

西周译词的类型变化及近代意义
——从《万国公法》到《百学连环》

张厚泉*

日本近代启蒙思想家西周在移植西方近代学术思想的同时创造了大量的汉字译词。从相关译词的类型特征、支撑西周创造这些词语的动机和思想根源所在,可以探讨其近代意义。

《万国公法》的译词均用日语固有词或汉字近义词加注释义,无一例标注外国语。与此相比,《百学连环》的译词既有从训读的动词变为名词的、音读构词要素的类型,也有从"句到词"的类型,以及从儒学概念的"理"派生出的"心理""物理"等类型。日本近代社会多元化的学统结构,是西周得以自由吸收西方近代学术的思想根源,其创造的新词为日本学术思想的近代化奠定了基础。

一、西周译词的思想底蕴

日本启蒙思想家西周(Nishi Amane,1829—1897年)出生于岛根县鹿足郡津和野町的疡医(疮伤外科)世家,6岁随祖父学习四书五经,12岁入藩校养老馆,师从山口刚斋正式学习汉文,通读"左国史汉"(《左传》《国语》《史记》《汉书》)。按照当时封建制度的规定,西周成人后必须继承家业从医。为此,西周"早有鸿飞之志",欲"吞并

---

* 张厚泉,东华大学外国语学院教授。

汉兰,掌握古今,而餐华味葩,以为疡科一世之宗耳"①。然而,命运在他20岁时发生了转折性的变化,藩主龟井兹监要求他放弃家业,从事儒学研究。然而,此时的西周已经接触到了家藏的荻生徂徕的《论语征》,"于是乎始知诸家不全非,程朱不可全信"②,对幕府主导的朱子学产生了怀疑。因此,西周向藩主提出了学习古文辞学的愿望。但是,"宋学古学固无别矣,同止修身治国耳,我欲彼学积德成而为国家之用耳,亦将何择焉?虽然,我藩自古尊信宋学,我愿彼亦为宋学也"③。藩主的答复令西周大为失望,以至于后来被派遣到江户的西周不得已选择了脱离津和野藩,并成为"蕃书调所"的教师,踏上了追求新学问的道路。《西周全集》的编者大久保利谦据此将西周在此时写下的无题文命名为《徂徕学に対する志向を述べる文》(《徂徕学志向述怀之文》)。受此影响,西周转向徂徕学的这一观念就此形成,而丸山真男在《日本政治思想史研究》(1952年)中提出的"朱子学=幕府体制教学"的观点以及对徂徕的积极评价,成为西周关注并转向徂徕学的依据,以至于形成了一种只要能在西周的思想里找到与徂徕的关系,就是对西周评价的构造。④ 之所以造成这种局面,是因为丸山真男的学术观点在当时是划时代的、对此后的德川思想史研究起到极大影响的学说,是学术界的坐标轴。⑤ 但就《徂徕学に対する志向を述べる文》的内容而言,平石直昭认为,这篇无题文与其说是徂徕学志向述怀之文,不如说是《特命を受けて所懐を記す》(《受特命述怀》),是西周对自己20岁完成元服之礼、18岁至20岁之间的即将正式踏入社会之前的愿望变迁与思想经历的回顾,以及慈母之死对他造成冲击的确认。⑥

江户时代自德川家康起用林罗山起,推行以朱子学为主的儒学思想统治政策,至江户中后期,由于古学和折衷学的兴起,朱子学的权威受到了动摇,1790年幕府为了巩固统治地位,在幕府教育机关推行"宽政异学の禁"的政策,命令禁止古学、折衷学派等异学,确立了朱子学为幕府正统学问的地位。但是相关政策是针对昌平坂学问所等幕府教育机构的,并非强制规定所有的藩校都一定要以朱子学为正统学问。在封建时代的幕府统治下,各地藩校既有效仿幕府、改朱子学为正统学的,也有同时教授朱子学、古学、阳明学的,还有采取"阳朱阴王""阳朱阴物"等策略的。江户末期至

---

① 西周:《徂徕学に対する志向を述べる文》,载《西周全集》第一卷,西周记念会1966年版,第3页。
② 同上书,第5页。
③ 同上。
④ 菅原光:《西周の政治思想——规律、功利、信》,出版者不详2009年版,第205页。
⑤ 平石直昭:《日本政治思想史——近世を中心に》,出版者不详2001年版,第12—13页。
⑥ 平石直昭:《西周と徂徕学》,《北东アジア研究》2018年第29号。

明治初期，日本各地共开设了约 270 所藩校①，其形成大致可分为以下几个时期：宝历期以前(？—1750 年)有 25 校，宽政改革期(1751—1803 年)有 84 校，幕府末期的改革期(1804—1867 年)有 105 校，幕府末期的崩溃期(1868—？)有 40 校。② 而全国有一百多个藩校或多或少地讲授徂徕学或古学辞学诗文，其中庄内、丸冈、彦根、尼崎、大和郡山、萩、冈等藩自始至终都以徂徕学为藩学的正统学问。③

根据上述藩校学统的多样化可知，龟井兹监藩主的"我欲彼学积德成而为国家之用耳，亦将何择焉"的答复，表面上看似拒绝了西周学习古学的要求，但"宋学古学固无别矣，同止修身治国耳"的答复非但没有将宋学与古学对立起来，而是将其等同看待的。"虽然，我藩自古尊信宋学，我愿彼亦为宋学也"的言外之意，也是因为存在尊信其他学问的藩校，而津和野藩自古尊信宋学而已。如果津和野藩自古尊信的不是宋学而是古学，西周自然也就可以专攻古学了。因此，西周自幼接受四书五经的儒学传统教育，而家里却藏有荻生徂徕的"异端"书籍，也就不足为奇了。西周早期所接受的多元化的学问思想，是其接受西方哲学思想的土壤，这一点与严复等中国启蒙思想家接受西方哲学思想的出发点是截然不同的。

二、西周的思想转折

众所周知，"哲学"是西周在理解 philosophy 的过程中新造的词。但是，西周并非一开始就全面掌握了 philosophy 这一西方概念。西周对"哲学"的把握，经历了一个由"希哲学"(津田真道《性理论》跋文，1861 年)、"ヒロソヒ之学"(《致松冈邻信函》，1862 年)、"宗教思想""神学"(荷兰语译词，《致霍夫曼信函》，1863 年)、"比斐卤苏"(《开题门》，1870 年)到"哲""哲学"(手稿《百学连环》，1873 年)、"哲学"(手稿《生性发蕴》，1873 年)、"哲学"(《百一新论》，1874 年刊)的术语变化过程，词义也由抽象的"富国强兵的万能的学问"(《致松冈邻信函》，1862 年)、"与宗教思想有异的学问"(《致霍夫曼信函》，1863 年)到具体的"百科学术的统一观"(《尚白札记》，1882 年)，是西周在对西方"哲学"思想的认识不断加深后逐渐确立下来的。④

特别是西周在 1863 年 6 月赴荷兰的船上给霍夫曼教授的信中提出，除了学习规定的五门课程之外，还想学习在日本被幕府禁止的笛卡尔、洛克、黑格尔、康德等哲学

---

① 日本文部省编：《学制百年史》，帝国地方行政学会 1981 年版。
② 铃木博雄：《近世藩校に関する研究》，振学出版 1995 年版。
③ 笠井助治：《近世藩校に於ける学统学派の研究》(下)，吉川弘文馆 1970 年版，第 2003 页。
④ 张厚泉：《西周の翻訳と啓蒙思想》，《言語と交流》2016 年第 19 号。

思想的要求①,显示了西周主动学习西方哲学的先知性。这种主动学习西方哲学的态度,与西周之后包括严复在内的亚洲知识分子被动地接受西方哲学思想的情况不可相提并论。

西周留学荷兰回国后,在兵部省工作之余开设了私塾"育英舍",并从1870年10月开始以特别讲座的形式系统介绍西方近代的"百学连环"(encyclopedia)的学术思想,从"学"有intellectual science(心理上ノ)与physical science(物理上ノ)之分的角度,第一次在儒学概念"理"的基础上分立了"心理"与"物理"概念。这一时期是西周著述、翻译最旺盛的时期,也是其哲学思想的收获时期。特别是《百一新论》(1874年)的出版,奠定了西周作为哲学先觉的地位。该书发行人山本宽马在这部著作的序言里作出了如下评价:

> 教之与政其理混淆,学者之惑数千年于兹。心理之与物理其学交错,世人之疑亦数千年于兹矣。我友西氏忧之,由哲学明政教之所别,又晰道理之所歧,将目辨世人之惑,著斯书,名《百一新论》,取于百教一致之义也。余读而喜曰:政教之别于是乎明矣。②

西周在书中指出:"政教"混同的根本原因在于《大学》的"修身齐家治国平天下"和"格物致知"的儒家思想,后人误认为只要修身就能治人,只要格物致知诚意正心就能自然而然地治国平天下。因此,宋儒"理学"的矛盾,是吸收"哲学"的必要所在。不仅程朱理学,古学、阳明学,包括徂徕学,皆好古、信古、尊古,其实是拘泥于古人的教条而已。③ 西周在其私塾的特别讲座《百学连环》(1869年)及手记《尚白札记》(1882年)中,先后介绍了孔德的实证主义理论,认为儒学社会需要建立以"哲学"为百科之首的学术统一观。因为如果没有哲学的见识,那就只会就事论事,单纯模仿,充其量不过是"唯优孟之技"罢了。④

1877年,西周在翻译《利学》(John Stuart Mill, *Utilitarianism*, 1877年)后,对西方的"哲学"有了更具体的认识。西周在《译利学说》中,将"哲学"(philosophy)与东方"儒学"的异同作了更进一步的阐述:

> 本译中所称哲学,即欧洲儒学也,今译哲学也,所以别之于东方儒学

---

① 西周:《西周全集》第二卷,西周记念会1966年版,第702页。
② 西周:《西周全集》第一卷,第228—229页。
③ 同上书,第237—238页。
④ 西周:《学問は淵源を深くするにあるの論》,载同上书,第571页。

也。……然古昔科学之别未备,二理混淆,疆域错杂,泛无定体,亚立斯多粒(亚里士多德——笔者注)之书,稍别其名目,曰有形理学(物理之学也),曰彝伦学(即道德礼义之学也),曰致知学,曰无形理学,中再别为二,曰性理学,曰本体学。……至近日㘲及斯多坤度(奥古斯特·孔德——笔者注)出而唱实理哲学,欲贯有形无形之两学以一实理,所著五学模范,极其说实。……此三学取源乎性理一学,而开流于人事诸学,所以成哲学之全躯也。故曰:哲学者,百学之学也。①

　　西周明确认为,哲学即欧洲儒学,之所以译为哲学,是为了要区别于东方儒学。至于儒学是否也即东方哲学,是东方的 philosophy,一直有争议。但是,如果没有儒学,也就没有与 philosophy 进行比较的参照物,这一点是毋庸置疑的。

　　在《尚白札记》中,西周从西方哲学角度对东方的"理"做了细致的分析。西周认为,宋儒理学中的"性"即"理",其"理"在欧洲的语言里没有恰当的对译词,因此日本就有儒者(此处指赖山阳)曾经认为"西人未曾知理"。其实并不是西方人不知理,只是东西双方所指不同而已。近代欧洲将理分为两部分,如英语的 reason 和 natural law。reason 泛用时译为"道理",用于局部时译为"理性"。此"理性""道理"的字义里,并不包含天理、天道之义。而 natural law 译为"理法",直译为"天然法律"之义。牛顿重力等"理法"皆与人事无关。虽然是由人发现的,但并不以人的意志为转移,而是属于客观的现象。此外,principle 有"元理"的译名,又可译为"主义"。另有 idea,现译为"观念",这个词看上去似乎与"理"无关,实际上与宋儒所指的"理"同出一辙。说西方人不知理是误解,应该说东西方的理各有所指,但西方的理更加严谨缜密。但宋儒之流无论何事皆谓天理,上至天地风雨,下至人伦,皆有一定不变的天理。若有不顺,皆以违背天理论,可谓读书人的短见,于是陷入错谬,遇到日食、月食、干旱、洪水灾害,也与君王政事牵强附会,徒生臆测。② 这种对儒学"理"概念的认识,是其他汉字文化圈的启蒙思想家所欠缺的。

　　从以上东方与西方对"理"的不同认知可知,宋儒在"修身齐家治国平天下""格物致知"的认识方面,与 philosophy 存在较大落差。这种落差,一方面是认识方法不同所致;另一方面,应该承认东方的"理"确实存在缺陷,但这并不意味着程朱理学没有哲学价值。因为用 19 世纪的西方思想与 12 世纪的东方思想进行对比,本身就不是

---

① 西周:《西周全集》第一卷,第161—162页。
② 同上书,第168—170页。

共时的研究方法。但是,19世纪的儒学与12世纪的儒学相比,确实没有认识上的突破,而西周正是基于对传统儒学包括日本古学的反思和批判,通过这种交叉对比,找出了儒学的不足,在创造了大量表达抽象概念的汉字词语时,也起到了推动儒学的自我完善和近代化作用。

"哲学"一词在1877年被东京大学文学部"史学、哲学及政治学科"的学科名正式采用后,1881年东京大学三学部又出版了《哲学字汇》,"哲学"的术语地位已经基本确立。但是,直到1886年,中江兆民仍然使用"理学"将阿尔弗雷德·福伊雷(Alfred Fouilée,1838—1912年)的 L'Histoire de la Philosophie(1875年)翻译为《理学沿革史》。中江兆民认为,philosophy是希腊语,世人将它译为哲学也无不可,只是自己是基于《易经》穷理之词译为理学,两者是相同的意思。① 对此,松本三之介认为,西周是为了理解西欧的philosophy自觉地与传统儒学区别而采用了"哲学",中江兆民则是反过来使用东洋哲学中传统的"理学"作为philosophy的译词。② 现在,汉字文化地域的哲学领域,汉字概念几乎涵盖了所有哲学术语,可以与西方互通有无。毋庸置疑,汉字文化地域的重要思想程朱理学,作为中华学术思想的传统哲学,与西方哲学一起共同构筑了人类哲学的宝库。③

三、西周译词的类型特征

明治时期汉字音读词的急剧增加,是近代日语词汇结构的一大变化,以致进入昭和时期后,日语中的词语种类的比例发生了大转变,汉字音读词的数量超过了日语固有词的数量。④ 增加的汉字词大多是明治初期为了翻译近代西方科技和学术思想而新造的,山田孝雄在《国語の中における漢語の研究》⑤中指出,这些词既有借用汉译西书的译词,也有日本人在和译西书时的新造词。而在和译西书的新造词中,又有取自中国古典的汉字词和日本新造的汉字词。其中相当一部分是表达抽象概念的词语,而西周的汉字造词数量之多⑥,令同时代汉字文明地域的知识分子难以望其项背。

---

① 中江兆民:《理学钩玄》,载《中江兆民全集》第七卷,岩波书店1987年版,第13页。
② 同上。
③ "中华思想文化术语传播工程"秘书处编:《中华思想文化术语学术论文集》(第一辑),外语教学与研究出版社2018年版,第67—79页。
④ 宫岛达夫:《近代日本語における単語の問題》,《言语生活》1958年总第79号;日本国立国语研究所:《語彙の研究と教育》(上),大藏省印刷局1984年版。
⑤ 山田孝雄:《国語の中における漢語の研究》,宝文馆1958年版,第414页。
⑥ 栗岛纪子:《西周の訳語》,载森冈健二编著:《改订近代语の成立——语汇编》,明治书院1991年版;手岛邦夫:《西周の訳語の研究》,学校不详博士学位论文,2002年。

西周译词的类型变化及近代意义

手岛邦夫在对西周论著的用词进行分析后指出,在西周 2335 个译词中,汉字词 1913 个,占全体 88.5%,其中,《百学连环》1487 个,《心理学》《利学》《生性发蕴》分别为 391 个、342 个、311 个。现在仍在使用的 572 个译词中,《百学连环》337 个,《心理学》56 个,与同时代的启蒙思想家相比,西周译词的数量之多和近代性、生命力是出类拔萃的。①

西周的首部译著和此后的论著在译词特征上有很大不同。以《万国公法》(1868 年)和《百学连环》(1870—1873 年)为例,《万国公法》是西周第一部译著,其译词主要采用汉字词加注日本固有词、汉字近义词读音的形式。如:

第一卷　拉丁(ラテン)、法院(サイバンヤクショ)

第二卷　居間(アツカヒ)、畫押(カキハン)、欺給(アサムク)、廢棄(ステル)、脅従(ヲドス)、強服(ムリニ)、背馳(ソムク)

第三卷　請求(チカイカヘス)、蹂躪(フミチラス)、激擾(ソウドウ)、群起(イッキ)、戒嚴(ヨウシン)、口実(イヒガヽリ)、准許(ユルシ)、剽掠(ハギトリ)、間諜(シノビ)、樹林(オハヤシ)、金坑(カナヤマ)、旅次(シュクショ)、請求(ムシン)、指助(サシタシ)、疆場(センチャウ)、戰利(ブンドリ)、殺戮(コロシ)、毀傷(キツケ)、屈辱(ハズカシム)、賊掠(カスメトリ)、散撒(マキチラシ)、壊没(ウチコロス)、水源(ミナカミ)、伝染病(ハヤリヤマヒ)、炸彈(ヤキウチ)、属海(キンカイ)、海難(カイナン)、遮船(ヒキヤクセン)、沿濱(ハマベ)、阻遏(タチキリ)、占拠(ノリトル)、啓釁(イクサニナル)、完結(シスム)、賛相(セワヤク)、知悉(シャウチ)、合規(アタリマエヘ)、玷黷(キッック)、争案(モツレ)、偏厚(ヒイキ)、特権特恩(ベッダンノアシライ)、避患(カケコミバショ)、追逐(オッテ)、舎匿(カクマイ)、利用(ツケコミ)、損害(イタミ)、偏私(エコヒイキ)、阻滞(トドコホリ)、抵禦(ウケツケス)、開闔(アケタテ)、案決(サバキ)、定奪(トリアクル)、偏賞(エコヒイキ)、船主(フナヌシ)、貸主(ニヌシ)、訴辨(モウシヒラキ)、自守(モウシハル)、讞獄(サバキ)、買販(バイバイ)、確答明告(シッカリトシタコタヘ)

第四卷　礼款(ギシキ)

从以上四卷《万国公法》的汉字术语的形式可知,69 个汉字术语均用日语固有单词的读音标注或汉字近义词注音,无一例标注外国语。西周在凡例中注明,原书有来自英语、法语、德语、荷兰语四国语言。在欧洲,拉丁语和法语都能通行,所以,为了让不懂欧洲语言的大多数人能够看懂,此书就用汉字词语而省略了原来的外语词语。换言之,汉字词和汉译西书的译词足以应对《万国公法》的翻译,而无需对《万国公法》的欧洲语言进行新的造词。

---

① 手岛邦夫:《西周の訳語の定着とその要因》,载《国语学会 2001 年度春季大会要旨集》,第 54—61 页。

但是,时隔两年之后的《百学连环》的译词则完全不同。《百学连环》是西周留学回国后第一次也是日本最早介绍西方学术体系的讲义。西周在此讲义中新造了大量的术语,留下了西周在翻译西方学术思想时的思想动态和译词确定的过程。根据狭间直树等对《百学连环》的欧语译词对照表、片假名词一览表数据库(2009年)进行整理后可以发现:(1) 从"a"至"zoology"止,欧语的汉字词、日语固有词的译词共有1851个;(2) 从"academy"至"Washington"止,欧语的片假名译词只有225个。对(1) 中的译词再以汉字词、日语固有词、句进行分类后发现,其类型分别为1505个、95个、251句。

表1 《百学连环》的汉字译词数量的统计①

词类	欧语、译词	字音词	大和词	句
数量	1851	1505	95	251

这里所说的"汉字词"是指日语里类似于"international"(万国,bankoku)的汉字字音词,"大和词"是指类似于"double"(重,kasane)的训读词,句子是指类似于"international public law"(国の間の公法)的语句。考虑到同时代的《言海》(1887年)词条的词类比例为大和词60.8%、字音词37.7%,大和词占绝对多数的日语词汇结构,不得不承认西周使用的词汇中,字音词占压倒性多数的特征是异常突出的。

《百学连环》也是西周哲学思想形成的出发点,而支撑这个出发点的是表达新概念的汉字译词。《百学连环》的汉字译词,既有从训读的动词"学ぶ"(manabu)转变为音读的构词要素的"—学"(gaku)的形式,也有从"器械技""器械之术"到"技术"、从"上品艺""上品之术"到"艺术"、从"演绎之法"到"演绎"、从"归纳之法"到"归纳"式的从"句"到"词"的转变形式。更有基于对儒学"理"的批判,从"理"派生出来的"物理上之"和"心理上之"——这不仅是术语的分化,更是对儒学"理"的概念进化的贡献,这一观点在《百一新论》里得到了更为明确的阐述。而且,西周译词多为基于儒学批评而创造的抽象概念,从中也可看出相关概念起到了推动汉字文化圈学术思想近代化的作用。

---

① 表中的汉字字音词指日语的"汉语",大和词指日语的"和语"或固有词。

表 2 《百学连环》的译词特征①

从动词到名词的构词素	学ぶ(manabu)→	—学(gaku)
从句到词	器械技、器械之术→	技术
单字概念的派生	理→	物理上之、心理上之

四、西周译词的现代意义

明六社是日本第一个传播和研究西方民主思想的学术团体，西周和福泽谕吉都是该社团的主要成员。明六社成员在《明六杂志》上发表了百余篇论文，涉及政治、法律、经济、社会、伦理、外交、历史等方方面面的问题，也不乏就某一个问题展开讨论，其中，"学者の職分"（学者的职责）之争，很大程度上导致了福泽谕吉与明六社成员的分道扬镳。

针对福泽谕吉提出的"学者私立して日本の独立を維持すべき"（学者应私立以维持日本的独立）的言论，西周毫不留情地指出："学者として自立するために官を辞めることは一理あるが、論理学において詭弁である。"（作为学者为保持自立而辞官虽有一理，但在逻辑上属于诡辩。）同时，针对福泽谕吉提出的"学術、商売、法律は外国に及ばず、三者が立派にならなければ国の独立はできない"（学术、贸易、法律不及外国，三者如不振兴，断无国家的独立）的观点，西周反驳道："七八年前までいわゆる学術というのは四書五経の範囲を超えない。今急に西洋の学術と競争しようとしても無理がある。"（直至七八年前为止，所谓学术，其范围均在四书五经之内，现在立刻就要与西方竞争，那是绝无可能的。）这里暂且不论学者的职责应该如何，但从西周的论证可知，在明治七年（1874 年）前后，日本的学术思想已经超出了四书五经的范围，这一点可以从东京开成学校开设的法学、化学、工学、物理学、制作学、英文学、论理学、数学、动物学、地质学、冶金学、机械工学、土木工学等科目和课程设置得到印证，而这些科目的开设，均是在日语（其中大量是新造汉字译词）支撑下才能得以开设、传授的，而哲学、心理学的术语，大多是由西周新造的。物理、心理、主观、客观、演绎、归纳、技术、艺术等词汇的出现，使日本乃至汉字文化圈实现了从近世向近代的学术思想的转折。

诚如周国平在《中国人缺少什么？》的前言中所述："一个多世纪前，严复引进英国

---

① 张厚泉：《造語意識から見た近代漢語の成立——〈百学連環〉の造語を中心に》。

哲学,试图让国人接受为法治社会奠基的自由主义,王国维引连德国哲学,试图让国人接受为人生寻求及建立信仰的形而上学,由于传统的阻挠或束缚、时代或个人的限制,他们的努力基本上失败了。"而西周,正是因为冲破了传统的阻挠和束缚、时代或个人的限制,引进了包括英国、德国在内的西方哲学,在《百学连环》的基础上构筑了以哲学统一思想为主体的日本近代学术体系,他的努力基本上取得了成功。

西周宏大的知识体系与造词,如阿诺德·约瑟夫·汤因比(Arnold Joseph Toynbee,1889—1975年)所指出的那样,在日本面对如何应对西方社会的入侵时,起到了"人类变压器"(the human counteropart of transtormer)的作用。另一方面,其思想和译词,在一定程度上主导(或制约)了东亚近代化的方向,有关这一问题,有待今后深入探讨。

新出资料道光本《华英通语》及中国早期英语学习书的系谱

田野村忠温*

一、引言

在19世纪第一次鸦片战争以后,《华英通语》作为一本以词汇集和对话例句集为主要内容的英语学习用书于中国出版,且已被证实存在诸多版本。

图1是在1855年(咸丰五年)出版的《华英通语》里有关"眼镜"一词的记载。如图所示,《华英通语》中的各条词目都是由中文、与之相对应的英文、表示英文发音的汉字三个要素依次构成的。此外,该版本的《华英通语》所使用的中文是广东话。

最近,笔者在大阪大学附属图书馆的书库里偶然发现了在《华英通语》的诸多版本中仍未被学界知晓的一个版本。

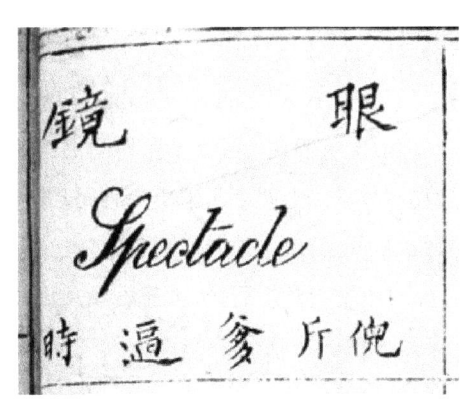

图1 《华英通语》中的"眼镜"一词

---

* 田野村忠温,日本大阪大学文学研究科教授。

通过分析各个版本的《华英通语》与19世纪在中国出版的其他各种语言学习书籍之间的关系，笔者发现《华英通语》在中国初期英语学习书籍的发展过程中起到了至关重要的作用。本论文将通过对包括新发现《华英通语》版本在内的资料进行分析，明确于19世纪在中国出版的各种初期英语学习书籍之间的继承关系。

二、有关中国初期英语学习书籍的体系概况

中国初期的英语学习书籍之间的继承关系比较复杂。为了能更清晰地表明其中的关系，笔者首先对继承关系中起到主干作用的英语学习书籍进行分析。

（一）《华英通语》的各个版本

虽说《华英通语》有诸多版本，但每一个新版本的问世并不是由同一作者将旧版本的内容进行部分修改后再次出版而产生的。各版均由不同作者所编。从改版内容中就能明显发现，作者们通过借用其他英语学习书籍的内容对旧版本中的内容进行了大幅度的替换、重组。尽管如此，《华英通语》的各个版本不仅在书名上保持着一致性，在内容和形式上也有着其他英语学习书籍所没有的共性，因此我们仍然可以推断《华英通语》的诸多版本事实上是存在着继承关系的由同一个体系所构成的英语学习用书。

有关《华英通语》的版本问题，内田与矢放早已论及。其中，在1860年（咸丰十年）的《增订华英通语》之前出版的，已有两个版本被发现。它们分别是由日本东北大学附属图书馆狩野文库所藏于1855年（咸丰五年）出版的版本和由哈佛大学燕京图书馆（The Harvard-Yenching Library）所藏于1860年出版的版本。

而此次笔者在大阪大学附属图书馆所发现的版本是于1849年（道光二十九年）出版的，早于以上两个版本不少时间。虽然封面和序文的起始部分早已丢失，但序文中写道"……辑成此书名曰《华英通语》"，版心部分的书名也写明了"华英通语"。并且，通过该书与其之后《华英通语》的版本之间的对比，也可以推定封面上记载的书名确实为《华英通语》。另外，在大阪大学附属图书馆中，也藏有于1860年出版的《华英通语》的上卷部分。

有关早期出版的《华英通语》的三个版本的概要和相互之间的区别，如表1所示。表中所示"序作者""作者"的名字均出自序文中的记载，但尚无从考证此名字是否为真名，又是否确有其人。

表 1　1860 年以前出版的《华英通语》一览表

刊行年	书名	封面	序作者	作者	馆藏地
1849 年 （道光二十九年）	《华英通语》	不明（缺页）	郑仁山		大阪大学附属图书馆
1855 年 （咸丰五年）	《华英通语》	咸丰乙卯 华英通语 协德堂藏版	何紫庭	子卿	日本东北大学附属图书馆（狩野文库）
1860 年 （咸丰十年）	《华英通语》	咸丰庚申重订 华英通语 恒茂藏版	拙山人	子芳	大阪大学附属图书馆（仅存卷上）；哈佛大学燕京图书馆

在后文中，笔者将 1849 年（道光二十九年）刊的《华英通语》称为"道光本"，1855 年（咸丰五年）刊以及 1860 年（咸丰十年）刊的《华英通语》分别称为"咸丰五年本""咸丰十年本"。

（二）以《华英通语》为中心的中国初期英语学习书籍之间的继承关系

新发现的《华英通语》道光本的跋文中记载，该书是参考了罗伯聃《华英通用杂话》上卷编写而成的。对此，笔者将在后文进行详细论证。

《华英通语》道光本和咸丰五年本，虽为同名书籍，但是记载内容却各不相同，可以说是完全独立的两本书。不过，从书名的一致性、结构和样式上的相似度，以及部分内容的重合情况来分析，仍可以推断出咸丰五年本是基于道光本之上的一个新版本。

而《华英通语》咸丰十年本则是在咸丰五年本的基础上加以修订而形成的，因此这两个版本在内容上的共通性非常高。

如表 2 所示，笔者通过分析明确了从《华英通用杂话》到《华英通语》咸丰十年本之间，中国初期英语学习书籍之间的继承关系。

表 2　中国初期英语学习书籍之间的继承关系概况

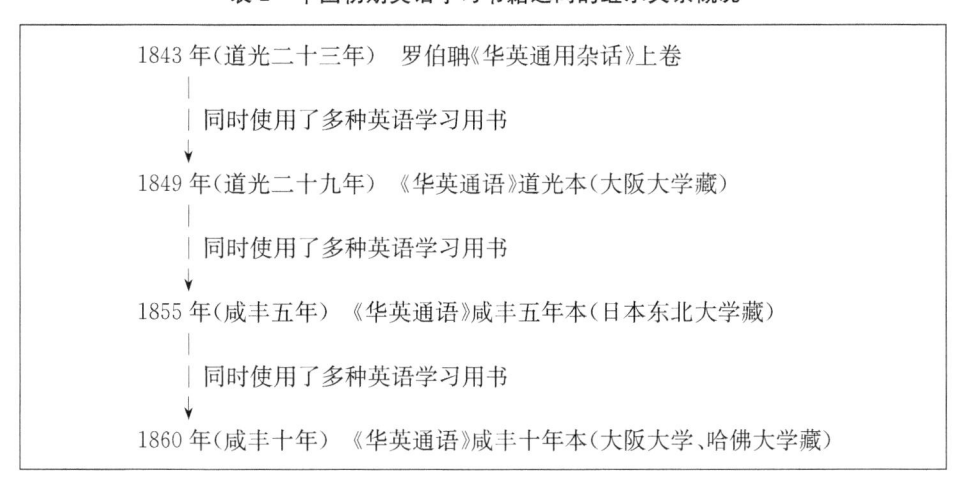

```
1843 年（道光二十三年）    罗伯聃《华英通用杂话》上卷
            │
            │ 同时使用了多种英语学习用书
            ▼
1849 年（道光二十九年）《华英通语》道光本（大阪大学藏）
            │
            │ 同时使用了多种英语学习用书
            ▼
1855 年（咸丰五年）《华英通语》咸丰五年本（日本东北大学藏）
            │
            │ 同时使用了多种英语学习用书
            ▼
1860 年（咸丰十年）《华英通语》咸丰十年本（大阪大学、哈佛大学藏）
```

在此之后,也相继出版了一些或多或少继承了《华英通语》的书名、结构以及内容的英语学习用书。本文仅以出版时间早于咸丰十年本的英语学习用书作为考察对象。

(三)《华英通语》与《红毛番话》类书籍之间的关系

在19世纪中国,早于《华英通语》,印有"红毛番话"等书名的英语词汇集就已经被出版。根据内田、沈编(2009年)所收集的八份资料的影印件,我们可以了解到其中所记载的内容。《红毛番话》类词汇集的出版年份并未被记载,但是根据入华新教传教士卫三畏(Samuel Wells Williams)的记述(1837年)可以得知,其在19世纪30年代就已经被出版了。那么《红毛番话》类词汇集,是否为表2所提及的之后出版的一系列英语学习书籍提供了基础?

通过翻阅《红毛番话》类词汇集中所收录的词汇,笔者并没有找到可以证明《华英通语》系列学习书籍继承该书的内容。虽然没有对《红毛番话》类词汇集的内容展开更进一步的调查,但笔者可以推定,《华英通语》系列学习书籍并没有参考《红毛番话》类词汇集中的内容。

《华英通语》系列学习书籍和《红毛番话》类词汇集在形式上有着一贯的区别。笔者在上文也有提及,《华英通语》系列的各条词目都是由中文、与之相对应的英文、表示英文发音的汉字三个要素构成的。而与之相对的是,《红毛番话》类词汇集中的各条词目则仅由中文、表示与之相对应的英文的发音的汉字两个要素构成。比如在《红毛番话贸易须知》中,如图2所示,依次记载了表示与"油""米""梹(槟)椰""水"相对应的英文词汇"oil""rice""areca""water"的发音的汉字。因此,假设《华英通语》借用了像《红毛番话》这类形式的词汇集中的内容的话,必须要先根据书中表示英文发音的汉字来还原与之相对应的英文词汇,才能形成《华英通语》的书写形式。然而这一还原工作显然是极其困难的,因此很难想象《华英通语》系列学习用书的作者们会去选择这样一种颇有负担的方法来对该书进行改编。

并且,从内容上来分析,可以发现《华英通语》中并未包含《红毛番话贸易须知》中所记载的内容,例如"沙

图2 《红毛番话贸易须知》

鼻"(savvy,明白)、"丫罅心"(all same,同样)、"哪坚都"(no can do,不能)这样的词汇所体现的被称为"洋泾浜英语"(后述)的这一特征性要素,因此从这一点也可以将《华英通语》与《红毛番话》类词汇集区分开来。

再者,如下节所述,笔者通过对《华英通语》各个版本的分析,很大程度上明确了其内容的出处。从分析的结论来说,作为《华英通语》的候补参考书之一,《红毛番话》类词汇集缺乏被认定与之相关联的必要性和合理性。

(四) 表示形式的定义等

在对个别的英语学习书籍展开考察之前,笔者就以下两点进行说明。

第一点,有关本论文中对资料的页数以及正反面的表示形式,第1页的正面用"1a"来表示,而第23页的反面则用"23b"来表示,以此类推。在必要的情况下,本文还会出现"杂1a""道23b""咸5a"这样的形式,即在表示资料的页数和正反面之前,冠以学习书名的简称"杂""道""咸"——《华英通用杂话》、《华英通语》道光本、《华英通语》咸丰五年本。而由于没有机会言及咸丰十年本的页数,故此处的"咸5a"即指咸丰五年本。

第二点,统计英语学习书籍中包含的词汇以及例句的数量看似简单,实则不然。其一,如表2中展示的四本学习用书,在编排上都是利用将每一个短语和例句收录在四角形的方框里这一方式进行排版的。那么如果可以通过计算四角形的数量来统计短语和例句的数量的话,其实并不困难。但是,往往四角形的数量与短语和例句的数量并不一致。其二,则是词汇与例句的区分问题。尤其是在复杂的对话中句子的成分本身存在着不明确性,这也使得在如何判定词汇与例句的问题上不可避免地存在着分歧。换言之,短语和例句的数量会由于不同的统计方法而产生一定程度的偏差。

三、《华英通用杂话》上卷

《华英通用杂话》可以称得上是《华英通语》系列英语学习书籍的起点。笔者将从上卷开始展开分析。

(一) 作为《华英通语》系列起点的《华英通用杂话》

《华英通用杂话》上卷是由英国商人罗伯聃(Robert Thom)在第一次鸦片战争以后的1843年(道光二十三年)出版的英语学习书籍。该书的英文书名为 *Chinese and English Vocabulary*, *Part First*。

《华英通用杂话》是为了取代当时以广东为中心而通用的所谓"洋泾浜英语",以教授与英国有贸易往来的中国人正统的英语为目的而编写的英语学习用书,包含序文、凡例、跋文在内,一共由 40 页组成。正文分为"生意数目门"(1a—18b)和"日常口头语"(19a—40b)这两个部分,二者的内容都是词汇集和对话例句集。

在"生意数目门"和"日常口头语"中,词汇集所例举的条目合计约有 1100 条,对话例句则约有 240 句。

而每一页(单面)最多可由 4 段×5 列的 20 个方框组成,竖写。各框内收录的短语和例句都是由中文、与之相对应的英文、表示英文发音的汉字——中文和表示英文发音的汉字是基于北京官话①——三个要素构成。除此之外,书中有关数字的条目还附加了阿拉伯数字这一个要素。

笔者认为,《华英通用杂话》中的短语和例句基本上是由罗伯聃个人独立编写而成的。当然,其中也有例外,即内田提到,该书中的部分对话的例句是取自高静亭《正音撮要》的《见面常谈》。不过,《正音撮要》作为一本中文学习书籍,即便《华英通用杂话》参照了其中的内容,也并不会改变《华英通用杂话》作为一本英语学习教科书,为之后一系列的英语学习教科书打下了基础这一事实。再者,将短语和例句收录在四角形的方框里这一编排形式也是《正音撮要》所没有而被之后出版的《华英通语》系列学习用书所继承的独有特征。

(二)《华英通用杂话》的特性以及对此书的评价

作为一本以初学者为对象的英语学习用书,笔者认为《华英通用杂话》的内容还远远无法满足英语初学者的需求。因为书中除了短语和例句以外几乎没有其他任何有关语法的解说。词汇集中甚至没有出现冠词以及 be 动词这样重要的单词。而从罗伯聃写于卷首凡例中的内容——"如何使用英语的单词造句、写文章,将在下卷说明"——来看,我们可以推测罗伯聃原本是打算在下卷中再对语法进行解说的。然而遗憾的是,下卷事实上并没有得以出版。总之,可以确定的是《华英通用杂话》作为学习用书,更适合有一定英语基础的学习者,又或是有老师进行指导的学习者。

由于之后出版的《华英通语》也沿袭了《华英通用杂话》的记述方法,不适合初学

---

① 罗伯聃在凡例中说明了"表示英语发音的汉字,均遵照正音"。但是,内田指出"书中也存在着并非'北京官话音'的内容,因此事实上难以判定此处的'正音'是否明确意指'北京官话音'"。对此,田野村提出书中之所以夹杂着并非"北京官话音"的内容,有罗伯聃当时并没能熟练掌握"北京官话音"的这一层原因。而在对《华英通用杂话》中表示发音的汉字进行分析之后,发现编写发音部分的人事实上并非罗伯聃而为中国人,因此内田所指出的事实也有可能是因为受到这位协助者的方言的影响而导致的。

者自学的这一问题一直没有得到解决。我们可以大胆地假设,如果《华英通用杂话》的内容并非如此,又或是下卷得以出版且就语法进行了解说,那么在此之后出版的各种英语学习用书的内容是不是也会相应地发生改变呢?

四、《华英通语》道光本

在19世纪中国的英语学习书籍的发展过程中,大阪大学附属图书馆藏的《华英通语》道光本的出版年份介于《华英通用杂话》和《华英通语》咸丰五年本之间,是目前得以确认的《华英通语》最早的版本,甚至可以推定为其最初的版本。

道光本除了参考《华英通用杂话》外,还参考了外国传教士编写的两种广东话学习用书。

(一) 道光本的概要

鉴于《华英通语》道光本是一部全新的资料,笔者将详细叙述其概要。

1. 外形、结构

《华英通语》道光本开本为12.2cm×17.4cm,和此后出版的咸丰五年本和咸丰十年本相比较小。

大阪大学藏《华英通语》的表纸上能看到用毛笔手写的"道光版 华英通语"的书名,表纸之后则是以郑仁山写于1849年的序文为开头的正文部分。该序文的起始部分已缺失,内侧的扉页和序文也有缺页、破损的情况,但是表纸却毫无破损,可以推定在出版以后表纸被修补、加固过。缺页的部分可以推定为两页,分别为扉页和序文的第一页。表纸后的衬纸里印着刻有"大阪外国语学校①图书""大正十二年十一月十四日"字样的藏书章——大正十二年即1923年,而被部分保存下来的序文的开头处也印有同校的藏书章。

和道光版表纸上的"道光版 华英通语"的手写字迹相比,咸丰十年本的表纸上的"华英通语 卷上"的书名则是印刷上去的,在书名的右上方加以用毛笔手写的"咸丰"二字。可以说,正因为有了表纸上的加笔,才有了如今对比这两种书的可能性和价值。遗憾的是笔者无法确认,究竟是哪位人物竟然在早于我们一个多世纪以前,就有意识地去区分不同版本的《华英通语》。

---

① 大阪外国语学校是一所于1921年(大正十年)12月设立的官立专门学校,是大阪外事专门学校、大阪外国语大学、大阪大学外国语学部的前身。

除去扉页的缺页部分,道光版的构成包括由序文(含缺页共 3 页半)、关于英文字母的说明(1 页半)、目录(半页)、凡例(半页)组成的起始部分,137 页的正文部分,以及由账簿和传票的填写样例(5 页)组成的附页部分。

而对于无法参照全文来进行解读的序文部分,则和本书的作者究竟为何人这一问题有着直接的关系。针对序文部分,笔者会在对本书的内容进行全面分析以后,结合分析的结果尝试去解读。

2. 本文

如图 3 所示,《华英通语》道光本的正文和咸丰五年本以后的《华英通语》不同,汉字和英文的字体都比较朴素。其中有很多难以判读的英文字母,只能通过分析与该中文意思对应的英文单词来进行反推。从中也可以看出作者还没有完全习惯英语书写体。

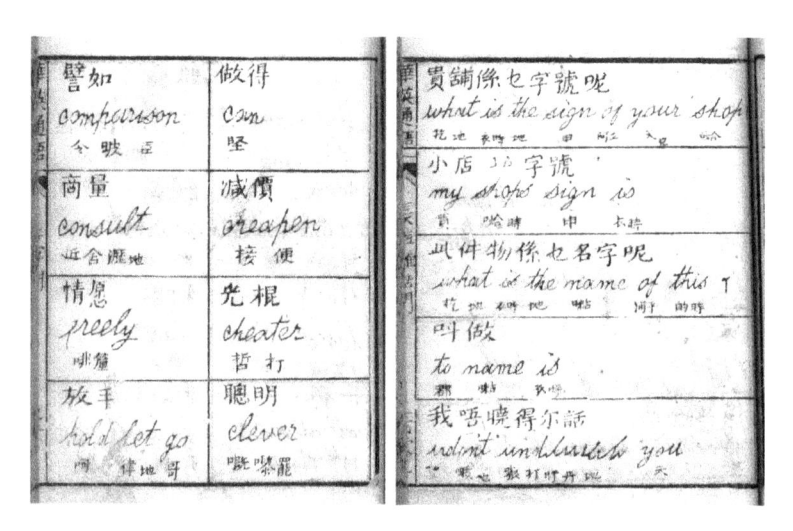

图 3 《华英通语》道光本正文

正文分为以下 33 个门类。关于这些"门"的名称,书中存在着正文和目录的记载不一致的情况。以下引用的是正文中的名称:

> 数目门、时日门、身上所用什物门、大餐各器用门(器具)、牲口、牲肉、炮制、鱼虾、杂项、酒名、瓜菜、果子、房内什物门、写字房什物门、家内什物门、出口货门、入口货门、人伦门、各埠名门、船只门、建造门、天文门、地理门、身体门、疾病门、药材门、颜色门、草木门、禽兽虫蚁门、一字门、二字门、三字门、长短杂语门(长短杂话门)

从"数目门"到"三字门"的32个门类主要是词汇集,而最后的"长短杂语门"则是对话例句集。前32个门类中收录的单词约有1650个,而"长短杂语门"中的例句则约有350条。不过,"二字门"和"三字门"中也包含少数短句。

《华英通语》道光本文中的短语和例句都是由中文、英文、表示英文发音的汉字三个要素构成的,而数字的条目则附加阿拉伯数字这一个要素,在结构上和《华英通用杂话》相同。而与之不同的是,《华英通语》道光本中所使用的中文和表示英文发音的汉字是基于广东话。

将条目收录在四方形的方框里这一排版形式也是和《华英通用杂话》共通的,只是书写方向不同。《华英通用杂话》中的中文基本上是纵向书写,英文也与之相对应向右回转了90度。而道光本中的中文、英文则都是从左往右横向书写的,如图3所示。每一页(单面)词汇集一般由4段×2列的8个方框组成,而每一页(单面)对话例句集则一般是由5段×1列的5个方框组成。但是也存在一部分例外,比如在例举表示一字汉字的英文单词的"一字门"中,每一页(单面)一般是由4段×3列的12个方框组成。

(二) 道光本的出处资料

《华英通语》道光本中的多数内容来自《华英通用杂话》以及各种出版在先的语言学习用书。

1. 短语的出处

《华英通语》道光本的正文中所例举的约1650个词汇,笔者至少可以确认约1100个词汇的出处。其中330个以上的词汇出自《华英通用杂话》。此外有很多的词汇出自美国传教士德万(Thomas T. Devan,又名哂凡)所编的一本面向外国人的广东话入门书,书名为 *The Beginner's First Book in the Chinese Language* (*Canton Vernacular*)〔1847年(道光二十七年)〕。出自该书的词汇保守估计有770条之多。笔者附加上页数的信息,将道光本的出处信息以表3的形式整理如下:

表3 《华英通语》道光本中短语的出处

出版年	出典名	在道光本的位置	数量
1843年(道光二十三年)	罗伯聘《华英通用杂话》上卷	1a—7b, 31a—39a, 44b—47a, 53a—55b, 62a—63b, 75a—78a, 91a—92b 等	330以上

续　表

出版年	出典名	在道光本的位置	数量
1847（道光二十七年）	Thomas T. Devan, *The Beginner's First Book in the Chinese Language* (*Canton Vernacular*)	8a—31a,39b—44b,47a—52b,55b—61b,66a—69b,80a—89b,98a—99a 等	约770

出版年	出典名	在道光本的位置	数量
1841年（道光二十一年）	Elijah Coleman Bridgman, *A Chinese Chrestomathy in the Canton Dialect*	136a—137b	15
1843年（道光二十三年）	罗伯聃《华英通用杂话》上卷	100a—118a	162
1847年（道光二十七年）	Thomas T. Devan, *The Beginner's First Book in the Chinese Language* (*Canton Vernacular*)	118a—136a	180

出版年	出典名	在咸丰五年本的位置	数量
1841年（道光二十一年）	Elijah Coleman Bridgman, *A Chinese Chrestomathy in the Canton Dialect*	36a—42b,49a—63b,66a—86b,94a—104b,113a—118b 等	1000以上
1849年（道光二十九年）	《华英通语》道光本	13a—18b,22a—27b,106b—109a,137a—138b,142b—143b,144b 等	约350

出版年	出典名	在咸丰五年本的位置	数量
1815年（嘉庆二十年）	Robert Morrison, *A Grammar of the Chinese Language*	153a	2
1826年（道光六年）	*The English and Chinese Student's Assistant*	147a—149b,151a	32
1841年（道光二十一年）	James Legge, *A Lexilogus of the English, Malay, and Chinese Languages*	145a—146b,154a—156a,158b—163a,165b—166b 等	85
1849年（道光二十九年）	《华英通语》道光本	153a—153b,158a,160a—160b,163b—166a 等	40
1853年（咸丰三年）1854年（咸丰四年）	Samuel William Bonney, *Phrases in the Canton Colloquial Dialect*; Samuel William Bonney, *A Vocabulary with Colloquial Phrases of the Canton Dialect*	145a—146b,151a—152b,154b,155b,160a 等	26

续 表

出版年	出典名	在道光本的位置	数量
1826年(道光六年)	*The English and Chinese Student's Assistant*	154b,175a—176b	22
1841年(道光二十一年)	Elijah Coleman Bridgman, *A Chinese Chrestomathy in the Canton Dialect*	18a—19b	约15
1847年(道光二十七年)	Thomas T. Devan, *The Beginner's First Book in the Chinese Language* (*Canton Vernacular*)	41a—41b,43a—44b,131a,145a	约45
1853年(咸丰三年)	Samuel William Bonney, *Phrases in the Canton Colloquial Dialect*	153a—154b	12

比如,以下一连串的词汇——在此只表示英文部分,可以推定是出自《华英通用杂话》词汇集中的内容,因为在两本书中这些词汇几乎是以同样的顺序出现的:

scarlet,prussian blue,sky blue,light blue,dark blue,gentian blue,carmine,ash,lilac,tea color(杂8a—8b、道62b—63a)

formerly,afterwards,before,after,just now,this instant,this time,last time,next time,the time before(杂21a、道75a—75b)

但是,道光本在借用《华英通用杂话》中的内容的同时,出现了将原书中北京官话的部分改成广东话的现象。针对这一现象,笔者会在分析例句的借用情况时进行详细示例。

笔者还发现,在道光本中多个门类的词汇借用了由德万所编写的有着丰富的词汇例句的广东话入门书。两本书在词汇的出现顺序上往往是一致的。即使是不一致的情况,在英译中的情况下往往在对中文译词的选择上是多样化的这一前提下,从两者在对同一特定的意思范围内所选的中文译词的重合度之高这一点上,也可以推断出该观点。

此外,还有数百条的词汇出处不明。除了《华英通用杂话》和德万的广东话入门书,道光本虽也有参考其他资料的可能性,但也许并非所有的词汇都有出处。可以推定部分的词汇是道光本的作者为了弥补已出版的学习用书中的不足而独自补充编写的。比如,在亲属名称一栏里,作者为了补充说明美国传教士德万所例举的"兄弟"

(brother),以"兄"(old brother)和"弟"(young brother)的形式进行了加笔(Devan 第 8 页、道 39b)。

2. 例句的出处

笔者通过分析完全明确了道光本中例句的出处。经笔者统计,道光本中例句的数量为 357 条,而这些例句来自三本语言学习用书,如表 4 所示(按出版年份的先后顺序排列)。个别例句有改写或者误写的情况。

表 4 《华英通语》道光本中例句的出处

出版年	出典名	在道光本的位置	数量
1841 年(道光二十一年)	Elijah Colem Bridgman, *A Chinese Chrestomathy in the Canton Dialect*	136a—137b	15
1843 年(道光二十三年)	罗伯聘《华英通用杂话》上卷	100a—118a	162
1847 年(道光二十七年)	Thomas T. Devan, *The Beginner's First Book in the Chinese Language（Canton Vernacular）*	118a—136b	180

如果要对个别资料的借用情况进行具体说明的话,按照道光本排列顺序,首先在 100a—118a 之间是借用了《华英通用杂话》中的例句。

但是,如下所示,例句中的北京官话都为广东话所替换。而"Chinese I"在道光本中则被改写为"chinese i"。

Can you speak Chinese? ——I can't speak Chinese.
你会说汉语么？——汉语都不会说。（杂 4b）
尔晓讲汉话唔呢？——汉话都唔晓讲。（道 101a）

之后 118a—136a 之间的例句则出自德万的 *The Beginner's First Book in the Chinese Language（Canton Vernacular）*。但是,德万的例句中有很多又来自 *A Lexilogus of the English, Malay, and Chinese Languages：Comprehending the Vernacular Idioms of the Last in the Hok‐Keen and Canton Dialects*〔1841 年(道光二十一年)〕,此书封面仅印有"英华书院"（The Anglo‐Chinese College）,并未写明作者的名字。根据 Möllendorff 的中国关系著作目录中的记载,该书为当时的同校校长理雅各（James Legge）所著。道光本中的例句确实也有来自该书的可能性。但是德万在引用之时,

对理雅各著书中的部分例句进行了改写,而道光本恰恰引用了改写后的例句。所以可以推定道光本的作者参考的是德万的广东话入门书。

而在道光本正文的最终部分 136a—137b 之间所包含的例句,则是借用于裨治文(Elijah Coleman Bridgman)所著的广东话学习用书 A Chinese Chrestomathy in the Canton Dialect〔1841 年(道光二十一年)〕。不过,这一情况的例句仅有 15 句。

(三) 道光本的特性以及对此书的评价

在《华英通语》道光本之后出版的《华英通语》都继承了道光本的书名、结构、体裁等等。从这一视角来看,可以说《华英通语》道光本对中国初期的英语学习书籍的发展产生了决定性的影响。

作为针对初学者的英语学习用书,道光本继承了《华英通用杂话》的不足。在结构上,并没有将词汇集和例句集进行明确的区分。具体而言,词汇集的最后部分即并没有按照词意对词汇进行分类的"一字门""二字门""三字门",其中还夹杂着例句。而对于正文最后部分的例句集"长短杂语门",用现代的标准来看,其中的记述方法缺乏合理性。也正因为这些不合理,我们可以看到过去时代的局限性。

而将词汇分成多个门类进行编排虽然是《华英通用杂话》中所没有的特点,但也并非道光本的独创,而是沿袭了相关书籍的传统。作为有关外语的书籍,在 14 世纪以来明清时代编写的《华夷译语》类书籍中——官方编撰的汉族语言和其他民族语言的对译词汇集——能看到同样的分类方法。

(四) 序文的解释——道光本的作者和执笔的经过

《华英通语》道光本序文的第一页缺失,第二页和第三页也因为破损使得部分文字无法被解读。

由名为郑仁山的这一人物所写的序文中有个别难以判读的文字。以下是笔者所解读的内容,"□"表示缺字,而标点符号则是原文中所没有而由笔者补充上去的①:

一,不知其二。英商之始至我广东而贸易也,我汉人不谙其言词。及至日久月长,洋务中遂有学习其语者,然究之总不能□□□。所以英商□□□□□□英吉利,其由来者如此。□曰:"夫如是,当此盛朝之世,彼此通商,言语不通,情意焉能惬洽。今君之学习英人字话者,业有年矣。英书之奥妙亦可以尽知,何不翻

---

① 在最初翻译该序文时,笔者误读了个别汉字,得到了日本成城大学陈力卫教授的指正。

译一书以传于世。况西藏有译,蒙古有译,西洋有译,岂于英吉利而独不为之一译乎?"予曰:"唯唯。"归而研究英书,采糜其意义,分别门类,摹写其□音,辑成此书,名曰《华英通语》。虽所音或有不能以相肖,然有英字可考,亦不难于所学,是在人之灵与不灵耳。士君子如有精于英人字语者,希为详加补订,则音韵益谐,庶不致有厘毫之失,是予之所厚望焉。是为序。

时道光二十九年岁在巳酉仲秋下澣　寿阶郑仁山题于竹溪书舍

通过推定对序文中缺失的部分进行补充,笔者认为可以将最初两行内容的要点解读为:"英国商人到广东来开展贸易活动之初,中国人还不懂英语。虽然之后从事洋务活动的部分中国人开始学习英语,但是总体上无法'满足需求',由此英国商人就'推荐我编写'英语'学习用书'。"即笔者将"英商□□□□□英吉利"解读为"英商劝予成书讲解英吉利"或者是"英商促予作书翻译英吉利"。在这一解读之下,此处的"英吉利"并非意指国名,而表示 English 一词,即指英语。①

而对于后文,可以理解为:"正如'英国商人'所说,中英两国间的贸易活动虽已开始,但由于语言不通而导致意思无法传达。你长期学习且熟练掌握英语,不如编写英语学习用书出版于世,既然藏语、蒙古语、西班牙语②都有和中文对译的语言学习用书,英语也应该有同样的学习用书。被英国商人的话所说服的我,开始研究起英文书籍,对书中的内容进行筛选,对语句进行分类,对发音进行摹写而编写成本书,题为《华英通语》。"

假设以上的解释是正确的,那么可以推定道光本是由序文的作者郑仁山本人所著。《华英通语》咸丰五年本的序文是名为"何紫庭"的人物所写,而对于作者序文中仅提及"子卿"这一名字,止于简短的介绍。而咸丰十年本也与之类似,序文的作者是自称为"拙山人",文中仅言及作者名为"子芳"。我们无法确定这四个名字是否为真名,但是道光本并不存在这样的问题。因为序文的作者"郑仁山"即为本书的作者,且确有其人。

郑仁山所研究的"英书",应该指的是《华英通用杂话》以及德万、裨治文的广东话入门书。且笔者推定,当时建议郑仁山执笔编写英语学习书籍的那位英国商人除了罗伯聘外别无他人。罗伯聘作为《华英通用杂话》的著作者,却建议郑仁山来编写英语学习书籍,这其中是否有不合理之处?首先,我们不能排除该建议可能是在《华英

---

① "英吉利"一词通常表示英国,而作为表示语言的名称在其他资料中也有使用。
② 汉语中的地名"西洋"所指地域随着时代的变迁而不同。笔者根据道光本"各埠名门"里"西洋"(Portuguese)的例子,相应地将序文中的"西洋"解读为"西班牙语"一词。

通用杂话》执笔之前提出的。其次,《华英通用杂话》是一本基于北京话的学习用书,而此处建议编写的英语书籍则是基于广东话的。如此看来,并无不合理之处。

笔者是基于以下两个事实,才发现《华英通语》道光本与罗伯聃之间的联系的。第一,在英国国立公文书馆(The National Archives)藏的香港关系文书 F. O. 233/187 中,收录了同名人物"郑仁山"所写的叹愿书,从中可以得知郑仁山和罗伯聃之间有往来。① 在1848年1—2月(道光二十七年十二月)的状书中,由于交不出地税而被收监三个月的名为"郑仁山"的人物写道,自己多年协助英国处理紧要且危险的公务,并在签订《南京条约》之后与马礼逊(Robert Morrison)、罗伯聃一同协作,尽职尽责,请求将功补过,给予赦免。虽然笔者没有找到能够判断写该叹愿书的作者和道光本的作者是同一人物的证据,但是比起在当时社会,与英国、英语有着密切关系的中国人中有两位名为"郑仁山"的人物的可能性,道光本的作者和该叹愿书的作者为同一人物的推测更加合情合理。

第二,《华英通语》道光本序文的内容和《华英通用杂话》序文的内容有很多重合的部分。

以下为罗伯聃在序文的前半段中所写的内容,笔者用着重号来表示与道光本序文中的内容一致或者类似的地方:

> 余寓粤东多年,颇通汉语,然计汉人畅晓英语者,不过洋务中百十人而已。此外南北各省竟无一人能略知者,未免有意难通,殊觉束手。兹蒙大皇帝准予各处港口通商贸易,仰见圣明天子德孚四海,溥育群生,遐迩八荒,中外如一。咸黎赖此生成,亟当求通言语。将见懋迁日盛,物阜民丰,彼此相交,情投意合,此非言语不通所可得而致也。余故选其贸易中必须之句,译出汉字英语,篡成书本,使学者有所头绪,乃能用心,不至诿之无路也。

一致或者类似的内容如果仅有个别之处并不奇怪,然而在趣旨上,道光本序文所写的内容和《华英通用杂话》序文中的内容有许多相似之处。如果道光本序文中所引用的英国商人的建议正是出自罗伯聃之口,那么两者在整体上有很多一致或者类似的地方自然是可以理解的。

如果笔者以上的推定基本是正确的话,那么可以明确地说在《华英通用杂话》和

---

① F. O. 233/187 的表纸上记有"禀帖"二字。"F. O."表示1782年设立的英国外交部(Foreign Office)。笔者是通过卜得知了收录该叹愿书的同文书的存在。

道光本之间还存在有更古老的《华英通语》的版本的可能性非常之低。换言之,《华英通语》的历史始于道光本,而道光本则是郑仁山在罗伯聃的建议下,以《华英通用杂话》为基础,通过对其内容进行补充的方法编著而成的。

五、《华英通语》咸丰五年本

日本东北大学附属图书馆所藏的《华英通语》咸丰五年本在继承了《华英通语》道光本的形式和一部分内容的同时,也参考其他数种外语书籍,对内容进行了大幅改编。

(一) 咸丰五年本的概要

《华英通语》咸丰五年本分为上下两卷,表纸上分别记有"华英通语　卷上"和"华英通语　卷下"。扉页及第1—93页的部分——包含了卷首的序文、目录等——为上卷,第94—168页的部分则被收编为下卷。

其中,第5—166页(计162页)为由词汇和对话例句组成的正文部分,第167—168页(计2页)为账本票据类样例。正文部分被分为以下45类:

> 天文类、地理类、职分类、人伦类、国宝类、五金类、玉石类、数目类、时节类、刑法类、绸缎类、布匹类、首饰类、颜色类、瓜菜类、药材类、疾病类、茶叶类、通商货类、食物类、酒林类、飞禽类、走兽类、鱼虾类、器用类、房屋类、工匠类、果子类、身体类、草木类、各埠名类、舶只类、炮制类、字房物类、妆扮类、工器类、房物类、单字类、二字类、三字类、四字类、五字类、六字类、七字类、长句类

账本票据类样例则被列入第46类之中,并被冠以"单式类"的名称。

正文部分对词汇和对话例句之间的划分并不清晰。据笔者统计,如果将正文一分为二,到"三字类"为止以短语居多,可划分为词汇部分,"四字类"之后基本以例句居多,可划分为对话例句部分,前者共计2517项,后者共计224项。

词汇、例文的排版形式和道光本相同。用四角形的方框来收录短语和例句的这一排版方式也沿袭了道光本,每一页(单面)基本是由4段×2列的8个方框组成。以对话例句为主的"四字类"及其之后的部分,则是由5段×1列的5个方框组成。此外,"单字类"的排版方式为一页(单面)由5段×4列的20个方框组成。但是,也有例外。到"三字类"为止的部分,除"单字类"以外,有个别页面是5段排版,即一页

(单面)由 5 段×2 列的 10 个方框组成。至于书写方向,词汇部分基本是自右向左,例句和账票类的样例部分则为自左向右。

(二) 咸丰五年本的出处资料

笔者将《华英通语》咸丰五年本所借用的资料分为短语和例句两部分,进行分析。

1. 短语的出处

《华英通语》咸丰五年本中约有 2500 条短语,其中约 350 条出自道光本。另外,至少有 1000 条出自裨治文的 *A Chinese Chrestomathy in the Canton Dialect*。这些短语在咸丰五年本中的具体位置,如表 5 所示:

表 5 《华英通语》咸丰五年本中短语的出处

出版年	出典名	在道光本的位置	数量
1843 年(道光二十三年)	罗伯聘《华英通用杂话》上卷	1a—7b, 31a—39a, 44b—47a, 53a—55b, 62a—63b, 75a—78a, 91a—92b 等	约 330
1847 年(道光二十七年)	Thomas T. Devan, *The Beginner's First Book in the Chinese Language* (Canton Vernacular)	8a—31a, 39b—44b, 47a—52b, 55b—61b, 66b—69b, 80a—89b, 98a—99a 等	770 以上

出版年	出典名	在道光本的位置	数量
1841 年(道光二十一年)	Elijah Coleman Bridgman, *A Chinese Chrestomathy in the Canton Dialect*	136a—137b	15
1843 年(道光二十三年)	罗伯聘《华英通用杂话》上卷	100a—118a	162
1847 年(道光二十七年)	Thomas T. Devan, *The Beginner's First Book in the Chinese Language* (Canton Vernacular)	118a—136a	180

出版年	出典名	在咸丰五年本的位置	数量
1841 年(道光二十一年)	Elijah Coleman Bridgman, *A Chinese Chrestomathy in the Canton Dialect*	36a—42b, 49a—63b, 66a—86b, 94a—104b, 113a—118b 等	1000 以上
1849 年(道光二十九年)	《华英通语》道光本	13a—18b, 22a—27b, 106b—109a, 137a—138b, 142b—143b, 144b 等	约 350

续 表

出版年	出典名	在道光本的位置	数量
1815年(嘉庆二十年)	Robert Morrison, *A Grammar of the Chinese Language*	153a	2
1826年(道光六年)	*The English and Chinese Student's Assistant*	147a—149b,151a	32
1841年(道光二十一年)	James Legge, *A Lexilogus of the English, Malay, and Chinese Languages*	145a—146b,154a—156a,158b—163a,165b—166b 等	85
1849年(道光二十九年)	《华英通语》道光本	153a—153b,158a,160a—160b,163b—166a 等	40
1853年(咸丰三年) 1854年(咸丰四年)	Samuel William Bonney, *Phrases in the Canton Colloquial Dialect*; Samuel William Bonney, *A Vocabulary with Colloquial Phrases of the Canton Dialect*	145a—146b,151a—152b,154b,155b,160a 等	26
出版年	出典名	在咸丰十年本的位置	数量
1826年(道光六年)	*The English and Chinese Student's Assistant*	154b,175a—176b	22
1841年(道光二十一年)	Elijah Coleman Bridgman, *A Chinese Chrestomathy in the Canton Dialect*	18a—19b	约15
1847年(道光二十七年)	Thomas T. Devan, *The Beginner's First Book in the Chinese Language* (*Canton Vernacular*)	41a—41b,43a—44b,131a,145a	约45
1853年(咸丰三年)	Samuel William Bonney, *Phrases in the Canton Colloquial Dialect*	153a—154b	12

如上文所述,道光本中的词汇部分的来源主要依赖于《华英通用杂话》和德万的 *The Beginner's First Book in the Chinese Language* (*Canton Vernacular*)。因此,理论上存在着这种可能性,即咸丰五年本并非从道光本中而是直接从这些外语书籍中借用了词汇。但事实上,咸丰五年本确实参照、引用了道光本。

比如,下列16条词汇大多出自《华英通用杂话》,但咸丰五年本中所列举的顺序却不同于《华英通用杂话》,而和道光本一致。并且,在道光本中被省略的词汇,在咸丰五年本中同样没有出现,而《华英通用杂话》中所没有的、道光本中追加的词汇,在咸丰五年本中同样也得到了追加：

> today, this day, tomorrow, day after tomorrow, after two days, yesterday, day before yesterday, two days ago, several days ago, tomorrow night, day after tomorrow night, one month, this month, last month, next month, two months ago(道 5a—6b、咸 26a—27a)

同样,对于下列 22 条词汇,咸丰五年本中的列举顺序也不同于德万的著书,而和道光本相同。咸丰五年本更是在此基础上,新插入了 3 条词汇：

> parents, father, mother, brother, old brother, young brother, children, male, female, grandfather, grandmother, sisters, nephew, niece, grandchild, husband, wife, son in law, maternal uncle, widower, widow, friend(道 39b—40b、咸 13a—14a)

此外,德万以 widow、widower 的顺序列举的 2 个词(第 9 页)在道光本中的顺序是颠倒的(道 40b),咸丰五年本也继承了道光本中颠倒的顺序(咸 14a)。所以可以推定咸丰五年本是借用了道光本中的词汇。

而从裨治文的广东话教材中借用词汇则费了一番周折。这是因为需要在教材的例句中抽取出必要的词汇来。比如,下列例句中着重号部分是被选中的词汇,斜体字部分是按照该学习书原文的写法：

> 1. Tie on an *apron*.
> 2. Ancient court *bonnets* were made of leather.
> 3. All the ancient *bonnets* were black.
> 4. Modern hats are the ancient *bonnets*.
> 5. Fasten back that *bonnet-ring*.
> 6. The straps which are tied beneath the chin are called *bonnet-strings*.
>
> (Bridgman 146 页)
>
> apron, bonnet, hat, bonnetring, strap, bonnetstring(咸 36a)

值得注意的是,咸丰五年本还借用了除斜体字以外的部分词汇。

2. 例句的出处

在咸丰五年本共计224条例句中,约185条引用于6本外语学习书籍,如表6所示。笔者将同一著者所编的两本书整理到一栏中。咸丰五年本中有部分例句,笔者难以判定它们是伴随着改写的借用还是纯属巧合的相似。根据判定结果的不同,例句借用的数量也会产生相应的增减。

表6 《华英通语》咸丰五年本中例句的出处

出版年	出典名	在咸丰五年本的位置	数量
1815年(嘉庆二十年)	Robert Morrison, *A Grammar of the Chinese Language*	153a	2
1826年(道光六年)	*The English and Chinese Student's Assistant*	147a—149b,151a	32
1841年(道光二十一年)	James Legge, *A Lexilogus of the English, Malay, and Chinese Languages*	145a—146b,154a—156a,158b—163a,165b—166b 等	85
1849年(道光二十九年)	《华英通语》道光本	153a—153b,158a,160a—160b,163b—166a 等	40
1853年(咸丰三年) 1854年(咸丰四年)	Samuel William Bonney, *Phrases in the Canton Colloquial Dialect*; Samuel William Bonney, *A Vocabulary with Colloquial Phrases of the Canton Dialect*	145a—146b,151a—152b,154b,155b,160a 等	26
出版年	出典名	在咸丰十年本的位置	数量
1826年(道光六年)	*The English and Chinese Student's Assistant*	154b,175a—176b	22
1841年(道光二十一年)	Elijah Coleman Bridgman, *A Chinese Chrestomathy in the Canton Dialect*	18a—19b	约15
1847年(道光二十七年)	Thomas T. Devan, *The Beginner's First Book in the Chinese Language (Canton Vernacular)*	41a—41b,43a—44b,131a,145a	约45
1853年(咸丰三年)	Samuel William Bonney, *Phrases in the Canton Colloquial Dialect*	153a—154b	12

咸丰五年本中,继承自《华英通语》道光本的例句有40条之多。

而引用例句最多的，则是理雅各的 A Lexilogus of the English, Malay, and Chinese Languages。道光本是通过德万的著书间接借用了该书的例句，而咸丰五年本则是直接引用了理雅各著书中的例句。判断的依据在于，笔者发现咸丰五年本引用的多数来自理雅各著书中的例句，都是德万所没有引用的。

在上述两书之后，引用数量位居第三的是 The English and Chinese Student's Assistant, Or Colloquial Phrases, Letters &c. in English and Chinese: The Chinese by Shaou Tĩh, A Native Chinese Student, in the Anglo-Chinese College, Malacca〔1826年（道光六年）〕。从书中题为"Advertisement"，类似于序文的内容中可知，此书是以向英华书院的中国学生教授英语口语为目的而编写的外语学习书。书名中出现的"Shaou Tĩh"指的是英华书院的学生小德，即袁德辉。从书名和内容上来看，此书是袁德辉通过在英国传教士，即当时的校长 David Collie（高大卫）所编写的英文素材上加以中文译文，这一方法编写而成的。

邦呢（Samuel W. Bonney）所著的两本外语学习书籍是面向洋人的广东话入门书，分别是 Phrases in the Canton Colloquial Dialect, Arranged According to the Number of Chinese Characters in a Phrase, With an English Translation〔1853年（咸丰三年）〕，以及 A Vocabulary with Colloquial Phrases of the Canton Dialect〔1854年（咸丰四年）〕。

咸丰五年本中，从由马礼逊所编著的面向洋人的中文语法书 A Grammar of the Chinese Language〔《通用汉言之法》，1815年（嘉庆二十年）〕中引用的例句有两条。尚无从得知，作者为何仅仅为了这两条例句而借用马礼逊的语法书。

（三）咸丰五年本的特性以及对此书的评价

关于笔者对《华英通语》咸丰五年本的感想以及对其作为英语学习书的评价，可简略概括为以下几点：与道光本相比，咸丰五年本的纸质较好，字体也更加规整，并且开始意识到例句的句首应作大写字母，从而看上去更加精致美观。另外，咸丰五年本还引用了许多道光本未曾使用的外语学习书籍，从中提取词汇和例句以充实书中的内容。然而，事实上由于编排不当，导致其作为英语学习书籍的质量反而有所下降。

笔者如此评价的最大理由在于书中内容的结构。首先，书中例举词汇的顺序并不适合初学者。道光本中词汇部分是以数字、日期、身边事物的名称开始的，而咸丰五年本则是从天体、气象、地理方面的用语和职务名称开始的。

其次，例句的列举顺序也欠缺对学习效果的考虑。在道光本"长短杂语门"中出现的会话例句是从取自《华英通语杂话》的日常基础对话开始的。而咸丰五年本中的例句却是从二字中文短句的英译开始,之后的例句则逐渐增加中文短句的字数。最后,例句的列举顺序也脉络不清,仅仅是各种繁杂表现的罗列。如下,是"四字类"中最初的三例:

呢(这)样易烂:This kind is apt to break.
双定(还是)单呢:Is it odd, or even?
佢(他)信兆头:He believes in omens. (咸145a)

虽然《华英通用杂话》和《华英通语》也并不适合初学者自学,但从上述编排来看咸丰五年本更是如此。不得不说这反而是一种倒退。

六、《华英通语》咸丰十年本

大阪大学附属图书馆、哈佛大学燕京图书馆所藏的《华英通语》咸丰十年本,改编自《华英通语》咸丰五年本。

(一) 咸丰十年本的概要

《华英通语》咸丰十年本的内容和咸丰五年本非常类似,乍看甚至发觉不出两者有何实质上的差别。

从第1—176页(计179页)是由词汇和对话例句组成的正文,第177—178页(计2页)为账票类样例。版心所标注的张数和实际张数略有出入,因为版心的标注出现了重复使用同一数字——比如"七十二"之后出现了"又七十二"——的情况。

正文分为以下41类:

数目类、时节类、天文类、地理类、房屋类、器用类、首饰类、房屋类、字房物类、工器类、职分类、人伦类、工匠类、国宝类、五金类、玉石类、茶叶类、绸缎类、布匹类、药材类、通商货类、疾病类、身体类、刑法类、颜色类、瓜菜类、果子类、食物类、炮制类、飞禽类、走兽类、鱼虾类、酒林类、草木类、各埠名类、船只类、单子类、二字类、三字类、四字类、长句类

和咸丰五年本相同,账票类的样例被编排为同一类——即单格式,在目录中写作

"单式类"。

(二) 咸丰十年本的编排方法与内容

《华英通语》咸丰十年本的编排与道光本和咸丰五年本有很大区别。序文中"补正了先学所著《华英通语》的遗漏,订正了表示英语发音的汉字"的表述意味着,编写咸丰十年本的主要目的在于更改咸丰五年本中的内容。咸丰十年本也使用了咸丰五年本以外的语言学习书籍,在有限的范围内,对内容进行了增补。

除了追加和修改个别部分之外,咸丰十年本直接沿用了咸丰五年本的内容,甚至连字体也保持着一致。新增内容的笔迹略有不同,特别是英文字体部分较粗糙,因此多数情况下可以轻易识别出新增内容。

咸丰十年本对咸丰五年本进行了四点实质性的修改,如下所示。此处省略具体说明:

(a) "类"的重编:统合、废除了部分类别,并对整体重新进行了分类。
(b) 页数的增减:新增了22页,删除了咸丰五年本中原有的5页。
(c) 发音标识的更改:对表示英语发音的汉字进行了调整。
(d) 个别条目的更改:对一部分条目进行了替换或者修改。

(三) 咸丰十年本中增补内容的出处资料

咸丰十年本的内容大部分来自咸丰五年本,新增的内容大多基于其他的外语学习书籍。笔者将书中新增补的词汇、例句的出处进行了整理,如表7所示。第153页以后是"长句类",追加的例句共计40条:

表7 《华英通语》咸丰十年本中增补短语、例句的出处

出版年	出典名	在咸丰十年本的位置	数量
1826年(道光六年)	*The English and Chinese Student's Assistant*	154b,175a—176b	22
1841年(道光二十一年)	Elijah Coleman Bridgman, *A Chinese Chrestomathy in the Canton Dialect*	18a—19b	约15
1847年(道光二十七年)	Thomas T. Devan, *The Beginner's First Book in the Chinese Language (Canton Vernacular)*	41a—41b,43a—44b,131a,145a	约45
1853年(咸丰三年)	Samuel William Bonney, *Phrases in the Canton Colloquial Dialect*	153a—154b	12

七、结语

前文中笔者通过表3,展示了从《华英通用杂话》到《华英通语》咸丰十年本的中国初期英语学习书籍之间的继承关系的框架。笔者将在表2的基础上,根据上述考察结果,增加各个阶段所借用的外语学习书籍的信息,再次进行总结,如表8所示:

表8 中国初期英语学习书籍之间的继承关系

```
1843 年(道光二十三年)  罗伯聃《华英通用杂话》上卷
   |
   | 1841 Bridgman, A Chinese Chrestomathy in the Canton Dialect
   | 1847 Devan, The Beginner's First Book in the Chinese Language (Canton
   | Vernacular)
   ↓
1849 年(道光二十九年)  《华英通语》道光本(大阪大学藏)
   |
   | 1815 Morrison, A Grammar of the Chinese Language
   | 1826 The English and Chinese Student's Assistant
   | 1841 Bridgman, A Chinese Chrestomathy in the Canton Dialect
   | 1841 Legge, A Lexilogus of the English, Malay, and Chinese Languages
   | 1853 Bonney, Phrases in the Canton Colloquial Dialect
   | 1854 Bonney, A Vocabulary with Colloquial Phrases of the Canton Dialect
   ↓
1855 年(咸丰五年)  《华英通语》咸丰五年本(日本东北大学藏)
   |
   | 1826 The English and Chinese Student's Assistant
   | 1841 Bridgman, A Chinese Chrestomathy in the Canton Dialect
   | 1847 Devan, The Beginner's First Book in the Chinese Language (Canton
   | Vernacular)
   | 1853 Bonney, Phrases in the Canton Colloquial Dialect
   ↓
1860 年(咸丰十年)  《华英通语》咸丰十年本(大阪大学、哈佛大学藏)
```

《华英通语》与日本的英语学习也有着重要的关联。因福泽谕吉在《华英通语》咸丰五年本中加注了日文说明而出版的《增订华英通语》〔1860年(万延元年)〕,在日本普及英语学习的初始阶段,作为英语学习书籍广泛流传于世。《华英通语》道光本使我们在对中日两国英语学习史的理解上有了一个质的飞跃。通过对包括《华英通语》道光本在内的初期英语学习书籍的缜密分析和比较,笔者相信今后将会有更多史实得以被复原。

从清末报纸看日语 2+1 型三字词对汉语三字词的影响

朱京伟[*]

以往的日语借词研究较多关注二字日语借词,对三字和四字日语借词缺乏深入的探讨。有鉴于此,本文想利用从清末五报词语调查中获得的数据,重点谈一谈日语三字词对汉语的影响。清末五报是指 19—20 世纪之交发行的五种报纸,即《时务报》(1896—1898 年)、《清议报》(1898—1901 年)、《译书汇编》(1900—1903 年)、《新民丛报》(1902—1907 年)、《民报》(1905—1910 年)。其中除了《时务报》的出版地是上海,其余四报均在日本出版,在当时最有可能受到日语的影响。同时,五报的发行期间正好覆盖了日语借词大量进入汉语的高峰期,在引进日语借词过程中起过重要作用。

日语三字词即日语所称"三字汉语",构词方法与汉语三字词相同,通常由"二字语素+一字语素"或"一字语素+二字语素"的形式组合而成。前者可称之为 2+1 型三字词,如"动物+学、博览+会、同盟+国";后者可称之为 1+2 型三字词,如"中+世纪、微+生物、上+议院"。中日双方在三字词的认定上存在一些差异,如汉语可能不会将"无+政府、总+领事、后+半期"之类视为三字词,但为了观察 19—20 世纪之交日语构词法对汉语的影响,本文采用兼顾双方的认定标准,尽量多收集三字词,甚至将一些并非三字词的日语三字单位(如"国际+的、政治+上"等)也一并列入研究

---

[*] 朱京伟,北京外国语大学日语学院教授。

范围。从清末五报中收集到的三字词如表1所示,由于1+2型三字词的数量很少,以下将以2+1型三字词作为研究对象。

表1　从清末五报中收集到的三字词及其类型

	《时务报》(%)	《清议报》(%)	《译书汇编》(%)	《新民丛报》(%)	《民报》(%)
2+1型	426(92.4)	391(95.1)	486(91.0)	536(93.2)	294(93.9)
1+2型	35(7.6)	20(4.9)	48(9.0)	39(6.8)	19(6.1)
合计	461	411	534	575	313

对于收集到的2+1型三字词,首先,需要逐一查明各个词的来源。清末五报中的三字词几乎全都是晚近产生的新词,因而没有古汉语出典,只能在明治时期的日方资料以及19世纪中期以后的来华欧美传教士资料中寻找词源。其次,依据词源考证的结果,结合清末五报中的用例区分出日语三字词和汉语三字词。然后,通过分析构词方式和语素功能等环节,深入观察中日三字词的异同。

一、日语三字词占有压倒性数量优势

表1列出的是复计词数(日语称为"延べ語数"),先按照"保留先出词,删去重复的已出词"的原则,将五报中的2+1型三字词整理为单计词数(日语称为"異なり語数")。如表2所示,除了发行在先的《时务报》仍为原有词数之外,其他四报均变成了去除已出现过的重复词之后的"新出词"。

表2　清末五报中2+1型三字词的词源分布情况(单计词数)

	日方用例早(%)	日方用例无(%)	日方用例晚(%)	合计
《时务报》全部词	260(61.0)	144(33.8)	22(5.2)	426
《清议报》新出词	271(90.6)	20(6.7)	8(2.7)	299
《译书汇编》新出词	274(87.3)	25(7.9)	15(4.8)	314
《新民丛报》新出词	226(71.1)	40(12.6)	52(16.3)	318
《民报》新出词	99(71.2)	24(17.3)	16(11.5)	139
词源合计	1130(75.5)	253(16.9)	113(7.6)	1496

为了查明 2+1 型三字词的来源，将清末五报中的 2+1 型三字词逐一与明治时期日方资料中的用例进行比对，最终区分为以下三种情形：一是日方用例早于清末报纸的三字词，归入"日方用例早"栏，此类三字词来自日语的可能性很大，可视为日语三字词。二是在日方资料中未找到用例的三字词，归入"日方用例无"栏，此类三字词出自清末国人之手的可能性很大，可视为汉语三字词。三是日方用例晚于清末报纸的三字词，归入"日方用例晚"栏，此类三字词有多种可能性，尚不能断定归属，在需要分为汉语三字词和日语三字词两大类时，目前只能归入汉语三字词一边。

表 2 显示，"日方用例早"的三字词多达 1130 词，占三字词总数的 75.5%，而"日方用例无"的三字词仅占不到二成。这表明，在 19—20 世纪之交的汉语中，来自日语的三字词占有压倒性数量优势，而国人自造的汉语三字词刚刚初露头角。以下列举一部分在清末五报中出现的日语 2+1 型三字词。

《时务报》中出现的日语 2+1 型三字词：

保守党、保守派、编年史、博览会、博物馆、代理人、单行本、蛋白质、动物学、根据地、共和党、共和国、教育家、经济学、领事馆、留学生、排水量、社会党、生理学、生物学、试验室、所得税、特派员、天文台、同盟国、统计局、图书馆、外交官、外交家、微生物、委员会、委员长、物理学、小儿科、选举法、选举权、巡洋舰、野战炮、在野党、哲学家、殖民地、制糖业、中立国、资本家、最惠国

《清议报》中出现的日语 2+1 型三字词：

地质学、电信局、独立性、发言权、繁殖力、反对党、分列式、分歧点、封建制、改革派、工业国、管理员、国际法、海岸线、海运业、纪念碑、寄生虫、讲习所、金融界、竞争力、俱乐部、考古学、立法权、联合国、伦理学、冒险家、魔术师、目的地、农业国、潜水艇、驱逐舰、人类学、商业界、社会学、生产力、事务所、思想界、停车场、统计表、文学界、消费者、消耗品、研究所、艺术界、营业税、有机体、预算案、战斗力、征兵法、主权国、自由派

《译书汇编》中出现的日语 2+1 型三字词：

保证人、不动产、参考书、参议院、出版物、出发点、代言人、当事者、地理学、发动机、发起人、附加税、附属国、革命家、革新派、公民权、公务员、共产党、归纳

法、过半数、间接税、戒严令、军用品、论理学、履历书、纳税者、旁听席、人力车、认识论、手工业、私生子、所在地、天文学、唯物论、委任状、消火栓、行政法、修正案、选举人、演绎法、药剂师、有效期、战败国、战利品、自尊心

《新民丛报》中出现的日语2+1型三字词：

白垩纪、哺乳类、裁判员、传染性、催眠术、代名词、电话机、动物园、二元论、风云儿、诡辩家、花柳病、化合物、回归线、间歇性、建筑物、结晶体、金字塔、进化论、精神病、救世主、军需品、科学家、立脚点、疗养所、盲肠炎、美术馆、墓志铭、派出所、陪审员、普遍性、人生观、神经病、世界观、水蒸气、司令部、思想家、太阳系、探险家、统计学、唯心论、无机物、想象力、形容词、遗传性、游击队、阅览室、杂货店、展览会、植物园、侏罗纪、主人翁

《民报》中出现的日语2+1型三字词：

催眠术、代用品、抵抗力、对等国、多神教、反动派、干事长、革命派、国际上、纪念品、开采权、累进税、民主党、速成法、无产者、无神论、习惯性、雄辩家、野心家、障碍物、资本论、自费生、宗主国

在区分出日语三字词和汉语三字词之后，为了观察二者之间在构词方式上存在哪些差异，需要从2+1型三字词的前部二字语素和后部一字语素两个方面进行分析。在第二节至第五节中将以《时务报》中的426个2+1型三字词作为研究对象。

二、前部二字语素的词源

按照与二字词相同的词源考证方法，将《时务报》2+1型三字词的前部二字语素区分为四类，即"有古汉语出典"（简称"有典"）、"近代产生新义"（简称"新义"）、"无古汉语出典"（简称"无典"）和《汉语大词典》未收"（简称"未收"）。这四类前部二字语素在"日方用例早""日方用例无""日方用例晚"三类2+1型三字词中的分布情况如表3所示：

表3 《时务报》2+1型三字词的前部二字语素的词源

	日方用例早(%)	日方用例无(%)	日方用例晚(%)	二字语素合计(%)
"有典"二字语素	210(81.1)	122(84.7)	19(82.6)	351(82.4)
"新义"二字语素	26(10.0)	0	0	26(6.1)
"无典"二字语素	18(7.0)	7(4.9)	3(13.0)	28(6.6)
"未收"二字语素	5(1.9)	15(10.4)	1(4.4)	21(4.9)
三字词合计	259	144	23	426

(一)"有典"二字语素

表3显示,不论是日语三字词(即"日方用例早"的三字词)还是汉语三字词(即"日方用例无"的三字词),前部二字语素中的"有典"词均占80%以上。这表明日语的2+1型三字词主要是由出自古汉语的二字词与同样出自古汉语的一字词组合而成的。例如保护+策、本位+制、参谋+部、测量+师、产业+家、代议+士、地方+官、兑换+券、法律+案、航海+业、建筑+学、交战+国、进步+派、军备+费、理财+学、领事+馆、贸易+港、农产+物,以上各词均为日语三字词,而前部二字语素均为出自古汉语的二字词。

问题在于,既然前部二字语素和后部一字语素都出自古汉语,那么由它们构成的2+1型三字词是否应该视为日语三字词呢?笔者认为,即使两个构词成分都出自古汉语,只要是在日语中组合而成的,就应视为日语三字词。理由有三:其一,此类三字词表达的是汉语以往从未有过的新概念和新事物,汉语既借用了词形又借用了词义。其二,这些前部二字语素虽然是"有典"词,但在古汉语中极少与其他语素组合成三字词或四字词,其构词功能是在日语中形成并传入汉语的。其三,后部一字语素虽然也出自古汉语,但在古汉语中一般只能单独使用或构成二字词,并没有构成三字词和形成三字词词群的功能。

表3显示,"有典"前部二字语素在汉语三字词中的占比更高一些(84.7%),但这部分"有典"二字词一直停留在汉语的内部,没有从古汉语传入日语再回归汉语的经历,因此大多不是中日同形词。如报信+舰、采矿+学、藏书+楼、抽水+筒、出口+货、传教+士、道学+科、递信+鸽、督察+院、度支+官、访事+员、改新+党、格物+家、工程+学、海关+税、黑种+人、回光+镜、寄信+局、脚踏+车、军机+处、收税+者、养生+家。日语三字词则与此不同,其"有典"二字词都是中日同形词。由此可见,观察前部二字语素是不是中日同形词,是区分日语三字词和汉语三字词的着眼点之一。

(二) "新义"二字语素

此类二字语素出自古汉语,但在明治日语中产生了不同于古汉语原义的近代新义。如表3所示,《时务报》中由"新义"二字语素构成的2+1型三字词均为日语三字词,如保守+党、参政+权、革命+党、共和+国、机关+师、经济+学、警察+力、民主+国、普通+法、社会+党、社会+论、司法+卿、委员+长、文法+书、演说+会、预算+权。清末国人最初接触此类三字词时或许会对"新义"感到困惑,因此在当时国人自造的汉语三字词中尚未出现"新义"二字语素。

(三) "无典"二字语素

"无典"是指无古汉语出典。在《时务报》的2+1型三字词中,中日双方的"无典"二字语素的性质彼此不同,日语三字词含有的"无典"二字语素主要是明治时期产生的日语新词,如财务+卿、财政+家、改进+党、工兵+队、检疫+官、矿业+税、美术+品、铁道+学、瓦斯+灯、哲学+家、政策+上、殖民+地。而汉语三字词含有的"无典"二字语素则是来华传教士或清末国人创造的汉语新词,如办公+车、电气+门、化学+门、警务+权、汽水+学、税务+司、鱼雷+船。

(四) "未收"二字语素

《汉语大词典》未收的词可视为现代汉语已不再使用的词。日语三字词含有的"未收"二字语素主要是在日语中不单独使用的明治新词,如捕鲸+船、未制+品、制铁+所、最惠+国。汉语三字词含有的"未收"二字语素则是现代汉语已不再使用的来华传教士或清末国人创造的汉语新词,如测电+机、电学+家、发汽+锅、回汽+柜、捐照+费、考剖+学、矿学+会、蓝皮+书、民议+院、拓垦+费、销货+人、蓄煤+所、蓄汽+柜、右坚+党、制绒+所、左坚+党。

三、前部二字语素的词性

再从前部二字语素的词性来观察日语三字词和汉语三字词的差异。词性认定的主要依据是中日双方的语文词典,当双方词典对同一二字词的词性标注出现不一致时,则参照该词的语法功能进行协调,以保证双方词性的可比性。中日双方的前部二字语素均可分为名词性语素(N)、动词性语素(V)和形容词性语素(A),这三种词性的前部二字语素在日语三字词和汉语三字词中的分布情况如表4所示:

表4 《时务报》2+1型三字词前部二字语素的词性

	日方用例早(%)	日方用例无(%)	日方用例晚(%)	二字语素合计(%)
名词性二字语素(N)	134(51.7)	66(45.8)	10(43.5)	210(49.3)
动词性二字语素(V)	116(44.8)	76(52.8)	13(56.5)	205(48.1)
形容词性二字语素(A)	9(3.5)	2(1.4)	0	11(2.6)
三字词合计	259	144	23	426

表4显示,在中日三字词的前部二字语素中,形容词性语素的数量很少,因此中日双方的差异主要体现在名词性语素和动词性语素方面。在把握总体情况的基础上,可以进一步对中日三字词的前部二字语素展开深入的分析。

(一) 名词性二字语素

名词性二字语素在日语三字词(日方用例早)中的占比(51.7%)高于在汉语三字词(日方用例无)中的占比(45.8%)。中日之间为何会出现这种差异呢?通过分析发现,在日语三字词方面,抽象性名词的二字语素占91.9%,数量可观。如本位+制、财政+家、产业+家、地方+官、法律+案、公法+学、工业+家、贵族+院、航海+业、机械+学、矿山+学、美术+品、社会+党、文法+书、物理+学、现役+兵、新闻+纸、医学+会、银行+员、渔业+税、元老+院、哲学+家、政治+上、资本+家、辎重+兵。与此相对,具象性名词的二字语素仅占8.1%,如地球+上、人头+税、日射+病、山野+炮、水雷+艇、铁道+学、图书+馆、蒸汽+车。

在汉语三字词方面,抽象性名词的二字语素占80.3%,低于日语方面的占比。如兵器+厂、博物+院、道学+科、电学+家、东洋+车、工程+队、合同+式、警务+权、军机+处、蓝皮+书、农政+院、市井+气、新闻+馆、邮政+局、政务+员、中坚+党。与此相对,具象性名词的二字语素占19.7%,高于日语方面的占比。如寒暑+表、红麻+症、花草+学、黄热+症、火车+路、机器+学、家具+税、陆地+税、马戏+场、牛棚+费、凭单+式、汽水+学、鱼雷+船。

究其原因,日语词汇由"和语""汉语""外来语"三部分组成。总体来讲,具象性名词多由"和语"分担,抽象性名词多由"汉语"分担。抽象性名词在日语三字词的前部二字语素中的占比大,恰好体现了"汉语"的语义特征。而汉语词汇没有"和语""汉语"之类的区分,因此抽象性名词和具象性名词在汉语三字词的前部二字语素中的占比与日语不同。

(二) 动词性二字语素

动词性二字语素在汉语三字词中的占比(52.8%)高于在日语三字词中的占比(44.8%)。通过分析发现,在汉语三字词方面,V+N述宾结构的动词性二字语素最多,占比达73.7%,如办公+车、报信+舰、采矿+学、藏书+处、测电+机、抽水+盘、抽税+官、出口+货、传教+士、递信+鸽、发汽+锅、访事+人、行军+车、合众+党、寄信+局、经商+人、救生+带、捐照+费、跑马+场、指南+针、制糖+税。其次,V+V并列结构的动词性二字语素占比为11.8%,如操练+场、督察+院、交易+说、审理+处、收藏+家、推引+机、巡捕+房。①

在日语三字词方面,V+N述宾结构和V+V并列结构的动词性二字语素虽然也位列第一和第二,但二者的占比与汉语三字词明显不同。V+N述宾结构的动词性二字语素的占比为41.4%,大大低于在汉语三字词中的占比(73.7%),如编年+史、捕鲸+船、参政+权、革命+党、行政+费、检疫+官、交战+权、进步+派、理事+员、留学+生、排水+量、劝工+场、杀虫+药、亡命+者、宣教+师、谢罪+状、巡洋+舰、营业+者、在野+党、造船+所。V+V并列结构的动词性二字语素的占比为28.4%,反而高于在汉语三字词中的占比(11.8%),如保护+策、保守+党、裁判+所、测量+师、兑换+券、翻译+官、根据+地、供给+所、管理+人、护卫+队、记念+会、教导+团、教育+家、试验+室、视察+员、选举+权、制造+品。

汉语属于SVO类型的语言,而日语属于SOV类型的语言,汉语和日语的述宾语序正好相反。V+N述宾结构是典型的汉语语序,因此在汉语三字词中V+N述宾结构二字语素占据优势是可以理解的。日语三字词中的V+N述宾结构二字语素既有从古汉语借去的,也有按照汉语语序仿造的,因此占比低于汉语方面也合乎情理。与此同时,日语的"和语"复合动词,如"成り立つ、乗り換える、打ち破る"之类,均由两个并列的动词语素组合而成,因此日语容易接受V+V并列结构的"二字汉语",这或许是V+V并列结构二字语素在日语三字词中占比偏高的另一个原因。

综上所述,在前部二字语素的词性上,中日双方的差异可归纳为以下三点:其一,在日语2+1型三字词中名词性二字语素多于动词性二字语素,而汉语2+1型三字词正好相反,动词性二字语素多于名词性二字语素。其二,在名词性前部二字语素中,日语三字词的抽象性名词的占比(91.9%)明显高于汉语方面的占比(80.3%)。

---

① 关于"V+N述宾结构""V+V并列结构"等构词类型的解释和划分方法,请参见朱京伟:《語構成パターンの日中対照とその記述方法》,《東アジア言語接触の研究》2016年刊。

与此相对,汉语三字词的具象性名词的占比(19.7%)大幅超过日语方面的占比(8.1%)。其三,在动词性前部二字语素中,汉语三字词的V+N述宾结构二字语素的占比(73.7%)大大高于日语方面的占比(41.4%)。与此相对,日语三字词的V+V并列结构二字语素的占比(28.4%)明显高于汉语方面的占比(11.8%)。

四、后部一字语素的系列性构词

日语2+1型三字词发端于科学术语初兴的江户兰学时期,进入明治时期后构词方式趋于成熟,最终形成了两大特点:一是前部二字语素和后部一字语素具有相对独立性,从而扩展了语素之间相互组合的自由度;二是形成了以后部一字语素为中心的系列性构词模式,可以用相对少的后部一字语素形成许多三字词词群。①

上节分析了前部二字语素的特点,本节将以《时务报》中的2+1型三字词为例,重点分析后部一字语素的特点。为了观察以后部一字语素为中心的系列性构词,以下抽出在《时务报》中构成2+1型三字词四词及以上的后部一字语素,将它们构成的日语三字词(日方用例早)和汉语三字词(日方用例无/晚)分开列举,以一览表的形式呈现中日三字词的分布和交汇情况②:

表5 《时务报》2+1型三字词后部一字语素及其构词情况

后部一字语素	日语三字词(日方用例早)	汉语三字词(日方用例无/晚)
—学(22/11)	电信学、动物学、法律学、建筑学、经济学、理财学、商业学、生理学、生物学、物理学、行政学	采矿学、富国学、格物学、格致学、工程学、花草学、机器学、考剖学、汽水学、全体学/植物学
—家(20/7)	慈善家、工业家、汉学家、教育家、美术家、事业家、外交家、银行家、哲学家、政治家、资本家	电学家、格物家、目录家、收藏家、养生家/化学家、兴业家
—党(16/6)	保守党、改进党、革命党、共和党、进步党、平民党、社会党、虚无党、在野党、政府党、自由党	改新党、无君党、右坚党、中坚党、左坚党/维新党

---

① "系列性构词"也可称为"派生性构词",但如果兼顾2+2型四字词的构词特征,使用"系列性构词"更恰当。
② 表5左栏的/线前后分别为"日语三字词"和"汉语三字词"的词数。右栏的/前后分别为"日方用例无"和"日方用例晚"的词数。

续　表

后部一字语素	日语三字词（日方用例早）	汉语三字词（日方用例无/晚）
—官(10/4)	参谋官、地方官、翻译官、检疫官、领事官、陪审官、书记官、外交官、下士官、行政官	参赞官、抽税官、度支官、中士官/
—税(9/5)	海关税、矿业税、内地税、人头税、所得税、渔业税、制茶税、制盐税、制造税	出口税、家具税、进口税、陆地税、制糖税/
—科(6/8)	机械科、农学科、土木科、文学科、小儿科、医学科	道学科、地学科、天学科、政学科/电气科、建筑科、皮肤科、造船科
—所(8/4)	裁判所、陈列所、供给所、造船所、制绒所、制丝所、制铁所、制造所	蓄煤所、验病所、肄业所、驻车所/
—国(9/2)	保护国、独立国、共和国、交战国、民主国、同盟国、中立国、自主国、最惠国	/合众国、殖民国
—会(8/3)	博览会、博物会、法学会、记念会、农学会、委员会、演说会、医学会	矿学会、跳舞会/商学会
—权(7/2)	参政权、交战权、所有权、协赞权、选举权、预算权、自主权	警务权/耕作权
—员(7/2)	代议员、理事员、内阁员、视察员、事务员、特派员、银行员	访事员、政务员/
—院(4/5)	代议院、贵族院、元老院、众议院	博物院、督察院、民议院、农政院、养贫院/
—馆(3/5)	博物馆、领事馆、图书馆	翰林馆、新闻馆、音乐馆、杂学馆、政事馆/
—人(2/6)	代理人、管理人	访事人、黑种人、经商人、捐资人、销货人/杂种人
—车(1/7)	蒸汽车	办公车、东洋车、机器车、脚踏车、行军车、游玩车、自行车/
—上(7/0)	地球上、法律上、公法上、贸易上、政策上、政治上、殖民上	
—卿(7/0)	财务卿、大藏卿、工部卿、国务卿、陆军卿、内务卿、司法卿	
—业(7/0)	纺绩业、工商业、航海业、商工业、养蚕业、制丝业、制糖业	
—兵(5/2)	常备兵、现役兵、义勇兵、预备兵、辎重兵	野战兵/电信兵

续 表

后部一字语素	日语三字词（日方用例早）	汉语三字词（日方用例无/晚）
—船(3/4)	捕鲸船、碎冰船、运兵船	入水船、鱼雷船/铁甲船、巡洋船
—费(3/4)	军备费、守备费、行政费	捐照费、牛棚费、拓垦费、修船费
—局(3/4)	商务局、统计局、造币局	工部局、寄信局、邮政局/制造局
—品(6/0)	既制品、贸易品、美术品、输出品、未制品、制造品	
—省(6/0)	大藏省、国务省、海军省、农务省、外务省、文部省	
—法(5/1)	关税法、普通法、选举法、征收法、制茶法	/测光法
—史(4/2)	编年史、工艺史、农业史、商业史	交际史、理学史/
—场(2/3)	操练场、劝工场	马戏场、跑马场、跳舞场
—策(4/0)	保护策、富强策、时务策、外交策	
—物(4/0)	海产物、矿产物、农产物、微生物	
—队(3/1)	工兵队、护卫队、守备队	工程队/
—舰(3/1)	海防舰、巡洋舰、战斗舰	报信舰/
—师(3/1)	测量师、机关师、宣教师	工程师/
—门(0/4)		电气门、工程门、化学门、农务门
—式(0/4)		保结式、甘结式、合同式、凭单式

通过以上列举，可以看出日语三字词和汉语三字词的分布情况，以及后部一字语素在构成2+1型三字词时的以下特点：

其一，绝大多数构词多的后部一字语素，如"—学(22/11)、—家(20/7)、—党(16/6)、—官(10/4)、—税(9/5)、—所(8/4)、—国(9/2)、—会(8/3)、—权(7/2)、—员(7/2)"等，所构成的主要是日语三字词（日方用例早），而且在现代日语和汉语中的存活率也比较高。究其原因，由这些后部一字语素构成的三字词在进入汉语之前已在日语中固定下来，形成了比较完整的体系。而当时的汉语正好急需一批表达新概念新事物的名词，以弥补汉语自身在各学科术语方面的空白。与此相对，清末国人自造的汉语三字词（日方用例无/晚）有不少属于临时成词，最终因时过境迁而遭淘汰。

其二，通过表5可以清楚地看到以后部一字语素为中心形成的三字词群，词数多的词群可达数十词。这些后部一字语素在清末以前的汉语里可以构成二字词，此类例证在《时务报》范围内就可以找到，如"—学(兵学、地学、法学、算学、天学、医学)、

—家(国家、画家、农家)、—科(法科、工科、理科、文科、学科、医科)、—国(爱国、立国)、—会(都会、机会、集会、商会、学会、总会)、—权(霸权、君权、利权、实权、私权、政权)、—员(定员、官员、教员、人员、属员、随员、委员、职员)"等,但构成 2＋1 型三字词词群的先例几乎不存在。明治日语的贡献就在于,使许多后部一字语素增添了构成 2＋1 型三字词的功能,同时拓展了三字词的构词法,形成了以后部一字语素为中心构成三字词群的特色。

其三,表 5 所列的后部一字语素七成以上都是日语三字词和汉语三字词并存。这表明,日语三字词进入汉语之后,清末国人很快就模仿日语 2＋1 型三字词的形式开始自造三字词了。之所以能在短时间内实现照搬引进和模仿自造的双管齐下,是因为八成以上的前部二字语素是古已有之的汉语词,而后部一字语素也是古汉语既有的构词成分,此二者对中国人而言都很容易接受。

五、后部一字语素的抽象性和具象性

2＋1 型三字词的后部一字语素一般都是名词,可划分为具象性名词和抽象性名词两大类。具象性名词用于表达具有实体形态的事物,抽象性名词用于表达没有实体形态的概念。以《时务报》为例,如表 5 所示,构词较多的后部一字语素大多是抽象性名词,如"—学(33)、—家(27)、—党(22)、—官、—科(14)、—所(12)、—国、—会(11)、—权、—员(9)"等。随着构词数的减少,属于具象性名词的后部一字语素逐渐增多,如"—车、—馆、—人(8)、—兵、—船(7)、—场(5)、—舰(4)"。如果把观察范围扩大到构词数为三词、二词、一词的后部一字语素,这种倾向就越加明显,如表 6 所示:

表 6 《时务报》2＋1 型三字词后部一字语素的抽象性和具象性

构词数	抽象性名词	具象性名词	合计
四词及以上	学、家、党、官、科、税、所、国、会、权、员、院、费、局、卿、上、业、法、品、省、史、策、队、门、师、式、物(共 27 个,79.4%)	车、馆、人、兵、船、场、舰(共 7 个,20.6%)	34
三词	案、部、处、地、士、者、症(共 7 个,58.3%)	厂、货、镜、炮、气(共 5 个,41.7%)	12
二词	病、军、派、语、长、质(共 6 个,42.9%)	房、柜、锅、机、器、书、信、针(共 8 个,57.1%)	14

续　表

构词数	抽象性名词	具象性名词	合计
一词	的、犯、行、教、力、量、论、民、期、商、生、室、说、司、团、园、制、中（共18个，38.3%）	板、本、表、簿、带、刀、灯、风、港、鸽、管、火、金、筋、剧、口、楼、路、盘、旗、券、水、台、厅、艇、筒、药、纸、状（共29个，61.7%）	47
合计	58(54.2%)	49(45.8%)	107

在《时务报》的2+1型三字词范围内共出现后部一字语素107个（单计个数）。在构成三字四词及以上的后部一字语素中，约有八成属于抽象性名词。构词数为三词时，抽象性名词递减至近六成。而构词数为二词和一词时，抽象性名词和具象性名词的比例出现逆转，具象性名词的占比超过半数并持续递增。依据表5和表6的结果，可归纳出后部一字语素的以下特征：

其一，构词多的后部一字语素基本上都是抽象性名词，而在抽象性名词作后部一字语素的2+1型三字词中，日语三字词占绝大多数。据此，或可将日语2+1型三字词的特征表述为：以构词能力较强的抽象性名词作后部一字语素，并以后部一字语素为中心进行系列性构词，形成三字词的词群。

其二，清末以前的汉语里并非完全没有三字词，表6中就有一些后部一字语素是日语所没有的，如"一厂、一处、一房、一柜、一锅、一货、一门、一气"等，但汉语2+1型三字词的数量非常有限，而且后部一字语素大多是具象性名词，更谈不上系列性构词的功能。直到19世纪末《时务报》时，三字词的系列性构词才开始在汉语里出现，而诱发这一现象的原因正是来自日语三字词的影响。

其三，为何会出现日语三字词以抽象性后部一字语素为主，而汉语三字词以具象性后部一字语素居多的差异呢？笔者认为，这与"汉语"和"和语"在日语词汇体系中的分工不同有关。以日语中的单个汉字为例，训读的"和语"一般都是具象性名词，如锅（なべ）、车（くるま）、船（ふね）、板（いた）等。而音读的"汉语"主要是抽象性名词，如化（か）、界（かい）、性（せい）、制（せい）等。由于明治时期的三字词（即三字汉语）大多是表达新事物新概念的各学科术语，其后部一字语素不使用训读的具象性名词，而使用音读的抽象性名词是合乎情理的。

六、对清末五报2+1型三字词的总结

前面几节以《时务报》中的2+1型三字词为例，具体描述了日语三字词进入汉语

的过程,分析了前部二字语素和后部一字语素的主要特征。本节将词语范围扩大至清末五报,对2+1型三字词的总体情况进行概括。

(一) 前部二字语素和后部一字语素的构词特征

通观清末五报的2+1型三字词可以发现,前部二字语素和后部一字语素之间存在着明显的差异,但与此同时,五报的前部二字语素之间和五报的后部一字语素之间又存在着共性。因此,对清末五报的同类数据进行横向比较,可以更好地把握2+1型三字词的内在规律。

首先来看前部二字语素的构词特点。将前部二字语素按照构成三字词的词数分为构词"四词及以上"、构词"三—二"以及构词"一词"三个区间,在各个区间中填入清末五报的语素数,结果如表7所示①:

表7 清末五报2+1型三字词的前部二字语素及其构词情况

语素构词数	《时务报》	《清议报》	《译书汇编》	《新民丛报》	《民报》
四词及以上(%)	4(1.2)	8(2.8)	11(2.8)	8(1.8)	3(1.2)
三—二词(%)	58(16.9)	61(21.0)	47(12.0)	60(13.7)	36(14.8)
一词(%)	281(81.9)	221(76.2)	333(85.2)	371(84.5)	205(84.0)
前语素合计(%)	343(100)	290(100)	391(100)	439(100)	244(100)
2+1型词数	426词	391词	486词	536词	294词
平均构词数	1.24词	1.35词	1.24词	1.22词	1.20词

表7显示,在清末五报的2+1型三字词中,构词四词及以上的前部二字语素十分有限,仅占各报前语素总数的1.2%到2.8%。构词三—二词的前部二字语素也比较少,占各报前语素总数的12.0%到21.0%。与此相对,构词仅一词的前部二字语素占比最大,在各报前语素总数中占76.2%到85.2%。由于七八成的前语素都集中在构词仅一词的区间之内,使清末五报的前部二字语素的平均构词数处于1.20词到1.35词的低数值。

其次,利用完全相同的方法对后部一字语素也进行了分类和统计,结果却出现与前部二字语素明显不同的走势:

---

① 表7和表8中的"2+1型词数"是指各报中2+1型三字词的总词数,而不是各报中新出现的2+1型三字词的词数,因此语素数和构词数与本文表2中所列的数字不同。此说明同样适用于表9至表12。

表8 清末五报2+1型三字词的后部一字语素及其构词情况

语素构词数	《时务报》	《清议报》	《译书汇编》	《新民丛报》	《民报》
四词及以上(%)	34(31.8)	34(38.6)	30(36.1)	38(36.5)	23(33.3)
三—二词(%)	26(24.3)	20(22.8)	22(26.5)	30(28.9)	20(29.0)
一词(%)	47(43.9)	34(38.6)	31(37.4)	36(34.6)	26(37.7)
后语素合计(%)	107(100)	88(100)	83(100)	104(100)	69(100)
2+1型词数	426词	391词	486词	536词	294词
平均构词数	3.98词	4.44词	5.86词	5.15词	4.26词

表8显示,在清末五报的2+1型三字词中,构词四词及以上的后部一字语素相当多见,占各报后语素总数的31.8%到38.6%,与前部二字语素(1.2%到2.8%)形成巨大反差。构词三—二词的后部一字语素占各报后语素总数的22.8%到29.0%,此数值与同区间的前部二字语素(12.0%到21.0%)相比也有大幅提升。相反,构词仅一词的后部一字语素占各报后语素总数的34.6%到43.9%,所占比例明显低于同区间的前部二字语素(76.2%到85.2%)。这样的比例分布使后部一字语素的平均构词数升至3.98词到5.86词,明显高于前部二字语素。

此外,表7和表8还显示,在清末五报2+1型三字词中,前部二字语素的数量总是大大多于后部一字语素的数量。从五报的前部二字语素与后部一字语素的实际比例看,《时务报》是343∶107,《清议报》是290∶88,《译书汇编》是391∶83,《新民丛报》是439∶104,《民报》是244∶69。这些数据证明,前部二字语素的特点是种类很多但单个语素的构词数少,而后部一字语素的特点是种类较少但单个语素的构词数多。

从构词方式看,绝大多数2+1型三字词属于偏正式修饰结构,后部一字语素的平均构词能力强于前部二字语素,形成了许多以后部一字语素为中心的三字词词群。这三方面特征,决定了后部一字语素是2+1型三字词的结构和词义的重心所在。考虑到日语三字词在2+1型三字词中占有压倒性多数,我们可以说,在汉语2+1型三字词中体现出来的以上特征是在日语三字词的直接影响下形成的。

(二) 前部二字语素和后部一字语素的构词能力

表7和表8体现了2+1型三字词的主要特征,但不能直观地看出构词能力强、出现范围广、使用频率高的究竟是哪些前部二字语素和后部一字语素。为此,将表7和表8中构成三字词四词及以上的前部二字语素和后部一字语素如数抽出,将这些

构词能力强的语素以一览表的形式整理如下（括号内数字为各语素的构词数）：

表9　清末五报2+1型三字词中构词四词及以上的前语素和后语素

	前部二字语素	后部一字语素
《时务报》	贸易(7);制造(5);法律、工程(4);共4个	学(33);家(27);党(22);官、科、税(14);所(12);国、会(11);权、员、院(9);车、馆、人(8);兵、船、费、局、卿、上、业(7);法、品、省、史(6);场(5);策、队、舰、门、师、式、物(4);共34个
《清议报》	经济、政治(5);财政、外交、哲学、制造、资本、宗教(4);共8个	家(29);权(22);的、国(20);学(16);力(15);党、者(14);界、所(10);人、上(9);法、员(8);地、队、派、品、性(7);策、官、局(6);兵、场、费、舰、心、院(5);点、馆、会、式、物、业(4);共34个
《译书汇编》	制造(6);政治、自然、财政、行政、教育、警察、社会、外交、选举、宗教(4);共11个	的(42);权(33);国(25);学(22);品(21);人、上(20);物(18);家、税、者(16);党(15);法(14);力、所(13);界、金、派(11);费(8);地、院(7);官、局、书、心、业(6);案、论(5);会、体(4);共30个
《新民丛报》	政治(6);教育、社会(5);裁判、纪念、生产、天然、自然(4);共8个	的(40);性(38);力、权(23);学(21);国、品(18);点(15);法(14);家、界、上(13);论、物(12);派(11);党、史、税(10);人(9);费、所、质(8);线、员(7);会、者(6);兵、料、律、心(5);病、车、观、官、纪、金、说、体(4);共38个
《民报》	政治(5);裁判、机关(4);共3个	权(30);的(27);国(15);家(12);税、性(11);党、力、学(10);论、心、者(9);界(8);员(7);法、物(6);品、上(5);地、会、说、所、长(4);共23个

表9列举的是清末五报中所有构词在四词及以上的前部二字语素和后部一字语素。从中可以看出，构词多的前部二字语素大大少于后部一字语素，而且单个语素的构词数（括号内数字）也远远低于后部一字语素。但是如果想具体了解某一个语素的构词和分布情况，则需要从前语素和后语素两个方面加以整理和分析。例如，以"政治—"为前语素的2+1型三字词共在四种报纸中出现过，构词的具体情况如表10所示：

表10　清末五报中以"政治—"为前语素的2+1型三字词的构词情况

	日方用例早	日方用例无/晚
《清议报》(5/0)	政治的、政治家、政治界、政治上、政治学	
《译书汇编》(4/1)	政治的、政治家、政治上、政治学	/政治权
《新民丛报》(6/0)	政治的、政治家、政治界、政治上、政治史、政治学	
《民报》(4/1)	政治家、政治界、政治上、政治学	/政治犯

表 10 显示,以"政治—"为前语素的三字词主要是日语三字词,其中"政治家、政治上、政治学"在四种报纸中出现,"政治的、政治界"在三种报纸中出现,均属于出现范围广、使用频率高的三字词。国人自造的汉语三字词有"政治权、政治犯",各在一种报纸中出现。又如,以"—业"为后语素的 2+1 型三字词共在三种报纸中出现,构词的具体情况如表 11 所示:

表 11 清末五报中以"—业"为后语素的 2+1 型三字词的构词情况

	日方用例早	日方用例无/晚
《时务报》(7/0)	纺绩业、工商业、航海业、商工业、养蚕业、制丝业、制糖业	
《清议报》(4/0)	工商业、海运业、商工业、造船业	
《译书汇编》(6/0)	工商业、海运业、航海业、商工业、手工业、制造业	

由表 11 可知,以"—业"为后语素的三字词全都是日语三字词。所有的词都出现在五报中的前三种报纸里,表明以"—业"为后语素的三字词进入汉语较早。其中"工商业、商工业"在三种报纸中出现,"海运业、航海业"在两种报纸中出现,是当时更为常用的三字词。"纺绩业、养蚕业、制丝业、制糖业"仅在《时务报》的"东文报译"(古城贞吉译)栏中出现,表明使用范围有限。而《译书汇编》中出现的"手工业、制造业"虽然仅此一种报纸却一直使用至今,表明此二词进入汉语稍晚,其重要性在日后逐渐显现出来。

(三) 前部二字语素和后部一字语素的重合度

表 9 含有许多在各报中重复出现的前部二字语素和后部一字语素,可按照各个语素在清末五报中的出现情况进一步加以整理。在此将五种报纸中共同出现的语素归入"五报共有"区间,以此类推,将其他语素也按照出现情况相应地归入"四报共有""三报共有""二报共有"和"一报单有"各区间之中,结果如表 12 所示:

表 12 清末五报中前部二字语素和后部一字语素的重合度

	前部二字语素	后部一字语素
五报共有	(无)	党、法、国、会、家、品、权、上、所、物、学(共 11 个)
四报共有	政治(共 1 个)	的、费、官、界、力、人、税、心、员、者(共 10 个)
三报共有	制造(共 1 个)	兵、地、局、论、派、性、业、院(共 8 个)

续　表

	前部二字语素	后部一字语素
二报共有	财政、裁判、教育、社会、外交、自然、宗教(共7个)	策、场、车、点、队、馆、舰、金、史、式、说、体(共12个)
一报单有	法律、工程、行政、机关、纪念、经济、警察、贸易、生产、天然、选举、哲学、资本(共13个)	案、病、船、观、纪、科、料、律、门、卿、省、师、书、线、长、质(共16个)
合计	22个	57个

在清末五报的2+1型三字词中,表12所列举的22个前部二字语素和57个后部一字语素是使用频率最高、构词最多的。总体上看,前部二字语素和后部一字语素之间的差异十分明显。从前部二字语素方面看,构词四词及以上的前部二字语素的总数明显少于后部一字语素,而且绝大多数都集中在"一报单有"和"二报共有"区间,"四报共有"和"三报共有"仅各有一个语素,"五报共有"区间中完全没有前部二字语素。

从后部一字语素方面看,出现在"五报共有"和"四报共有"区间中的语素合计有21个,这些语素性质相近,全都是抽象性名词,同时也是明治时期在日语2+1型三字词中使用频率最高、构词最多的后部一字语素。在"三报共有"区间以下的语素中,除了"一场、一车、一馆、一舰、一船、一书、一线"等具象性名词之外,仍以抽象性名词为主。这些特征随着日语2+1型三字词进入汉语之中,形成了现代汉语2+1型三字词的基本性格。

近代报刊《实学报》中日语教科书《东语入门》的利用

陈静静*

一、引言

报刊与教科书拥有不同的记载内容和出版形式,作为各具特色的文字资料,在各自的领域被学者不断研究。关于教科书,迄今为止多从音声教育等教学方面进行研究,而在教学领域以外进行的研究,在笔者所知范围内没有。笔者在对近代报刊《实学报》的研究过程中,对照"东报辑译""东报译补"两栏所载译文与日本报刊原文,发现其音译词所用汉字与《东语入门》相似。为了弄清《东语入门》对近代报刊的影响,确定其历史价值,本稿从《实学报》音译词入手,从片假名与汉字的对应关系来考证《东语入门》的利用情况。

二、先行研究

近年关于清末日语教科书的研究学者有李小兰、鲜明、陈娟等。[①] 此外,人民教育

---

* 陈静静,天津外国语大学、北海道大学研究生。
① 李小兰:《试论清末东文学堂日语教科书》,《解放军外国语学院学报》2003 年第 2 期;《清季中国人编日语教科书之探析》,《杭州师范学院学报(社会科学版)》2006 年第 4 期;鲜明:《清末中国人使用的日语教科书:一项语言学史考察》,中央编译出版社 2011 年版;陈娟:《早期中国人编纂的日语教科书——以〈东语简要〉〈东语入门〉〈东语正规〉为例》,《東アジア文化交渉研究》2012 年第 5 号;《清末中国人の日本語学習史に関する研究——教科書と辞書を通して》,关西大学博士学位论文,2014 年。

出版社课程教材研究所的"中国百年教科书整理与研究"获批国家社科基金重大项目,更是突出了百年教科书研究的重要性。作为该项目的研究成果,续三义选取1895—1909年间的《东语入门》等六部日语教科书,从音声教育的角度进行了考察①;刘贤以清末中国人编纂的日语教科书《东语入门》《东语正规》《实用东语完璧》等为对象,从内容、方法、理念的角度考察了其文法教育上的特征,并指出对现代日语教育的启示②。

关于《东语入门》的利用情况,根据李小兰的记载③,竹中宪一在《日本军政统治时期对中国人的"教育"》中指出日本人在安东创办的日新学堂,就曾把陈天麟(麒)辑译《东语入门》(1895年)、长谷川雄太郎著《日语入门》(1900年)、泰东同文局编《东语初阶》(1902年)、新智社编《(实用)东语完璧》(1903年)作为日语教科书。此外,续三义阐述了《东语入门》作为最早由中国人编纂的日语教科书之一,用中文汉字标记日语发音,同时对于汉语中没有的发音,能够运用中国传统音韵学"反切"方式标记日语发音,充分肯定其在日语音声教育方面的作用。④

以上研究成果均注意到《东语入门》使用汉字标注日语发音,以及对传统音韵学知识的运用等,但是在教学领域以外的利用情况未见提及。本稿在前人研究的基础上扩展视野,关注近代中国报刊对日本报刊、杂志文章的翻译,通过对《实学报》音译词的考察,来考证《实学报》中《东语入门》的利用情况。

三、《东语入门》的构成及其特点

《东语入门》由浙江省海盐县陈天麒辑译,1895年(光绪二十一年)发行,石印本,出版者不详。⑤ 东京都立日比谷图书馆实藤文库收藏了一册本(A本)和两册本(B本)两种。收录于《日本馆译语》(1968年)的B本,共52页,由王韬序、著者自序、凡例、目录、发音、本文构成。发音说明分"字母"(含"いろは歌""清音""浊音")、"拼法"

---

① 续三义:《中国の日本語教科書研究——清末の日本語教科書に於ける音声教育》,《経済論集》2016年第1号。
② 刘贤:《清末の中国人が編纂した日本語教科書における文法教育——内容、方法と理念》,《或問》2017年第31号。
③ 李小兰:《试论清末东文学堂日语教科书》。
④ 续三义:《中国の日本語教科書研究——清末の日本語教科書に於ける音声教育》。
⑤ 李小兰认为该书为著者发行,参见李小兰:《试论清末东文学堂日语教科书》。

两部分。本书分上下两卷,共收 1922 词①,按照意思分 35 门类,各门类及收词数如下所示:

卷上:天文门(54)、时令门(99)、地理门(72)、郡国门(44)、君臣门(69)、刑法门(35)、人伦门(49)、人物门(57)、形体门(68)、文事门(45)、武备门(34)、珍宝门(35)、宫室门(63)、服饰门(44)、饮食门(48)。

卷下:舟车门(43)、器用门(134)、医道门(48)、采色门(26)、数目门(35)、秤尺门(27)、果蔬门(80)、草木门(48)、花卉门(42)、飞禽门(39)、走兽门(43)、鳞介门(31)、昆虫门(36)、进口货门(26)、出口货门(32)、一字语门(171)、二字语门(96)、三字语门(47)、四字语门(33)、谈论门(69)。

从著者的自序可以看出,陈天麒于 1885 年②随"家大人使日本"在东京居住六年。在此期间,利用闲暇时间学习了日文、西文。本书的编纂契机是中日两国贸易往来密切,来华日本人日益增多,为两国通商友好而著此书。"家大人"为陈明远,作为第三代驻日公使徐承祖、第四代驻日公使黎庶昌的参赞官赴日,公使任期三年,故陈明远合计在日期间为 6 年。③

> 余自乙酉年随家大人使日本。举业之暇,兼习东西文语,在东京六年,该国语言文字略能会通一二。愧未博究其奥,讵敢自矜有得出以问世。然既稍有所知,又乌敢私以自秘。况两国近又修睦,增开商市,东人之来我华者愈多,贸易日盛,而顾无人焉辑一书以启后学。窃虑言语不通,情必扞格而易启猜嫌。爰不揣浅陋,辑译是书,注以华音。既竣,友人怂恿付印,因志数语于简端。

从该书的凡例可以看出,本书的特点是为日语初学者而作,按照中国类书的体裁而编,在日文旁注汉字以示其发音,所注音译汉字的发音系江浙口音,易于通用。汉语中没有的发音则用"反切"的形式,并加旁线来标示。

> 首张所列日本字母,其旁亦注以华音,使学者读去自能一目了然。

---

① 福岛邦道、李小兰认为共收录 1970 词。参见福岛邦道:《日本馆译语考》,笠间书院 1993 年版;李小兰:《试论清末东文学堂日语教科书》。陈娟认为共收录 1921 词,其中 20 词重复。参见陈娟:《清末中国人の日本語学習史に関する研究——教科書と辞書を通して》,其中有 20 词重复。笔者认为共收录 1922 词。
② 日方记载陈明远出使日本时间为 1884 年。据外交史料馆史料《明治天皇纪》第六第 343 页记载:"清国の黎庶昌公使の後任、徐承祖特命全権公使は、一八八四年(明治十七年)一月二日、陳明遠等随員三人を率いて参内し、承祖皇帝の命を奏し、国書を捧呈した。"
③ 福岛邦道:《日本馆译语考》,第 31 页。

东字拼法颇与西文相同。书中所载拼法,旁注华音,无不辨正。学者用心研究,自能得其正音也。

是书所载东字一本东国字体,并无一字杜撰。而所译华文,亦不以土语夹杂其中。

所注字音系就江浙口音,易于通用。而东国之音中国无字相肖者甚多,书中俱以反切取音。凡旁加一柱者,均须反一音而读之,以志辨别。

书中所分各类名目,悉照中国类书之例,句斟字酌,缕析条分,便于查览。

是书专为初学者而作,只从省便,并未多录言语。然苟以是书,熟读则酬应之地、贸易之场、与日人交谈,亦未始不敷所用也。

清末中国人编纂的《东语简要》(1884年)是"最早具有教育意图的书籍"①,《东语入门》是《东语简要》出版之后由中国人编纂的日语研究专门书籍②,而1900年以前中国人编纂的日语教科书仅此一本③。与同时期的日语教科书相比,《东语入门》具有不少优点。首先,编写目的明确,王韬序中称"《东语入门》一书为问道之津梁,舌人之木铎,俾贸易场中通问答者作先路之导"。其次,所收词汇及短句不仅数量多,而且为东京音,接近现代标准日语。再次,书前有假名、音译汉字对照的表及浊音、次清音(半浊音)表,并附有说明,便于读者练习。最后,每词除旁注音译汉字外,都标明片假名,为读者学习日语提供了很大的方便,也为后人解读提供了极好的线索。而且,为了使汉字译音尽量符合日语的原音,汉语没有的发音,均注以反切音。④ 清末日语人才急缺,初学者按照编者给出的发音规律,记住一些单词和会话就能够立竿见影,这本教科书是非常实用的。

四、《实学报》中《东语入门》的利用

(一)《实学报》

《实学报》(旬刊)是维新运动时期"最足以动守旧者之听,且足以夺维新者之心"的一份报纸。1897年8月于上海创刊,到1898年1月为止,共发行14期。该报"总

---

① 陈娟:《清末中国人の日本語学習史に関する研究——教科書と辞書を通して》。
② 刘贤:《清末の中国人が編纂した日本語教科書における文法教育——内容、方法と理念》。
③ 陈娟:《清末中国人の日本語学習史に関する研究——教科書と辞書を通して》。
④ 李小兰:《试论清末东文学堂日语教科书》。

理"为王仁俊,"主笔"为章炳麟。外文报译设有"英报辑译"栏,刊登英文报刊的译文。第 2 期起设"东报辑译"栏,第 9 期起增设"东报译补"栏,刊登了《大阪朝日新闻》等日本报纸杂志的中文翻译 139 篇。当时日语翻译人才急缺,同时期的报刊东文翻译多由日本人〔如《时务报》(1896 年 8 月—1898 年 7 月)、《农学报》(1897 年 5 月—1906 年 1 月)〕,或有留日经验的中国人〔如《集成报》(1897 年 5 月—1898 年 5 月)〕担任。在此情况下,《实学报》从第 2 期开始,先后有王宗海、王仁俊、孙福保、程起鹏四人参与东文翻译。

译文详细记录出处(如"译时事新报西 9 月 9 日"),依以找到日文原文,作为对照语言资料,具有很高的研究价值。近年研究成果发现,《实学报》译文中使用了大量的中日同形词,通过秦春芳的研究弄清共 812 词为日语汉字词,或成为日语汉字词的可能性较大。① 李益顺、阳征雄指出"科学"一词首次出现在汉语中,便是出自《实学报》所载《台湾植物之盛》一文,其出处为日本《时事新报》1897 年 9 月 26 日所载文章。② 而现阶段关于四位翻译人员的记录极少,至于其日语学习经历、是否有日本留学经验等更无从查证,因此只能从其翻译与原文入手,弄清其日语水平、翻译能力以及翻译过程中所使用的资料,等等。

(二)《实学报》音译词

《实学报》所译日本报刊文章中出现的片假名单一表记外来词(复计词数 346 词、单计词数 226 词)③,汉译过程中分别采用了音译、意译、不译的方式。其中音译词(复计词数 232 词、单计词数 155 词)作为本稿的研究对象。此类外来词音译时,片假名与汉字的主要对应关系归纳如下表 1。片假名按五十音顺,清音、浊音、半浊音的顺序排列,未出现的片假名则省略,历史假名"ヰ、ヱ"与原文一致。

---

① 秦春芳:《〈実学報〉に見える近代中国語の日本漢字語借用》,《国文学考》2010 年总第 205 号;《近代中国語における日本漢字語借用に関する研究——定期刊行物の翻訳記事を中心に》,广岛大学博士学位论文,2010 年。
② 李益顺、阳征雄:《国内谁最早使用"科学"词汇考辨——兼与樊洪业先生、汪晖先生商榷》,《湖南工程学院学报》2016 年第 4 期。
③ 含少量用片假名表记的和语词汇(如"アヲサンゴ")。

表 1 《实学报》音译词的片假名与汉字的主要对应关系

假名	汉字	假名	汉字	假名	汉字	假名	汉字
ア	矮、阿、哑	ツ	之、此	ヤ	耶	ゴ	岳
イ	以、已、衣	テ	铁	ユ	油	ザ	杀、若
ウ	乌	ト	托、笃、独	ヨ	摇	ジ	其
エ	贤	ナ	那	ラ	辣、拉、癞	ダ	达
オ	哑、和、夏、握	ニ	泥、尼	リ	利、立、里	ヂ	其
カ	卡	ヌ	奴	ル	路、鲁	デ	笛
キ	克以、气、克	ネ	内	レ	立、来、兰	ド	独、道
ク	苦、可	ノ	诺	ロ	洛、罗	バ	拔、派
ケ	开	ハ	哈	ワ	滑、怀	ブ	浦、捕、夫
コ	夸、古	ヒ	希	ヰ	伊、以、意	ベ	培
サ	萨、沙、杀	フ	夫、府、富	ヱ	贤、爱、也	ボ	捕、扑
シ	之、西、希	ヘ	痕(ヘン)	ヲ	辣(＊误)	プ	普、夫、簿
ス	司、斯、思	ホ	保、化	ン	痕、爱、唔	ペ	配、攀
セ	息	マ	麦	ガ	额	ポ	薄、巴、朴、普
ソ	沙	ミ	米	ギ	瓣以		
タ	他、太	ム	磨、木	グ	饿		
チ	气、几	モ	木、莫、漠	ゲ	开		

如上表所示,同一片假名对应的汉字并非唯一。而结合实例发现,部分片假名与汉字的对应关系比较稳定。以"ア、コ"为例,如:

  ア:矮—(26 词、15 词) "ウアツツ:乌矮之之";
    阿—(4 词、4 词)   "フアウル:傅阿和鲁";
    哑—(1 词、1 词)   "ミケロ アンゼリン ゴリ:哑希苦洛"。
  コ:夸—(12 词、6 词) "コロラド:夸洛辣独";
    克—(1 词、1 词)   "ニコラス:尼克来";
    阁—(1 词、1 词)   "タコヴマ:塔阁户匣"。

音译字分别使用了"矮、阿、哑"以及"夸、克、阁"。其中"ア"与"矮","コ"与"夸"的对应关系非常稳定。而用例较少的对应关系,多为译者进行翻译的初期时所作。如翻译之初,王宗海、王仁俊合作将"フアウル"译为"傅阿和鲁","ニウフアンドラド"译为"吴夫阿痕独拉独",之后与孙福保合作将"ミケロ アンゼリン ゴリ"译为"哑希苦洛"。

(三)《东语入门》音译汉字的利用

本节对照表1总结的《实学报》片假名与汉字的对应,与《东语入门》发音介绍部分的"字母"(含"いろは歌""清音""浊音")及"拼法",考察其利用情况。

1. "いろは歌"

《东语入门》"字母"部分最先介绍了"いろは歌",但没有给出标题。此部分使用了平假名、片假名、汉字三种表记,汉字是为学习者而加,表示该假名的发音。将"いろは歌"的片假名和汉字提取出来,其对应关系如下:

イ	ロ	ハ	ニ	ホ	ヘ	ト	チ	リ	ヌ	ル	ヲ;
以	洛	哈	泥	化	海	托	气	利	奴	路	哑。
ワ	カ	ヨ	タ	レ	ソ	ツ	子	ナ	ラ	ム	ウ;
滑	卡	摇	他	立	沙	之	内	那	辣	磨	乌。
井	ノ	オ	ク	ヤ	マ	ケ	フ	コ	エ	テ	ア;
伊	诺	哑	苦	耶	麦	开	夫	夸	贤	铁	矮。
サ	キ	ユ	メ	ミ	シ	エ	ヒ	モ	セ	ス	ン;
杀	克	以	油	美	米	希	贤	希	木	息	司	痕。

对照表1所列《实学报》片假名与汉字的对应关系,除"ヘ:海""メ:美"以外的片假名与汉字的对应均能在《实学报》找到用例,且优先使用。不仅是假名与汉字的对应,连同"反切"的注音方式、"江浙口音"的汉字都被译者接受并使用。"江浙口音"(如"ヲ:哑")现代汉语发音来看,与日语发音相去甚远,但如著者所述"所注字音系就江浙口音,易于通用",江浙口音具有一定的普及性。且译者四人中,王宗海来自福建省,王仁俊、孙福保、程起鹏三人来自江苏省,汉字发音方面具有通用的可能,所以在《实学报》音译词方面全面导入了《东语入门》的"いろは歌"部分。

2. "清音"

ア(矮)	イ(以)	ウ(乌)	エ(贤)	オ(哑);
カ(卡)	キ(克以)	ク(苦)	ケ(开)	コ(夸);
サ(杀)	シ(希)	ス(司)	セ(息)	ソ(沙);
タ(他)	チ(气)	ツ(之)	テ(铁)	ト(托);
ナ(那)	ニ(泥)	ヌ(奴)	ネ(内)	ノ(诺);
ハ(哈)	ヒ(黑以)	フ(夫)	ヘ(海)	ホ(化);

マ(麦)　ミ(米)　ム(磨)　メ(美)　モ(木);
ヤ(耶)　イ(以)　ユ(油)　エ(贤)　ヨ(摇);
ラ(辣)　リ(利)　ル(路)　レ(立)　ロ(洛);
ワ(滑)　井(伊)　ウ(乌)　エ(贤)　ヲ(哑)。

《东语入门》在"いろは歌"之后介绍了"清音",共50字,未列拨音"ン"。此部分所用汉字与"いろは歌"基本相同,不同之处为"ヒ:黑以"采用了"反切"形式。而《实学报》中出现的三个音译词全部采用了"いろは歌"的"ヒ:希"对应(如:"カヒー:卡希""フリドリヒ:夫利独希""エルフヒンストン:爱路府希爱司托爱")。

3."浊音"

ガ(额)　ギ(辫以)　グ(饿)　ゲ(呆)　ゴ(岳);
ダ(达)　ヂ(其)　ヅ(治)　デ(笛)　ド(独);
ザ(若)　ジ(其)　ズ(是)　ゼ(席)　ゾ(孰);
バ(拔)　ビ(皮)　ブ(捕)　ベ(培)　ボ(薄)。

《实学报》中很多音译词都依照《东语入门》"浊音"而造,如"リガ:利额""スギ:司辫以""ヤング:耶痕饿""アヲサンゴ:矮辣煞痕岳""タウアヅキ:他乌矮治克"。同时,也有部分音译词未采用"浊音"部分所用汉字,如"ゲーリック:辫力致果阁""ゲリロ:开立洛""ラチーズ:癞气司"。特别是后两例"ゲ:开""ズ:司"与"清音"如"ケ:开""ス:司"的对应相同,推测有两种原因,一是当时的日本报刊文字较小,清浊音不易分辨;一是译者翻译时对清浊音未加区别。

4."次清音"

パ(派)　ピ(披)　プ(普)　ペ(配)　ポ(扑)。

《东语入门》中称半浊音为"次清音"。《实学报》部分音译词依照"次清音"所造,如"パラナ:派辣那""プレストン:普立司托痕""スペール:司配路"。同时,也有少部分音译词未采用"半浊音"部分所用汉字,如"ハマピシ:哈麦皮希""フィリッピン:夫利普沙",采用了"ピ:皮、普"的对应。

由于手写字体中"朴""扑"难以区分,《实学报》音译词未采用"ポ:扑",而采用了"ポ:朴"的对应,如"ポール:朴路;ポトージ:朴托其"。另外,也有因为日语原文字小,浊音与半浊音分辨不清,而将半浊音当作浊音的音译例,如"エムプレス オブ チヤイナ:也谟簿来斯恶士气耶已奈",也有将浊音当作半浊音的音译例,如"キューバ:气油派"。

5."拼法"

イハ(以滑)　イヘ(以贤)　イフ(以乌)　イヒ(以以)　ロウ(罗)　ハヘ(哈贤)

ハウ(化)　　ハフ(化)　　パフ(普)　　バウ(部)　　バフ(部)　　ニホ(泥哑)
チヨ(曲)　　チョウ(曲)　　チヤ(气耶)　　セウ(疏)　　セフ(疏)　　スフ(疏)
スヒ(西)……(共146组)。

在《东语入门》"字母"后是"拼法",介绍长音、拗音等假名的组合,此部分列举了146组假名和汉字的对应。著者在此部分详细说明了日语假名组合的发音,还特别指出:"此系东字拼法夫。东语之所以千变万化而层出不穷者,不外此四十八字拼合而成。学者于是书诵习既久,自不难造于高明之域焉。"即此部分网罗了日语假名48字的所有组合,掌握了这些组合,学习日语则不难矣。

此部分新出现了"ア:阿""ハ:滑"(如"アウ:阿乌""イハ:以滑")等对应关系,并且假名与汉字的对应不限于"一对一",还有"二对一"(如"ロウ:罗""チヨ:曲""ジウ:求"等),"三对一"(如"チョウ:曲""リョウ:料"等)。《实学报》部分音译词采用了"拼法"部分新出的汉字,如"アラバマ:阿辣拔麦""ルイジアナ:路以其阿那""トロント:托罗痕托"。

6. 本文部分

フヨウ:夫摇乌(《实学报》);夫欲(《东语入门》)。

《东语入门》收录的1922词中仅"フヨウ"一词出现在《实学报》原文中。《实学报》依照《东语入门》"いろは歌"假名与汉字的对应音译为"夫摇乌",而《东语入门》是依据"拼法"部分给出的"ヨウ:欲"音译为"夫欲"。

7. 其他音译字

《东语入门》:

ケンチウ:克音气乌、　　　　　　　スイギン:息辫音
ニンジン:宁近、　　　　　　　　　ハヅカシイ:哈特是卡希
ポルトガルコク:泼哑路托额路夸苦、　ヨウロッパ:欲洛泼阿

《实学报》:

アヲサンゴ:矮辣煞痕岳、　　ウエルフ子ウヂンスク:乌贤路夫内乌其痕斯苦
カワイ:卡怀衣、　　　　　　カノヴアス:卡诺乌矮司
エムブレス・オブ・チヤイナ:也谟簿来斯恶士气耶已奈
オーリー ゼームソン シンディケート:化利　席磨沙痕　希痕笛以利苦

如上所示,《东语入门》著者在编纂过程中也并非全部依照发音说明,拨音"ン"发音说明中音译字为"痕",此外"ン:音",以及拨音与前面的假名一起音译为带有鼻音[n][ŋ]的字,如"ジン:近"。还有"ヅ:特是""パ:泼阿""ポ:泼哑"等反切形式。而《实学报》也有一些用字在《东语入门》发音说明、本文中均未出现,如"アヲサンゴ:矮辣

煞痕岳""カワイ:卡怀衣"等。

五、《东语入门》以外的记录

根据目前的研究成果,20世纪初为止编纂的教科书及与日语相关的记录数量非常有限。木村、李指出《东语入门》与明代中期的《吾妻镜补》有70%左右的共通词语,而得出其词语出处为《吾妻镜补》,但从假名与汉字的对应关系来看,《东语入门》完成度很高。① 《吾妻镜补》"いろは歌"如下图所示,是一份不完整的列表,如"ユ"的位置在"メ"前,"ソ""マ"分别在不同位置出现并对应不同汉字,汉字"永""女"的发音与日语"リ""メ"不对应,"ノ"后仅列出假名"ヒ"未列出音译汉字等。《吾妻镜补》与《东语入门》"いろは歌"有八字重合,分别是"イ:以""ニ:泥""ヌ:奴""ツ:之""マ:麦""フ:夫""サ:杀""ミ:米"。除此八字以外,《实学报》音译词中未出现其他与《吾妻镜补》一致的汉字。

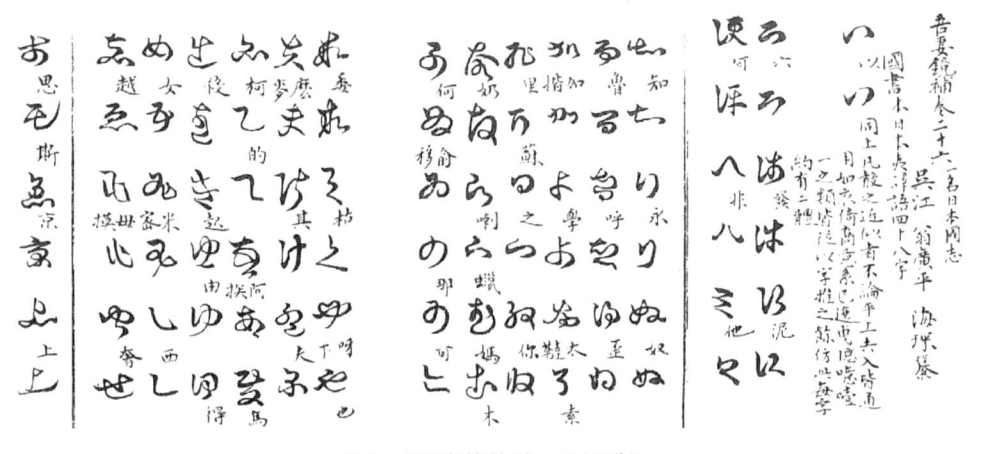

图1 《吾妻镜补》"いろは歌"

资料来源:《纂辑日本译语》,出版者不详 1968 年版

イ	ロ	ハ	ニ	ホ	ヘ	ト	チ	リ	ヌ	ル	ヲ;
以	六	发	泥	呵	非	他	知	永	奴	鲁	呼。
ワ	カ	ヨ	タ	ソ	レ	ソ	ツ	ネ	ナ	ラ	ム	ウ;
歪	加	揩	学	太	鞑	素	里	苏	之	你	奶	喇蜡	妈木	何。
卉	ノ	オ	ク	ヤ	マ	ケ	フ	コ	テ	ア	マ	サ;

---

① 木村晟、李俊生:《〈东语入门〉略注》,《驹泽大学外国语部研究纪要》1973年第2号。

俞移	那可	委	枯	呀下也	么麦	其	夫	柯	的	阿挨	马	杀。
キ	ユ	メ	ミ	シ	エ		モ	セ		ン		；
起	由得	女	米密	西	越		母摸	奢		思斯	京	上。

另外，对照《东语入门》之前的《日本馆译语》《东语简要》《游历日本图经》《鹤林玉露》《琉球馆译语》《使琉球录》《音韵字海》《中山传信录》《琉球入学见闻录》等，均未见《实学报》参照的痕迹，故推断《实学报》音译词依据的是《东语入门》。

六、总结

本文以《实学报》音译词为考察对象，从片假名与汉字的对应关系考证了《东语入门》在《实学报》音译词中的利用情况。《东语入门》作为早期中国人编纂的日语研究专门书，在教学之外领域的使用，属首次发现。具体利用情况如下：首先，《实学报》全面导入了《东语入门》"いろは歌"的假名与汉字的对应关系；其次，浊音、半浊音也多依照《东语入门》"浊音""次清音"部分，但因当时日本报刊文字较小不易分辨等原因，译者对于浊音、半浊音及清音之间有区分界限模糊的情况，部分音译词采用了"拼法"部分新出汉字；最后，《实学报》与《东语入门》本文部分重合的词语仅一词，但《实学报》严格依照"いろは歌"，而《东语入门》依照"拼法"部分进行的音译。

同时，《东语入门》著者在编纂过程中也并非全部依照发音说明，而《实学报》中也有一些用字在《东语入门》发音说明、本文中均未出现，这些用字属于译者独创，还是另有其他依据，将作为今后的课题继续考察。

蔡元培的哲学术语

——从蔡元培主要译著考察哲学术语厘定及其变迁

藤本健一[*]

一、序言

蔡元培对近代西方哲学的引进与传播,从他的著述及他人评价便可知,在此不予赘言。[①]蔡元培对哲学发展的贡献巨大,留下了五部哲学译著,即《哲学要领》(1903年)、《妖怪学讲义》(1906年)、《伦理学原理》(1909年)、《哲学大纲》(1915年)、《简易哲学纲要》(1924年)。[②]整理这五部译著,大体就能了解蔡元培所用哲学词语的面貌,再和其后的哲学译著进行对比,则基本可以了解蔡元培所用哲学词语对后世的影响状况。本文对这部分词语做了初步研究,希望对今后的近代哲学新词研究有所裨益。

本文梳理了蔡元培所用哲学词语,并探讨了其对民国哲学界的影响。文章以樊炳清编纂的《哲学辞典》(1930年)[③]时间为厘定哲学词汇的时间节点,考察蔡元培词

---

[*] 藤本健一,日本大东文化大学外国语学部助教。
[①] 拙文《蔡元培訳〈哲學要領〉の哲学用語》中已经有描述。参见藤本健一:《蔡元培訳〈哲學要領〉の哲学用語》,《中国言语文化学研究》2018年第7号。
[②] 以下将《哲学要领》《妖怪学讲义》《伦理学原理》《哲学大纲》《简易哲学纲要》分别简称为《要领》《妖怪》《伦理》《大纲》《纲要》。另外,蔡元培还有一部著作《中国伦理学史》,因与中日词汇交流关系不大,姑且不作为研究对象。
[③] 以下将樊炳清《哲学辞典》称为"樊氏辞典"。樊氏辞典初版于1926年,本文为了扩大收词范围,使用有补遗的第二版作为分析材料。樊炳清编:《哲学辞典》,商务印书馆1926年初版,1930年再版。

语的被收录情况及其影响。樊氏辞典是民国时期中国最早的一部哲学工具书,收录哲学词条1200余,释文详细,流传广泛,评价甚好,堪称中国近代哲学辞典之代表。①

二、蔡元培译著中的哲学术语

在蔡元培的哲学译著《要领》《妖怪》《伦理》《大纲》《纲要》中,前四种是译作,最后一种是编著。《要领》《妖怪》《伦理》均译自日文,其底本分别为下田次郎译《哲学要领》(1897年)、井上圆了《妖怪讲义录》(1897年)、蟹江义丸译《伦理学》(1900年)②,《大纲》则译自德文,而《纲要》在编纂过程中参考了宫本和吉的《哲学概论》(日文)。从这些底本和参考书即可得知蔡元培译著多受日本影响,且蔡元培用词确实多数都与日语词相同,详见下文。

蔡元培所用词语,樊氏辞典共收327个,详细分布见下表:

表1 樊氏辞典收录蔡元培译著用词(1)

	樊氏辞典所收词数	樊氏辞典与朝永氏辞典③同收词数	近代新词④
五部译著共享哲学术语⑤	35(31)⑥	20(20)	27(23)
四部译著共享哲学术语	43(32)	27(22)	29(23)
三部译著共享哲学术语	49(32)	25(16)	37(22)
二部译著共享哲学术语	56(29)	26(14)	30(13)
一部译著独用哲学术语	144(73)	77(43)	41(20)
总计	327(197)	175(115)	164(101)

---

① 参见藤本健一:《中国最初の〈哲学辞典〉の語彙——朝永三十郎編〈哲学辞典〉との比較を中心に》,《大东文化大学纪要(人文科学)》2018年总第56期。
② 蔡元培翻译《伦理学原理》基本上以蟹江氏《伦理学》为底本,并有所补译。
③ 朝永三十郎的《哲学辞典》(1905年)的略称。
④ 《近现代辞源》(2010年)、《近现代汉语新词词源词典》(2001年)所收词语均视为近代新词。
⑤ 表中以及下文举例所提五部译著即《要领》《妖怪》《伦理》《大纲》《纲要》。
⑥ 表中括号内数字表示日语用例早于蔡元培译著的词语数,即源于日语词的可能性较大的近代哲学新词。日语用例主要参考了蔡元培翻译《要领》时的底本下田次郎译《哲学要领》、《哲学字汇》(1881年)、《改订增补哲学字汇》(1884年)等。

表 2　樊氏辞典收录蔡元培译著用词(2)

		樊氏辞典所收词数	樊氏辞典与朝永氏辞典同收词数	近代新词
《要领》	所有哲学术语	141(107)	91(72)	76(58)
	独用哲学术语	28(22)	19(15)	6(4)
《妖怪》	所有哲学术语	140(97)	72(54)	85(63)
	新出哲学术语	73(40)	34(17)	40(25)
	独用哲学术语	32(12)	18(7)	11(6)
《伦理》	所有哲学术语	183(119)	101(73)	114(77)
	新出哲学术语	62(24)	33(16)	31(12)
	独用哲学术语	36(13)	21(9)	11(4)
《大纲》	所有哲学术语	116(80)	65(49)	80(56)
	新出哲学术语	11(3)	2(1)	6(1)
	独用哲学术语	8(3)	1(1)	3(1)
《纲要》	所有哲学术语	170(107)	95(71)	103(66)
	独用哲学术语	40(23)	18(11)	10(5)

以下列举樊氏辞典中所收蔡元培用词,以蔡元培译著中出现次数多寡为序,多者在前。同时区分日语用例早于蔡元培译著的词语,并将《近现代辞源》《近现代汉语新词词源词典》收录的新词排在斜线之前,在朝永氏辞典未收词语下加着重号作为标记。

(一) 五部译著共享哲学术语

源于日语词的可能性较大者:比例、抽象、反对、感觉、感情、观念、精神、客观、判断、前提、行为、演绎、真理、哲学、知识、主观、自由、作用、伦理学、唯物论、物理学、心理学、一元论/变化、道德、动作、记忆、能力、实在、意志、自然。

其他词语:经验、运动、无意识/说明。

(二) 四部译著共享哲学术语

1. 《要领》《妖怪》《大纲》《纲要》共享哲学术语

源于日语词的可能性较大者:论理学、系统/(无);

其他词语:假定/(无)。

2.《要领》《妖怪》《伦理》《纲要》共享哲学术语

源于日语词的可能性较大者：倾向、现象、原理、宇宙、知觉/灵魂、实体；

其他词语：思考、惟心论/美。

3.《要领》《妖怪》《伦理》《大纲》共享哲学术语

源于日语词的可能性较大者：物质、组织、二元论/类似、想象、习惯、幸福；

其他词语：(无)。

4.《要领》《伦理》《大纲》《纲要》共享哲学术语

源于日语词的可能性较大者：官能、科学、理性、认识、认识论、神学/神；

其他词语：对象、结论、形式/本体论、观念论、宗教哲学。

5.《妖怪》《伦理》《大纲》《纲要》共享哲学术语

源于日语词的可能性较大者：动机、概念、绝对、理想、社会、意识、义务/观察、良心；

其他词语：(无)/并存。

(三) 三部译著共享哲学术语

1.《要领》《妖怪》《伦理》共享哲学术语

源于日语词的可能性较大者：定义、人类学、恶意；

其他词语：遗传/(无)。

2.《要领》《妖怪》《大纲》共享哲学术语

源于日语词的可能性较大者：部分/纯正哲学；

其他词语：(无)。

3.《要领》《妖怪》《纲要》共享哲学术语

源于日语词的可能性较大者：归纳/善；

其他词语：(无)/历史哲学。

4.《要领》《伦理》《大纲》共享哲学术语

源于日语词的可能性较大者：多神教、美术、宇宙论/(无)；

词语：一神教/(无)。

5.《要领》《伦理》《纲要》共享哲学术语

源于日语词的可能性较大者：本质、公理、属性、形而上学/恶、论证、天才；

其他词语：考察/(无)。

6.《要领》《大纲》《纲要》共享哲学术语

源于日语词的可能性较大者：美学/自然哲学；

其他词语:表象、直观/(无)。

7.《妖怪》《伦理》《大纲》共享哲学术语

源于日语词的可能性较大者:教育、神经/保存、苦痛;

其他词语:(无)。

8.《妖怪》《伦理》《纲要》共享哲学术语

源于日语词的可能性较大者:经验论、进化论、社会学、视觉、要素/满足;

其他词语:直觉、怀疑论、教育学/(无)。

9.《妖怪》《大纲》《纲要》共享哲学术语

源于日语词的可能性较大者:(无);

其他词语:实验、试验、感觉论/(无)。

10.《伦理》《大纲》《纲要》共享哲学术语

源于日语词的可能性较大者:常识、印象、责任/(无);

其他词语:感官、规定、原素、烦琐哲学/因果律。

(四) 二部译著共享哲学术语

1.《要领》《妖怪》共享哲学术语

源于日语词的可能性较大者:发动/断定、连续;

其他词语:(无)。

2.《要领》《伦理》共享哲学术语

源于日语词的可能性较大者:特质/崇拜、纯粹、思虑、悟性、道德哲学;

其他词语:机能/至善。

3.《要领》《大纲》共享哲学术语

源于日语词的可能性较大者:(无)/区分;

其他词语:(无)/调和、心灵。

4.《要领》《纲要》共享哲学术语

源于日语词的可能性较大者:自觉/多元论;

其他词语:反省/实在论、幸福说、原子论。

5.《妖怪》《伦理》共享哲学术语

源于日语词的可能性较大者:本能、触觉、听觉、味觉/过失;

其他词语:精神病、嗅觉、有机体/圆满。

6.《妖怪》《大纲》共享哲学术语

源于日语词的可能性较大者:(无)/理由、臆说;

其他词语:(无)。

7.《妖怪》《纲要》共享哲学术语

源于日语词的可能性较大者:推理/注意;

其他词语:艺术/独断论。

8.《伦理》《大纲》共享哲学术语

源于日语词的可能性较大者:实现、同化、犹太教/扩充;

其他词语:人格、无神论/利己主义。

9.《伦理》《纲要》共享哲学术语

源于日语词的可能性较大者:单元、范畴/同一、智慧;

其他词语:术语、思维、必然性、泛神论、欲望/心象、厌世观。

10.《大纲》《纲要》共享哲学术语

源于日语词的可能性较大者:(无);

其他词语:神话、世界观、团体/(无)。

(五) 一部译著独用哲学术语

1.《要领》独用哲学术语

源于日语词的可能性较大者:命题、再生、宿命论、三段论法/表出、教权、领会、内省、无极、兴味、异端、志向、转化、辩证法、混合说、神话学、折衷说、知识论、诡辩学派、神秘主义、同一哲学、万有神教;

其他词语:生成、神权/类化、完成、无知、精神物理学。

2.《妖怪》独用哲学术语

源于日语词的可能性较大者:平等、情操、情绪、原人、催眠术、人种学/归结、筋觉、理法、形质、合理的、契合法;

其他词语:幻觉、兴奋、再现、审美学、宗教学/反复、分类、好奇、疲劳、天启、体觉、妄想、差异法、共变法、积极的、偶然的、失语症、先天论、耶稣基督、有机感觉。

3.《伦理》独用哲学术语

源于日语词的可能性较大者:冲动、分化、气质、异教/感化、节制、空虚、同情、性癖、正义、执意、虚无论、思辨哲学;

其他词语:基督、默示、适应、救世主、社会主义、写实主义、实验心理学/本务、崇高、刺戟、德论、回教、练习、趣味、赎罪、训练、勇敢、动机论、乐天观、偶像教、形式论、寂静主义、心理学派。

4.《大纲》独用哲学术语

源于日语词的可能性较大者:三位一体/延长、元始;

其他词语:波动、激情/七贤、习俗、修养。

5.《纲要》独用哲学术语

源于日语词的可能性较大者:否定、合法、方法论、历史观/心情、知性、制约、辨神论、单元论、盖然论、功利说、理神论、利他说、名目论、目的观、内在性、社会性、实证论、无宇宙论、艺术美、直觉说、自然法、自然美;

其他词语:规范、盖然性、不可知论、浪漫主义、社会心理学/肤觉、蜡版、物如、超绝论、妥当性、小宇宙、自由美、反射运动、感情移入、内在哲学、综合哲学、无意识哲学。

从上面表格中的数字以及列举的樊氏辞典中所收蔡元培用词可知如下几点:

第一,樊氏《哲学辞典》所收蔡元培的哲学词汇,有超过半数在两部以上的译著中使用。第二,蔡元培所用哲学词汇多与日语词相同,可能大多源于日语哲学新词。第三,《妖怪》《伦理》《大纲》中的日语词相对来说少一些。可能与《大纲》译自德文有关,但因尚未将《妖怪》《伦理》与二书的底本作比较,故暂不好下结论。

另外值得一提的是樊氏辞典与朝永三十郎《哲学辞典》的关系。前人曾经指出樊氏以朝永氏辞典为蓝本编纂了《哲学辞典》,但是通过笔者统计①,樊氏辞典与朝永氏辞典同收词条仅占樊氏辞典的34%,且朝永氏辞典未收录的154个词语在蔡元培译著中有使用,可以推测这部分词或与蔡元培有关系。由此,是否可以推测这327个词语都是樊氏收录自蔡元培辞典的呢?这327个词是樊氏辞典所收哲学词1248条的26%,虽然少于朝永氏辞典的441条35%,但有一部分词条樊氏和朝永氏有别,却与蔡元培相同(如刺戟、七贤、诡辩学派、怀疑论、目的论、唯理论等),所以即使樊氏辞典的蓝本就是朝永氏辞典,樊氏甄别收词时也应该是考虑了蔡元培等中国哲学界的用词习惯,对部分词条做了修改。

三、蔡元培所用哲学术语之变迁

从上文来看,樊氏辞典所收词语,除了个别词外,基本上是一个概念一个词语,很是规整。从中仅能观察词语的纵向继承层面,而无法发现这些词语是否有过演变。

从蔡元培使用的哲学术语来看,在翻译成汉语时,这些术语已经比较成熟,因而

---

① 参见藤本健一:《中国最初の〈哲学辞典〉の语彙——朝永三十郎编〈哲学辞典〉との比较を中心に》。

与樊氏辞典收词差异不大,只在部分词语上体现出蔡元培书有别于他书的自身特点。试举几例:

表3 蔡元培译著用词与樊氏辞典的区别

《要领》译词	《妖怪》《伦理》《大纲》《纲要》中对应的词	樊氏辞典收词
太极	绝对(《大纲》《纲要》)	绝对
存存①	存在(《妖怪》《伦理》《纲要》)	(无)
元子②	元子(《伦理》《大纲》) 元子论(《伦理》《纲要》)	单子论
形而上学	玄学(《大纲》《纲要》) 形而上学(《纲要》)③	形而上学
目的	鹄的(《伦理》《大纲》) 正鹄(《伦理》)	目的论
(无)	激刺(《妖怪》《伦理》《大纲》《纲要》) 刺激(《妖怪》《伦理》) 刺戟(《伦理》)	刺戟

从上面的例子能看出蔡元培用词随着不同译著时代有所不同。"太极、存存"仅出现在《要领》中,以后没再用过。"太极"是"绝对"的译词,开始蔡元培可能觉得"绝对"一词生疏,就用"太极"来代替,后来也许"绝对"在中国通行了,蔡元培也就接受了这一新词。同样"存存"也是底本中的"存在"的译词,《要领》常常沿袭底本,在一些哲学术语下面加上外文而与译词对应。但是底本解释"存在"(Being)的概念时明确标记英文,在《要领》中不但找不到英文"Being",而且感觉蔡元培处处在回避"存在"这一译词,或许当初蔡元培对"存在"一词有抵触。

"元子、鹄的、正鹄、激刺、刺激"等樊氏辞典未收,樊氏选择收录哪个哲学术语应该跟当时的社会背景有密切关系,具体情况将另文讨论。

蔡元培的哲学术语"太极、存存、元子"等词,后来不曾被提起,非阅读蔡元培著作不可得见,相反"玄学"一词尚收录在《现代汉语词典》《辞源》《汉语大词典》等常用工具书中,有形而上学一义,由此可知"玄学"的普及程度。但比较有意思的是,樊氏辞典不但没有采用"玄学"作词条,并且在"形而上学"词条下的释文中,也未有只言词组

---

① "存存"在《要领》中出现过30次,并且可以与底本(下田译《哲学要领》)的"存在"一一对应。
② 日本的《哲学字汇》、《改订增补哲学字汇》、朝永氏《哲学辞典》也收此词。
③ 《大纲》中虽然使用了"形而上"与"形而下"对应,但是没有"形而上学"一词。

提及"玄学"。因此我们是否可以推断,曾经在是使用国粹的"玄学",还是日语词"形而上学"上有过争议?或者说樊氏在编纂《哲学辞典》时,"形而上学"已占上风,抑或樊氏自己极力主张使用"形而上学"一词呢?

关于"玄学"一词,其义为形而上学,蔡元培在《要领》中已经用过"形而上学",没有用既存的其他汉语词代替,应是认可了这个新词。但是却在《大纲》中重新使用"玄学"一词,在书后"译语志要"中还特意与德文"Metaphysik"(即英文 metaphysics)对应,明示原文与译词之关系,却没有用过一次"形而上学"。而《纲要》在介绍"哲学的部类"时又说"于是更进一步为形而上学,即玄学(Metaphysik)",就是说"形而上学"和"玄学"是同一概念,而该书中几乎统一使用"玄学","形而上学"仅作为解释它的辅助手段。在解释时出现"形而上学"一词,说明在 20 世纪 20 年代的哲学界对该词已有相当的认可度,故而在解释英文 metaphysics 时可以使用而不致产生问题。而蔡元培刻意回避使用"形而上学",转而使用"玄学",可能有用古词作为桥梁来沟通中西哲学的个人意图,毕竟具有中国文化色彩的古词更容易为当时的人们接受。

仅从"玄学""太极"等部分古词就得出这一结论或许尚嫌武断,不过结合蔡元培自己的文化哲学以及他人对其研究的结论,我们或许可以推测其确实有尝试使用古词作为桥梁来沟通西方哲学与中国思想的意图。

张岂之、陈国庆指出蔡元培在伦理学上的立场说:"蔡元培基本上继承了孔子和儒家关于道德修养的学说,同时又加以改造,以此作为人们修德的标准和途径。""蔡元培用近代伦理道德学说充实弥补或修正改作传统的道德观和道德修养方式,这是他的创造,是他对中国近代伦理学的贡献。"[①]还有,陈剑旄也说:"蔡元培是一个'旧学深沉'的知识分子,受中国传统文化的熏陶,尤其是儒家文化思想对他的影响至深,中国古代伦理道德之优良传统是其伦理思想中极其重要的思想渊源。"[②]阐述了蔡元培是以儒家思想为伦理、道德的基础。

蔡元培发表在《东方杂志》上的《文明之消化》一文中说:"消化者,吸收外界适当之食料而制炼之,使类化为本身之分子,以助其发达。""吸收者,消化之预备。必择其可以消化者而始吸收之。"[③]因此,蔡元培是否在选词时也是考虑要利用中国传统思想来解释西方外来思想,而特意放弃外来的"形而上学",选择带有浓厚中国文化色彩的"玄学"一词呢?这或许可以从他的第一部哲学译作《哲学要领》中得到启发,《要领》中的"太极、本本、存存、玄学"等词,就都具有这一特征。不过,上述结论还需作进一步研究。

---

① 张岂之、陈国庆:《近代伦理思想的变迁》,中华书局 2000 年版,第 419 页。
② 陈剑旄:《蔡元培伦理思想研究》,湖南师范大学博士学位论文,2004 年。
③ 蔡元培:《文明之消化》,《东方杂志》1917 年 2 月刊。

四、小结

　　以上分析主要是根据蔡元培五部译著中的哲学术语展开的。虽然对蔡元培用词做了较为全面的梳理，但是对于词语来源尚有不明之处。另外，《妖怪》《伦理》《大纲》都是译作，可与其原文底本进行比较，澄清原文与译词的对应关系。尤其是《妖怪》《伦理》二书皆以日文本为底本，其中应多所援用日语词，可惜尚未论及，还须参照同一时代的其他哲学译著，方可了解蔡元培有无新创哲学词汇，以及其影响如何。至于樊氏辞典收词来源的具体状况，将另文讨论。

词语连环

新汉语词"理由"的词汇史考察
——从古文书记录到和译洋书

邹文君*

一、引言

  汉语词"理由"在现代日语中一般表示"原因、根据"（わけ、根拠）之意，但也常用于表示"借口、口实"（いいわけ、口实）的意思，如"風邪を理由に学校を休んだ"。在被认为是日本最早的近代国语辞典——《言海》之中，就收录了"理由"（りいう）的词条。可见在《言海》完成的1886年的时间点上，"理由"已经作为一个日语词被确定下来了。但是，在《日本国语大辞典》①中却并没有收录其近代以前的出典，只列举了以《军人训诫》中的"勉めて其理由を説諭して公法の曲疵す可らざるを明かにし"为代表的明治时期以后的使用例。由此可以初步推断，"理由"是一个近代才成立的词语，属于"新汉语词"的范畴。

  关于"新汉语词"，根据其来源大致可分为"古典汉语词的转义词""中文词语的借用词"以及"日本人独自创造的新词"三种。就"理由"一词而言，目前为止包括《大汉和辞典》②和《汉语大词典》③都未收录其在古代汉语文献中的出典。中文中比较早

---

* 邹文君，中国人民大学外国语学院讲师。
① 日本国语大辞典第二版编集委员会：《日本国语大辞典》第2版，小学馆2001年版。
② 诸桥辙次：《大汉和辞典》修订版，镰田正、米山寅太郎修订，大修馆书店1986年版。
③ 罗竹风主编：《汉语大词典》，汉语大词典出版社1993年版。

的使用例有康有为《上摄政王书》(1908年)中的"若不详述先帝所以特擢世凯之理由"等,但比之日本已经确认的较早的使用例,在时间上已经迟了整整30年。如此看来,中文中的"理由"极有可能是由近代日语传播而来。而"理由"在现代中文中的意思与其在现代日语中的意思极其相近。故此推断,"理由"既非中文词语的借用词,亦非转义词,而是一个创造于日本的词语,即"和制汉语词"。这一点有待进一步的证明。

高野繁男从《百科全书》的译词之中抽取了在两种以上的资料出现的部分,其中就有"理由"一词。[①] 高野指出"理由"的构词法符合日本人的思维模式,"借口"之意是其衍生用法而非原义,《哲学字汇》中把"理由"作为"rationale"的翻译是采用了"(证明其)正确性的根据"的意义。所列举的《百科全书》的出典中,"理由"作为英文"ground"的译词使用[②],也是表示"根据"的意思。

此外,"理由"的两个语素"理"和"由",依照《日本国语大辞典》的记载,"理"为"すじみち、ことわり、きまり、わけ"之意,"由"为"よりどころ、わけ"之意,构词法为"类义结合"。也就是说,"理由"被认为是意义相近的语素"理"和"由"并列而成的词语。但是对此,笔者认为尚存疑问,需要确认其语源后再作分析。

因此,为了解答上述的问题点,本文将对汉语词"理由"的(1)造词经过、(2)意义的形成、(3)构词法进行考察,并展开论述。

二、作为近代词语的"理由"

(一) 明治初期的出版物

首先,关于"理由"一词,通过日本国立国会图书馆的资料数据库"国立国会图书馆デジタルコレクション"[③]检索可知,日本刊行于19世纪70年代的出版物的章节标题中已有使用,部分用例如下:

[①] 日本文部省编纂局所编《百科全书》共92册,出版于1873—1884年间。是对 W. R. Chamber 的 *Information for the People* 的和译。高野繁男对文科词汇进行考察时选定了《百科全书》中的"经济论"(Political Economy)、"论理学"(Logic)、"修辞及华文"(Rhetoric and Belles-Lettres)、"言语学"(Language)作为对象资料。"理由"出现在了"修辞及华文"及"言语学"中。参见高野繁男《近代漢語の研究——日本語の造語法、訳語法》,明治书院2004年版。
[②] 日文原文:人ノ法律ニ服従セサルヘカラサルノ理由ハ因ヨリ。英文原文:To these obedience must be rendered on many grounds。
[③] 日本国立国会图书馆デジタルコレクション:http://dl.ndl.go.jp/。

(1) マラバルノ法律ノ理由。(モンテスキュー:《万法精理》,何礼之译,出版者不详1875—1876年版)

(2) 或ル行事ヲ罪科トスル所以ノ理由ヲ論ス。(ベンサム:《立法论纲》,岛田三郎译,出版者不详1878年版)

(3) 衡平法院ノ保護ヲ失フ理由。(山本谦三:《英国禁令状》,出版者不详1879年版)

(4) 胎児ノ感肖スル理由。(コトノモト:《男女淫欲论》,片山平三郎译,出版者不详1879年版)

(5) 病毒ノ性質及其蔓延蕃殖ノ理由。(村松硕三:《虎列剌病予防养生训蒙》,出版者不详1880年版)

(6) 今後ハ地方費ヲ減スヘキ理由。(レロアボーリュー:《财政论》,田尻稻次郎译,出版者不详1880年版)

其中最早的出典来自1875—1876年(明治八—九年)间完成的《万法精理》。此书是何礼之(1840—1923年)对1748年出版的孟德斯鸠所著《论法的精神》的1750年英译版(*The Spirit of Laws*)的译著。此外还有出版于1878年(明治十一年)的《立法论纲》,与《万法精理》一样同为法学的日译西洋著作,即"和译洋书"。对照两者的英文原书可以发现,上面的用例中出现的"理由"实为英文"reason"的译词。①

另一方面,相对于《万法精理》和《立法论纲》等较容易出现新词的和译洋书,前面提到的《军人训诫》则是由西周(1829—1897年)起草,以时任日本陆军卿山县有朋之名发表的,向军人强调天皇的绝对神圣以及军队中立化等思想的训令,属于纯日本式的文章。这类公文中通常不会唐突地使用新词。由此可推论,"理由"可能作为一种特定的表现形式在之前的公文类文章中就有使用。若上述推断属实,《万法精理》等法学著作中出现的"理由",在法令等公文中也理应能够发现使用过的痕迹。

(二)《いろは布告字引》的收录

笔者对明治初期的"布告字引"和"布告字解"类字书调查后发现,"理由"曾收录于1876年(明治九年)出版的《いろは布告字引》(冈三庆编,积玉堂出版)之中。这也就意味着,明治九年以前的布告确实出现过"理由"一词。

---

① "マラバルノ法律ノ理由"的英文原题为"The Reason of a Law of Malabar","或ル行事ヲ罪科トスル所以ノ理由ヲ論ス"的英文原题为"Reasons for Erecting Certain Acts into Offences"。

《いろは布告字引》还对收录的词语标注了表音的右训和表意的左训两类假名，并附上对其意义进行说明的"讲释"。"理由"的右训为"りゆ"，左训为"わけ"，"シサイ"是其"讲释"。其中音读的"りゆ"也是现阶段所发现的，"理由"作为字音词（汉语词）的最早的证据。与此相对，训读的"わけ"则是对应"理由"意义的和语词，作为"讲释"的"シサイ"对应表示"详情"（くわしい事情。事のいわれ）之意的汉语词"仔细"（仔細）。

（三）明治初期的法令文中的使用

为了找寻"理由"在法令文中的用例，笔者对明治初期的太政官布告进行了调查，由《いろは布告字引》完成的年份明治九年起往前追溯可发现，明治八年太政官第九十三号布告《控诉上告手续》中出现了"理由"的用例，如下所示：

(7) 第二十一條：判事審聽シ、若シ不當ナル上告ナリト決スル時ハ、何々ノ理由ヲ以テ上告ヲ受理セサルノ旨ヲ言渡スベシ。（太政官第九十三号布告《控诉上告手续》，明治八年五月二十四日）

(8) 第二十五條：而メ後ニ原告人上告理アリト決スルハ、何々ノ理由ヲ以テ原裁判所ノ裁判ヲ破毀スルニ付キ、更ニ某裁判所ニ於テ裁判ヲ受クヘキ旨、又ハ大審院ニ於テ裁判スヘキ旨ヲ言渡スヘシ。（同上）

(9) 第三十八條：上告不當、若クハ理ナシト決スル時ハ、理由ヲ付シタル判文ヲ原裁判所ノ書記局ニ發付シ、……處分セシム、其判文ハ、並ニ理由ヲ付スヘシ。（同上）

此外，同年的司法省甲第十六号布达之中也有理由的用例，如下所示：

(10) 第二條：原告人ヨリ差出シタル訴狀ノ取リ下ケヲ願出ル時ハ取リ下ケヲ為ス事ノ理由ヲ尋問シ原告人ニ於テ出訴スルノ權利ヲ抛棄スル事ヲ申立ルニ於テ原告人ヲシテ何々ノ理由ニ因リ出訴スル權利ヲ抛棄スル。（司法省甲第十六号布达，明治八年十二月十二日）

另一方面，在《控诉上告手续》之前的法令文中并没有发现"理由"，取而代之的是"事由"和"旨趣"（趣旨）等词语，如下所示：

(11) 第三條：裁判上官府ヨリ人民ヘ對シ償還ス可キ條理アルトキハ其事由及ヒ裁判ノ見込ヲ具狀申稟ス可シ。（明治七年司法省第二十四号达，九月二日）

(12) 第十二條：積送貨物總目録ニ照會シ過不足アル時ハ其事由ヲ糺明シ條理判然セサレハ。（明治八年太政官布告第二十号，二月七日）

(13) 第七條：開局ノ當初一ノ事件ヲ議スルハ其旨趣ヲ詳細ニ辨明シ或ハ議案ヲ分附シ領承セシメ。（明治八年大政官布告第三十二号，二月二十二日）

(14) 第八條：各員審議決定セシ條件ハ其趣旨ヲ詳細ニ記録シ各自調印シ後證ニ供スヘシ。（明治八年大政官布告第三十二号，二月二十二日）

由此可以推测，法令文中的"理由"是从《控诉上告手续》一文开始导入的。另外，《控诉上告手续》中还用到了"理趣"一词，如下所示：

(15) 第十五條：其上告狀ハ、原被告人の姓名貫籍、裁判ヲ得タル年月日ヲ記シ、上告ノ理趣ヲ明詳ニシ、及ヒ原裁判ノ當ヲ添フヘシ。（太政官第九十三号布告《控诉上告手续》，明治八年五月二十四日）

三、词源

（一）古代文书和古代记录中的记载

在前文中提到过，公文中新造词语是比较难出现的。以下面的出典为例，在日本古代用汉文体来书写的文书和记录中，是能够看到上面提及的"旨趣"和"事由"等词语的。也就是说，这些词语是由古代一直沿用到了明治初期①：

(16) 彼禅门及子叶孙枝可败北之由、都鄙贵贱之间、皆蒙梦想、其旨趣虽巨分、其料简之所覃、只件氏族事也。（《吾妻镜》）

(17) 差纳言已上一人令申事由于上皇。（《新仪式》）

---

① 但是，关于"旨趣"的同素逆序词"趣旨"，《日本国语大辞典》中仅收录了近代的用例，如"其これを実際に施すの方法を説くは此書の趣旨に非ざれば之を人々の工夫に任するなり"。福泽谕吉：《文明论之概略》，出版者不详 1875 年版。

(18) 为开封、三纲等相触事由于敕使。(《东大寺续要录》)

据此可以推测,同在明治初期法令文中出现的"理由"或是与之相类似的汉字表现形式,也有可能出现在近代以前的文书和记录之中。

(二)"一理由"

为此,笔者在数据库"古記録フルテキストデータベース"和"古文書フルテキストデータベース"①中调查了有关"理由"的使用情况。首先可以确定的是,字面程度的"理由"是存在的,如下所示:

(19) 抑闻大将之奏报可仰也者、奏仰旨尤道理由、其次少〃事令加奏了。(《小右记》,长和三年二月一六日)

(20) 使厅曲理优免者只以耳、不可陈非理由、件季武成长自家者也。(《小右记》,宽仁二年十月二日)

(21) 余、内大臣大纳言齐信、参议公信(藤原)、经通等申观真有理由。(《小右记》,治安三年八月二十二日)

(22) 永缘、赖严等为使之时、不可有之由所申也、律师延真罢向之时最道理由所申也、但可遣权别当者也。(《后二条师通记》,宽治七年十月九日)

(23) 併苑角此方より坚志田迄可被仰理由、当座あいしらひ候て帰に候。(《上井觉兼日记》,天正十年十一月二十二日)

(24) 曲事之由、近日使者を以可申理由申候也。(《上井觉兼日记》,天正十三年十二月二十三日)

(25) 右、先年之比智禅得业有道理由申、而如此事不知食案内。(《东大寺文书》,保安四年八月二十七日)

(26) 言语道断、不可然之段、寄々饭野へ被仰通候、又々可被成其理由候、并期后喜候、恐々谨言。(《相良家文书》,年代不明)

上面列举的字面程度的"理由",其实包含了"道理由""非理由""有理由"之类的字列。又如下面的字面为"修理由"的例句之中,"修理"很明显是一个词语,和后面的"由"应

---

① 东京大学史料编纂所古記録フルテキストデータベース:http://wwwap.hi.u-tokyo.ac.jp/ships/shipscontroller;古文书フルテキストデータベース:http://wwwap.hi.u-tokyo.ac.jp/ships/shipscontroller。

该被区分开来:

(27) 神主不被致欵其勤、才一所許仕修理由所申也。(《后二条师通记》,永长元年二月二日)

(28) 上意之趣、可被加御修理由被仰出間。(《东百ち》,永享十年六月二十九日)

可见,上面列举的"理由",其实是由前部的"一理"构造与后部的"由"字相结合而成的文字列,并非独立的词语。

(三) 作为形式名词的"由"

"由"字在日语中与"因"一道,常被用作和语词"よる"和"よし"的汉字表记。单独出现的话,一般被训读为"ヨシ",对应表示"いわれ、わけ"之意的和语词"よし"。也可以作为形式名词,将前面的修饰成分体言化。上文中出现"由"应当是属于这一类的用法。

山口佳纪的研究曾指出"由"是和化汉文中具有代表性的形式名词,将其分为表"原因、理由"之意和表"内容、趣旨"之意的两大类,并指出奈良至平安时期其意义由"原因、理由"向"内容、趣旨"发生变化。① 铃木惠以真福寺本《将门记》〔天庆三年(940年)成立〕作为材料,对所出现的包括"由"在内的形式名词进行了考察,指出"由"主要是表示"内容、趣旨"的用法,如表"一(上述)之事"(一ということ)之意指示既述内容的典型用法。综合先行研究可推知,上文列举的文字列"理由"的用例中,"由"实为前接连体修饰语的形式名词。②

而多与表"传达、陈述"之意的动词同时出现,是此类用法的特征之一。例如,"参议公信(藤原)、経通等申观真有理由"〔参議公信(藤原)、經通等は、観真に理がある由(ということ)を申す〕中使用了动词"申"(もうす)。此外,修饰成分中有"可"的情况下,"由"的形式名词的特征更加显著。例如,"可申理由申候也"(理を申す可き由申しそうろうなり)。

---

① 山口佳纪:《今昔物語集の文体基調について——"由"(ヨシ)の用法を通して》,《国語学》1967年总第67集。
② 铃木惠:《和化漢文における時の形式名詞について》,《鎌仓时代语研究》1995年总第18卷。

(四)"理之由"

本来在正规的汉文中,作为名词的"由"和其修饰语之间一般会加入"之"字。例如,"废兴之由"(廃興の由,《三国志·蜀书·许靖传》)和"臣伏寻亡叛之由、皆出于穷逼"(臣伏して亡叛の由を尋ぬ。皆な窮逼より出る,《宋书·羊玄保传》)等。但日本的古文书和古记录多以"和化汉文"(变体汉文)书写,语法上打破常规的情况较为多见,会出现不带"之"的现象。不过,依照较为正规的汉文体语法书写的文章中,理应存在"一理之由"的表现形式。

为此,笔者在相同的数据资料库中对文字列"理之由"进行了调查,搜集到的例句在数量上超过了文字列"理由"。以下列举的是其中的一部分:

(29) 其分稲富新介にて彼方へ申理之由也。(《上井觉兼日记》,天正十一年十月二十五日)

(30) 一要又々可被仰理之由也。(《上井觉兼日记》,天正十二年九月十六日)

(31) 寺家之诉讼、无其理之由、既以显露也、岂可被寻百千之理非哉。(《东大寺文书》,保元三年四月)

(32) 去〃年正月、满寺众徒一同、实円重代得理之由、成宛文之子细、见于彼状。(《东大寺文书》,文永七年四月)

(33) 昨日传申关白、被示有理之由、气色甚好。(《小右记》,长元一年七月六日)

(34) 主计头事有小议、大外记赖隆与主计助守道等闲事也、守道有理之由有议、仍任主计头。(《小右记》,万寿四年一月二十六日)

(35) 左大弁拔信理申文、余陈无理之由、令入撰申内、其旨太长、不能具记。(《小右记》,长德二年九月四日)

(36) 申出候する人、道理也とも、非义可行、况無理之由、公界の批判有といへ共、一身を可失之由、申乱者あり。(《相良家文书》,天文二十四年二月七日)

(37) 今日以教円法眼令申了、只大方样可被申道理之由相示了。(《小右记》,万寿四年七月九日)

(38) 一日齐信卿(藤原)陈有道理之由、众人所许欤。(《小右记》,长元一年八月二十五日)

(39) 召两方文书于官庭、被勘决理非之剋、勘申当寺抱道理之由毕、而药师寺犹依成郁愤。(《东大寺文书》,应保二年五月一日)

(40) 去年为闻食件节被仰诸司可修理之由。(《九历》,天庆七年五月五日)

如上所示,对文字列"理由"而言,基本上都有与之相对应的文字列"理之由"存在。例如,"有(道)理由"与"有(道)理之由","修理由"与"修理之由"。由此可推断,和化汉文中的文字列"理由"应是源自文字列"理之由"。

与"由"的用法相同,"之由"也有使前方修饰语体言化,即形式名词的功能。例如,"被仰诸司可修理之由"可以训写为"諸司修理すべき由を仰せられる"。

(五)"由"的意义

"由"在和化汉文中除了上述形式名词的用法以外,还存在着其他情况。前面的论述中提到过,"事由"一词在平安时代以前就有使用,表示"事情的详细情况、原因和理由"(ことのわけ、事柄の原因や理由、事の由)的意思,对应和语词的"ことのよし"。"事由"中的"由",或者说"ことのよし"中的"よし"即表示"来由、缘由"(いわれ、わけ)之意。而在和化汉文中也能看到对应"ことのよし"的"事之由",如下所示:

(41) 事及大夫、往古所未闻也、令奏事由。(《贞信公记》,延长二年十一月四日)

(42) 为介藤原泰房等被讼告权门、事由已为实造、依法断罪。(《石清水书五》,延喜十三年十二月二十九日)

(43) 有所见、其体如何、予答不知其事之由了。(《萨戒记》,永享五年十一月五日)

此外,和化汉文中还出现了对应"よしのない"的表现"无由",如下所示:

(44) 今臣年来缠病痾、无由出仕。(《九历》,天历三年一月二十一日)

(45) 然彼杣去去年只依件事旁无由之事出来。(《东大寺文书》,天喜四年十一月十一日)

由此可见,"由"还可以作为拥有实质性意义的名词来使用,表示"原由、由来"的原义。

(六)"理之由"用法的确立

那么具有实质性意义的名词"由"是否会在"理由"或"理之由"的用例中出现呢?为了解答这个问题,我们首先来关注上面列举过的"寺家之诉讼、无其理之由"一例。在这个例句中,若将"由"视作形式名词,则可以把汉文句子训读为"その理無きよし"(ということ)。但是,如果把"由"视作"理之由"的其中一部分的话,则会训读成"その理のよし無き"。此时的"由"作为"理(之)"修饰的成分,被认为具有实质性的意义。

又如下面的例句,小句"每事称道理之由还去"中,动词"还去"(す)落在了小句的末尾,无法附着宾语,若将"(之)由"视作使"每事称道理"名词化的形式名词的话,则句子不成立。所以,此处的"由"只能是作为词组"道理之由",也即动词"称"(える)宾语的一部分存在。全句可训读作"事ごとに道理の由を称えて還去す"。

(46) 若可申、以他申文可奏闻、示此等杂事、每事称道理之由还去、不注子细、有众人闻事。(《御堂关白记》,宽弘三年七月十五日)

而在下面的例句中,和"由"一样,"条"在变体汉文中常作为形式名词来使用。但是,如果将小句训读作"理ヲ申スベキ由(ノ)条"的话,就会出现形式名词二重化的情况。与此相对的,如果像上述的"道理之由"那样将"由"视作"理之由"的构成要素的话,小句可以训读为"理之由ヲ申スベキ条",比上面形式名词二重化的句子更符合规范。

(47) 座主にも可成事候へ共、何と成共可然之样上意二可申理之由条、此儀ヲ元就公へ御目懸処。(《棚守房显手记》,年代不明)

事实上,除了上述的例子以外,中世的汉文之中还发现了"事之由"的后方出现形式名词的例句,如下所示:

(48) 云夫丸召取之。申事之由之间。御寻之处。子细无相违。(《续群书类丛》,嘉吉年间以后)

综上所述,和化汉文中一直以来都存在着"(道)理之由"的用法。部分汉文中出现的"理由"其实是"理之由"消去助词"之"后的结果。实际上,前文列举的《町田久部书

狀》中的"又々可被成其理由候"一例，也是训读成"又々その理のよしに成されるべきそうろう"要比训读成"又々その理に成されるべきよしそうろう"更为合理。

再者，上述关于"理（之）由"的例句中，表示引用传达之意的"申"（もうす）和"陈"（のべる）等动词较为多见，这与明治初期"理由"的用例特征相一致。由于"理之由"的用法在公文书中早已存在，故明治初期的公文中出现"理由"的用法亦在情理之中。

四、作为译词的"理由"

（一）在《万法精理》中

在前面的论述中曾提到，《万法精理》在较早的时期就导入了"理由"一词，作为英文"reason"的和译词使用于章节的标题之中。但是，与公文中出现的"理（之）由"之间的关系尚未明确。为此，笔者继续分析《万法精理》中"理由"的用例。以第1—15章为考察范围，对照"理由"的所有用例和其英语原文，结果如下：

（49）故ニ奴隷制ヲ許可スル處ノ政府ニ在テハ主人ノ罪悪ヲ上告セシムルモ其理由ナキニアラサルヘシ。(《万法精理》卷之十二第十五回)

It is natural, therefore, that, in a government where there are slaves, they should be allowed to inform.

（50）而モ公然ト之ヲ法廳ノ規律ニ率テ上呈スルヲ好ムサルトキハ法律ヲ恐ルヽ理由アリト判断シ。(《万法精理》卷之十二第二十四回)

But, if they are unwilling to leave the laws open between them and the accused, it is a presumption they have reason to be afraid of them.

（51）若シ其理由ニ遡ル時ハ則チ以テ益々前論ノ誣ユ可ラザルヲ保証スルニ足ラン。(《万法精理》卷之十三第十二回)

But the particular reason for that exemption is well known, and even confirms what I have advanced.

（52）何等ノ見點ヨリ觀察ヲ下スモ此動物ヲ人視スルノ理由ヲ得可カラス。

It is impossible for us to suppose these creatures to be men.

（53）斯ル邦土ニ於テ此ノ如キ奴隷制ヲ設クルモ稍ク其理由アルニ庶幾シトス。

(There are countries…) slavery is there more reconcileable to reason.

如上所示，"理由"最早出现于《万法精理》的第十二卷第十五回"上告セシムルモ其理由ナキニアラサルヘシ"一句中，英语原文为"should be allowed to inform"。彼时，"理由"尚非特定英文词语的对译词。但是，在同卷的第二十四回开始，"理由"开始作为"reason"的译词来使用。

此外，据调查得知，在同书中"reason"除"理由"之外，还被翻译作"道理"或"理"等，如下所示：

(54) 英人ノ自主權ノ爲メニ劬勞尽瘁セシハ萬々止ム可ヲサル道理アルコトニテ（《万法精理》卷之二第四回）

They have a great deal of reason to be jealous of this liberty.

(55) 彼ノ人種ノ一人政治（君立）ノ下ニ住ム職トシテ此理ニ由ル（《万法精理》卷之七第四回）

……For which reason they live under the government of one person.

例句中的"理由無キ""理由アリ"之类的用法应当是源自古文书、古记录中的"无理（之）由"和"有理（之）由"。

另外，据调查得知，《万法精理》的第十二卷出版于明治九年（1876年）一月，而前面的论述中提到，"理由"在明治八年（1875年）五月的太政官布告中就已经出现。《万法精理》导入"理由"一词不排除是受到了法令布告的影响。

（二）在《立法纲论》中

除《万法精理》之外，作为"理由"比较早的出典还有出版于明治十一年（1878年）的《立法论纲》。此书是岛田三郎（1852—1923年）对英国人边沁所著 *Principles of Legislation*① 的和译。上面提到过，一部分篇章的标题中就出现了"理由"，笔者也进一步搜集了《立法论纲》卷一第一篇至第五篇中"理由"的用例，如下所示：

---

① 原著为法语译本 *Principes de Législation*，由边沁的友人法国人 Étienne Dumont 编辑，收录于 *Traité de législation civile et pénale*（1802年）的第一卷。*Traité de législation civile et pénale* 后由 Richard Hildreth 以 *The theory of legislation*（1840年）为题进行了英译。*Principles of legislation* 实为 *The theory of legislation* 的第一卷。

(56) 然ル乎請ウ之二興スルノ各人二向テ其理由ヲ問ヘ其感情ト主義トハ人々甚ダ相異ナルヲ見ントス。(《立法论纲》卷三第十一篇)

Ask his reasons of every man who assents, and you will see a strange diversity of sentiments and principles.

(57) 此主義ハ唯其感情ヲ以テ是非ヲ私断スルノ外曾テ之ヲ断スル所以ノ理由ヲ説明セザル者ニシテ。(《立法论纲》卷一第三篇)

The principle consists in approving or blaming by sentiment, without giving any other reason for the decision except the decision itself.

(58) 然レバ誰一人トシテ膽敢二"予ハ汝二請フ予ノ思考スル如ク思考セヨ而シテ予ヲ煩スニ其理由ヲ説明スルノ勞ヲ以テスル、勿レ"ト公言スル狂者アラザルナリ。(《立法论纲》卷一第三篇)

No man, therefore, is bold enough to say openly,"I wish you to think as I do, without giving me the trouble to reason with you."

(59) 故二此作者ハ"プリンス"二載録スル所ノ法語ノ危険ナルヲ指摘シ又不信ハ不利ナル理由ヲ辯明シ以テ該書ヲ駁シタリ。(《立法论纲》卷一第五篇)

He refutes the Prince by making it appear that its maxims are fatal; and that bad faith is bad policy.

(60) 世人ガ盛稱スル德義ノ諸行ヲ以悉皆之ヲ幸福ト凶害トノ比較算計二歸著セシムルヤ難キアラズ而シテ今其理由ノ結果ヲ以テ德義ヲ評シ簡易明白ナル方法ヲ以テ德義ヲ解スルモ決シテ其德義ノ位格ヲ低下シ又其勢力ヲ減損スルニ至ルノ理アル⊙無キナリ。(《立法论纲》卷一第五篇)

It is easy toreduce to a calculation of good and of evil all the acts of the most exalted virtue; and virtue is neither degraded nor weakened by being represented as an effect or reason, and being explained in a simple and intelligible manner.

(61) 此ノ徒ハ人ヲ視ル⊙百依百隨ノ奴隷ノ如クシ理由ヲ辯知セシメズシ唯其指令二是從ハシムル所ノ或ル專斷主義ヲ以テ之二代用セントスル者乎(《立法论纲》卷一第五篇)

Will you substitute for it some despotic principle, which orders men, like passive slaves, to act so and so, without knowing why.

由上述的例句可以得知,在《立法论纲》中"理由"一词的使用比较频繁,主要用作英语

"reason(s)"的对译词。除此之外,还与"辨明"(ス)、"辯知"(ス)等构成小句,充当英语原文中"refute-s""knowing why"的翻译。

(三) 关于"reason"

关于"reason"的和译词,一方面,在较早的英和辞典,如《英和对译袖珍辞书》中有"道理、才智、神妙ナル⊙、位置、根源",《附音插图英和字汇》中有"緣故(ワケ)、道理(ダウリ)、條理(スジアヒ)、才智(サイチ)、正(セイ)理、公平(コウヘイ)、正直(チョク)"的记载。可见,"理由"最初并没有作为"reason"的译词使用。上述英和辞典出现的译词中,"道理""根源""缘故"亦属于日语中的古典汉语。此外,先行研究中已经确认①,包括"道理""缘故"在内,"才智""神妙ナルコト"等翻译其实源自年代更早的兰和辞典②。

另一方面,在对日本的西洋学产生过重大影响的英华字典之中,如马礼逊的《英华字典》(A Dictionary of the Chinese Language)中有"the power of right ratiocination conferred by heaven:天所赋之正理""cause, ground principle:原由、缘故、原因";麦都思的《英华字典》(Chinese and English Dictionary)中有"cause:缘故、为、原由、原因、因缘""right principles:鳌、道理、正理";罗布存德的《英华字典》(English and Chinese Dictionary)中有"ground or cause of opinion:缘故、故、因、以、因由、原由、来由""principle:理、道理、正理、鳌"的记载。其中包含表示"ground、cause"之意的词素"由""原""因",以及表示"principle"之意的语素"理"的译词占据了多数。

由此分析得知,作为"reason"的译词,能够同时反映"ground、cause"的意义素和"principle"的意义素是最为理想的。而由语素"由"和"理"构成的汉语词"理由"正是这样的译词。实际上,在对《万法精理》及其英文原书的考察中笔者发现,"cause"多被翻译为"原由",而"principle"多被翻译为"原理"。同书中将"reason"翻译作"理由",可能是将"理由"视作"原理"和"原由"合成词。前文提到的,以《日本国语大辞典》为代表,现今一般将"理由"分类为并列结构构词,应该是采用相同的构词法分析。

再者,在明治初期,为了照应文明开化的新时代,尤其是在面对新概念的时候,比起"道理"和"缘故"等古旧气息浓重的古典汉语词,当时的翻译者更倾向于使用能够给读者带来新鲜感的新词。这也是"理由"后来逐渐成为"reason"的代表性译词的要

---

① 邹文君:《原因、結果を表す漢語についての研究》,立教大学博士论文,2017年。
② 江户末期的兰和辞典《和兰字汇》中有以下记载:"oorzaak:根本又起リ又起ル事、缘故""reden:道理ノ辨ヘ、理、訳筋ノ言ヒ立""verstand:才智""billijkheid:神妙ナル事"。

因。此后,在井上哲次郎的《哲学字汇》中,"理由"作为"rationale"的译词收录在内。"rationale"表示"合理的根据,论据的理由"之意,与"reason"的意思相近,"理由"哲学用语的用法也逐渐确立了下来。但是,这里的语素"理"应当是"有条理的、有逻辑的"的意思,与表示原由根据的语素"由"之间是修饰与被修饰的关系。

五、结论

综上所述,汉语词"理由"的词源为日本古代和化汉文中的"理之由",在明治初期的法令文中以"理由"的形态作为新词("新汉语")出现,随后又在《万法精理》和《立法论纲》等和译洋书中作为"reason"等英语的译词使用,在日语中逐渐得到普及。

作为词源的"理之由",表"道理、条理"之意的"理"和表"由来、经历"之意的"由"通过表示修饰关系的助词"之"连接,表示"(事物如何发展至此的)缘由、详情"(物事がそのようになったわけ、詳しい事情)的意思。常与表示主张的"申"(もうす)和"陈"(のべる)等动词共用,多用于表示诉讼关系的场面。在辩解目的不正当,脱离客观事实的情况下所陈述的"理由"又衍生了"借口"(いいわけ)之意。

"理由"作为"reason"译词的确立是因为,词素"理"和"由"分别对应了"reason"的两个主要的意义素"principle"(道理、原则)和"cause"(原因、理由)。而其作为"rationale"的译词,表示"在逻辑性的关系中导向正确结论的论据、具有逻辑性的理由"(論理的関係において正しく結論を導きだす論拠、論理的理由)之意的哲学用语用法,在构词法上与词源的结构相同,可视作原义用法和译词用法的融合。

本研究虽然解明了"理由"来历问题,但关于它的派生词以及传入中国以后的发展尚有考察不及之处,这也将成为今后研究的重要课题。

"协赞"之殇：一个《明治宪法》用语的历史文化解读[*]

崔学森　李文杰[**]

一、引言

为保证宪法的稳定性、连续性，避免造成过大的社会影响，修宪往往仅是个别字句的修改。然而，宪法作为"万法之法"的国家根本大法，一字之改便可能使文本语义差之千里。因此，制宪者和修宪者在文本用语的措辞上慎之又慎，每一个宪法用语均是精心采择的结果。追溯日本和中国制宪的源头——明治立宪和清末立宪，探讨《明治宪法》以及《钦定宪法大纲》起草、修改过程中在选择术语时的用意，无疑具有历史和现实的双重意义。众所周知，公布于1889年的《明治宪法》是非西方国家制定实施的第一部宪法，也是亚洲第一部宪法，对日本与其他东亚诸国有着广泛而深刻的影响。《明治宪法》围绕"天皇主权"而设计，在用语上也处处体现天皇的至尊性。本文以"协赞"为例，探讨《明治宪法》起草过程中"制宪之父"伊藤博文等人在宪法术语采择方面的"精心设计"，以及该用语在清末立宪过程中为中国人所采用的情况，从政治制度、政治文化、政治心理层面分析该术语在近代中日两国的容受与最终命运。

---

[*] 本文为国家语委"十三五"科研规划2017年度委托项目"语言接触视角下近代汉语词汇体系生成研究——以近代中日国语辞典互为中心"（项目编号：WT135-26）的中期成果。
[**] 崔学森，大连外国语大学日语学院副教授；李文杰，大连外国语大学日语学院硕士研究生。

促使笔者关注"协赞"一词的,还有伊藤博文《日本帝国宪法义解》新译版中该词的汉译。① 译者牛仲君将《明治宪法》的"协赞"译为"同意"或"审议通过"。如将《明治宪法》第5条"天皇ハ帝国议会ノ协赞ヲ以ッテ立法权ヲ行フ"②译为"天皇依帝国议会之同意,行使立法权",将第64条"国家ノ歳出歳入ハ毎年予算ヲ以ッテ帝国议会ノ协赞ヲ経ヘシ"译为"国家之岁入岁出,须每年列入预算,经帝国议会审议通过"。《明治宪法》公布距今已130年,如何用现代汉语对译,是摆在译者面前一个不小的问题。将日语"协赞"译为"同意""审议通过",固然有译者迫不得已之处——"协赞"并非现代汉语中的常用词,第7版《现代汉语词典》中没有该词条。但如此翻译,显然丧失了该词所蕴含的历史文化信息。虽说"协赞"并非现代汉语词汇,但在古代和近代汉语中有所使用,尤其是清末新政时期,受到《明治宪法》用语的影响,包括《钦定宪法大纲》和《宪法重大信条》等重大宪法性文件中,均出现了"协赞"一词。作为近代法律文本,汉译时保留其原有风貌,才能做到翻译中的"信",最大限度地体现历史文化信息。

二、作为法律用语的"协赞"

在现代西方议会政治运行过程中,政府的决策和议案须经议会的审议通过而生效,即须经议会的"同意"或"承认"。然而,在明治宪法时代的日本和晚清中国,大多数情况下却使用"协赞"一词来代替"同意"或"承认"。《明治宪法》正文中"协赞"用例共6处,位于第5条、37条、62条、64条、66条和68条中。如第5条"天皇ハ帝国议会ノ协赞ヲ以ッテ立法权ヲ行フ",第64条"国家ノ歳出歳入ハ毎年予算ヲ以ッテ帝国议会ノ协赞ヲ経ヘシ"等。③《明治宪法》中没有使用"同意"或"承认"的用例。不过,在伊藤博文为《明治宪法》制定的官方解释《日本帝国宪法义解》里,多数情况下使用"协赞""协翼""参赞"等用语,偶尔使用"同意"一词。如解释第5条时,"立法ハ天皇ノ大权ニ属シテ之ヲ行フハ必议会ノ协赞ニ依ル天皇ハ内阁ヲシテ起草セシメ或ハ议会ノ提案ニ由リ两院ノ同意ヲ経ルノ后之ヲ裁可シテ始メテ法律ヲ成ス",伊藤既使用了"协赞",也使用了"同意"。

《明治宪法》是东方国家制定的第一部宪法,受到清末主张改革的中国人的重视,在其颁布的1889年便被全文翻译成汉语。在汉译过程中,"协赞"一词原封不动地使

---

① 伊藤博文:《日本帝国宪法义解》,牛仲君译,中国法制出版社2011年版。
② 伊藤博文:《大日本帝国宪法义解》,渡边洪基1889年版。
③ 同上。

用了汉语"协赞"。笔者所见清末近 10 部《明治宪法》的汉译本,均无一例外使用了"协赞"。随着《明治宪法》文本多次被翻译成汉语,"协赞"也作为其中的一个用语曾经一度被广泛使用。1908 年大臣达寿考察日本宪政回国后,在上奏清廷的奏折中,多次使用"协赞"。如:"而臣民又得于国会协赞君主之立法,即监督国家之财政。""在日本议会,不过有协赞立法之权耳,其裁决与否,属天皇之大权。"①

  清末的私拟宪法草案中也出现了"协赞"一词。宣统元年(1909 年),留日学生张伯烈在日本东京撰写《假定中国宪法草案》,"协赞"一词在 10 个条文中出现 11 次。而在第二章皇帝大权(第 4—19 条)中便出现 6 次,所涉及的内容主要是皇帝的权力须受到国会的限制。如:"第五条,皇帝之位,归皇帝男系近亲子孙择贤承继,但必得国会协赞。""第六条,皇帝掌立法权,经国会协赞后得裁可。一切法律以敕令颁行之。""第十二条,皇帝有设官制禄之权,但必得国会协赞。"②

  1908 年清廷公布的《钦定宪法大纲》是近代中国第一部宪法性纲领文件,开启中国制宪先河,历来受到学界重视,其中也使用了该词。如第 11 条:"发命令及使发命令之权。唯已定之法律,非交议院协赞奏经钦定时,不以命令更改废止。法律为君上实行司法权之用,命令为君上实行行政权之用,两权分立,故不以命令改废法律。"第 12 条也使用了"协赞"一词。③《钦定宪法大纲》中也没有出现"同意""承认"的表述。

  "协赞"是古代汉语词汇,在汉译《明治宪法》以及《钦定宪法大纲》中使用该词,不足为怪。古代典籍中,"协赞"有用例,但使用频率不高。《三国志·蜀书·来敏传》:"(来忠)与尚书向充等并能协赞大将军姜维。"《宋书·武帝纪中》:"皆社稷辅弼,协赞所寄。"宋司马光《为庞相公谢官表》:"监边则尽护群师,侍幄则协赞万几。"近代也有一定的使用,钱基博《辛亥革命运动中之蔡锷》:"世凯之出也,遣唐绍仪赴沪媾和,而命度(杨)南下协赞。"

  协赞(協赞)作为古代汉语词汇,亦作"協讚",协助、辅佐之意。从这些用例中可知,它是一个军事、政治词汇,多用于有才能的低位者辅佐、辅助高位者完成某项事业。由于在《明治宪法》中使用,它作为一个法律词汇而在近代日本和晚清中国流行起来。

  然而,查找当代的汉语词典,"协赞"(協赞)鲜为使用。第 7 版《现代汉语词典》中则没有用例,几乎成为当代汉语的死词。不过,它作为一个日语词汇,仍在现代日语使用。查《广辞苑》第 5 版,共有两个语义:"①事業の趣旨に賛同し協力すること。

---

① 故宫博物院明清档案部编:《清末筹备立宪档案史料》上册,中华书局 1979 年版,第 33 页。
② 张伯烈:《假定中国宪法草案 附译日本十八大家清国立宪问题评论》,并木活版所 1909 年版。
③ 故宫博物院明清档案部编:《清末筹备立宪档案史料》上册,第 58 页。

②明治憲法の下で、帝国議会が、法律案および予算案を有効に成立させるために統治権者である天皇に対し必要な意思表示をすること。"在三省堂的《スーパー大辞林》之中,也有类似的两个解释:"①趣旨に賛成し、その実行を助けること。②旧憲法下において、帝国議会が、予算、法律などの成立に同意すること。"由此可知,日语"协赞"作为法律用语已经成为历史,丧失了其特殊的法律意义,又重新变成了一般词汇。

自1889年《明治宪法》公布至1912年的20余年间,"协赞"作为法律用语,在中国和日本出现了使用频度的高峰。那么,明治时期,它如何成为《明治宪法》的重要用语?伊藤博文等人是如何对相关用语进行取舍的?它又是如何作为清末法律词汇而焕发生命力的?中国人是否将其作为一个法律术语而使用?是否理解日语和古代汉语中二者的语义差异?最终又如何成为现代汉语死词的?

三、《明治宪法》制定时的取舍

《明治宪法》正文中"协赞"用例共6处,主要集中于天皇与立法、行政、司法机关以及三权之间关系的条款中。《明治宪法》最终确定统一采用"协赞"一词,经历了比较复杂的过程,出现过多次争论,因而有必要将相关条款加以考察。

《明治宪法》发布之前,其制定过程可分为两部分:一是以伊藤为核心,秘密起草;二是枢密院不公开审议草案。自1886年秋季开始,伊藤博文在井上毅、伊东巳代治、金子坚太郎的协助下起草宪法。1887年四五月间井上毅受托草定甲案。8月伊藤在甲乙案和德国宪法顾问罗埃斯勒起草的《日本帝国宪法草案》的基础上制成《夏岛草案》(即《八月草案》),随后又形成《十月草案》。1888年2月形成《二月草案》。最终《二月草案》又经微调,于1888年4月起草完成,形成上奏稿(咨询案),进入枢密院审议阶段。

井上毅的甲乙案是《明治宪法》的底稿,其中并未出现"协赞",与协赞语义相近的表述仅存于甲案第17条中:"天皇依元老院及代议院之辅翼,行立法之事,两院议决之后,未经天皇裁可不成法律。"乙案第20条与甲案17条表述相同。其中规定天皇与元老院和代议机构的关系为后者"辅翼"前者。

伊藤以甲案和罗埃斯勒的草案为主要参考对象,对甲案条文做了一番修改,其中出现了几处"协赞"的近义词。第5条:"天皇以诸大臣之辅弼,施行大政。诸大臣对天皇有合体及各自责任。"[①]此处出现了与"协赞"语义接近的"辅弼"。伊藤在修改时

---

① 稻田正次:《明治宪法成立史》,有斐阁1987年版,第133页。

先使用"辅翼",后改为"辅弼"。第6条:"天皇以上下两议院之赞襄,施行立法权。"此处又出现"协赞"的另一近义词"赞襄"。伊藤先使用"辅翼",后改为"赞襄"。

1887年8月完成的《夏岛草案》,第6条和第7条关于天皇与大臣、帝国议会的关系,使用了"辅弼"和"赞襄":"天皇以诸大臣之辅弼,施行大政。""天皇以帝国议会之赞襄,施行立法权。"《十月草案》第5条与《八月草案》第6条相同,但第6条与《八月草案》中第7条表述不同,"天皇经帝国议会之承认,施行立法权"①,将"赞襄"改为"承认"。

1888年的《二月草案》第5条"天皇经帝国议会之承认,施行立法权"②,与《十月草案》中第7条表述相同。《十月草案》中的第5条,在《二月草案》中被删除。第57条"各国务大臣辅弼天皇,副署法律、敕令、其他国务相关诏敕,任其责"③,明确了国务大臣对天皇的辅弼关系。

由上述梳理可见,在《明治宪法》起草过程中,并未出现"协赞"一词,而出现了与其语义相关的"辅翼""辅弼""赞襄"等词。与《明治宪法》关于政府财政预算、皇室典范与议会的关系使用"协赞"不同的是,在各草案中均使用了"承认"。如甲案第57条是关于财政预算与议会关系的规定:"岁出岁入之定额,需每年制定预算表,经两议院之承认而公布之。"另如《二月草案》第75条"皇室典范之变更,无须经帝国议会之承认"④。另外第71条、72条、73条均如此。⑤

起草完成后,伊藤博文辞去首相职务,就任首任枢密院院长,继续主导宪法草案的审查。枢密院于1888年5月8日开院,首要任务是审议《皇室典范》和宪法草案。在宪法草案一审中,将咨询案中第5条"天皇经帝国议会之承认,施行立法权"更改为"天皇以帝国议会之翼赞,施行立法权"⑥。"翼赞"是出现在后来《明治宪法》发布上谕中的用语。而《宪法发布敕语》中使用的是"协力辅翼"。

值得注意的是,枢密院一审将咨询案中所有"承认"更改为"承诺"。第37条将"凡法律须经帝国议会之承认"更改为"凡法律须帝国议会之承诺"。咨询案中的第64条第1款"国家之岁出岁入,每年预算,应经帝国议会之承认"改为第65条第1款"国家之岁出岁入,每年预算,应经帝国议会之承诺",等等。⑦

---

① 稻田正次:《明治宪法成立史》,第271页。
② 同上书,第333页。
③ 同上书,第337页。
④ 同上书,第338页。
⑤ 同上书,第277页。
⑥ 同上书,第559页。
⑦ 同上书,第565页。

一审结束之后，经过伊藤等人近5个月的推敲，枢密院于1889年1月上旬召开了二审会议。二审会议对"翼赞""承诺"没有修改，但在进入三审（终审）之前，伊藤做了多次修改。首先，对第5条用铅笔修改为"天皇以帝国议会之辅翼及协赞，施行立法权"①。在使用"辅翼及协赞"之前，曾使用"承诺""启沃及协赞""协赞及赞同"等词，但都被擦除。伊藤将第37条改为"凡法律须经帝国议会之协赞"，即将"承诺"修改为"协赞"。在62条、64条、68条中也进行了同样处理。如第64条"国家之岁出岁入，须每年预算，经帝国议会之协赞"②。之后，又将第5条修改为"天皇以帝国议会之协赞，施行立法权"。将第67条将"帝国议会经政府承诺"改为"经政府之同意"。伊藤这些修改，与后来发布的《明治宪法》相关条文的表述已比较接近，但并未将"协赞"与"承认""同意"等用语统一起来。由此可知伊藤对于一审使用的"承诺"一词一直耿耿于怀，还在为寻找贴切的用语而思考。

1889年1月末，枢密院召开宪法草案三审会议，"协赞"在所涉及的6个条款中最终被采用，代替了争论已久"承诺""承认""翼赞"等词。此时，离2月11日《明治宪法》发布仅有十余天。

四、"协赞"的历史语义

如上所述，在古代汉语中，"协赞"是"协助""辅佐"之意。不过，《明治宪法》赋予了"协赞"新的内涵，将协赞与其近义词"赞襄""辅翼""翼赞"等词区别开来，基本表达与"承认""同意"相同的语义，将其作为一个专门的法律术语对待。制宪者为何会对该词的选择如此谨慎？有必要结合"协赞"与其近义词的语义差别、《明治宪法》的制宪精神以及制宪时期的政治环境加以认真考察。

立宪政治的本质是通过最高的法律形式——宪法规范国家各机构的关系，最终来保障每个国民的基本权利不受侵犯。打着维新之名的明治政府，无论是对内显示其"维新"，与既往的"专制"制度区别开来，还是对外彰显近代国家的新形象，采取立宪制度几为不二选择。不过，正如伊藤博文所言，日本并不具备立宪的基础，尤其是历史的和精神的基础，贸然立宪势必会造成灾难性后果。③ 因而，立宪既要避免激

---

① 稻田正次：《明治宪法成立史》，第827页。
② 同上书，第831页。
③ 1888年6月18日，伊藤博文在枢密院审查宪法草案的一读会前，发表了《起草此原案之大意》的演讲，认为欧洲宪法自有其历史沿革和宗教机轴，而日本立宪既没有欧美那样的历史背景，也缺乏立宪机轴，所以他试图以皇室作为宪政的机轴："我国之机轴，独在皇室，宪法草案专注于此点。"

进,以防不适合日本国情,也要抵制保守,免得重新回到专制时代。1881年通过明治十四年政变,伊藤等人将主张英式立宪的大隈重信等人排除出维新政府,否定了英式立宪的可行性。在赴欧考察完德国、奥地利等国的宪法后,以伊藤为首的明治领导核心基本上确立了普鲁士德国的立宪模式。

英式立宪与德式立宪的最大区别在于,英国政府完全由议会控制,国王无权任免政府成员,其本身也没有实际政治权力,其权力多为荣典性、仪式性的。而德国立宪则不同,国王具有实际政治权力,对政府成员有任免权,受到议会的约束较少。如果采用英式立宪,天皇仅仅具有仪式性和荣典性权力,这与从镰仓幕府到江户幕府时期天皇的政治权力被架空,似乎没有太大区别。而如果将天皇打造成一个绝对专制主义的皇帝形象,显然又与近代立宪国家的宗旨相悖。在日本急于得到西方国家承认它为近代国家的关键时期,重走专制之路是行不通的。因此,伊藤博文非常清楚,立宪时必须确保天皇的权威,最终设计出以天皇为核心的近代宪法,德国模式是最值得借鉴的。对于伊藤而言,确保天皇的权威似乎只是一种手段,借助天皇的权威,以天皇的名义使立宪政治顺利推行或许才是其目的。

不过,维护天皇的权威和立宪之间必然存在一种张力,立宪的首要目的便是对国家权力进行限制。作为统治者的天皇,如果受制于立法、行政和司法机构,其权威势必受到挑战。如果其权力不受立法、行政、司法机构的限制,立宪则无从谈起。如何既确保天皇的权威,又体现立宪的实质,消解二者之间的张力,是摆在伊藤等人面前的难题。伊藤等人制宪者,通过"语言的艺术",某种程度上消解了这种紧张关系。

如前文所言,直到《明治宪法》发布的几天之前,伊藤博文才最终确定使用"协赞"一词表述天皇与立法、行政、司法机关以及三机关之间的关系,他一直为这一表述而苦恼。在起草宪法时,他使用了"辅弼""辅翼""赞襄""承认"等词。"辅弼""辅翼""赞襄"为"辅助、辅佐"之意,与"协赞"的古典语义几乎没有区别,如果使用这些词来规范天皇与议会、行政机关和司法机关的关系,这三个机构将完全沦为天皇统治的附属机构,难以体现出对天皇的制约,也无法反映三个机构之间的制约关系。显然,使用这些词汇有悖于立宪的宗旨。

交由枢密院审查宪法草案之前,伊藤采纳罗埃斯勒的建议,用"承认"(consent)替换了"赞襄"。伊藤还经考虑过使用"赞同"(concurrence)一词,但罗埃斯勒认为"赞同"语义暧昧,而且有干预的意思,容易造成议会分享主权的误解。[①] 所以,他采用了"承认"一词代替了"赞襄"。正是这一替换,引起了枢密院的一场大讨论。在事先读

---

① 稻田正次:《明治宪法成立史》,第592页。

过草案的枢密院的顾问官中,有人认为"承认"一词不妥。伊藤此时似乎又倾向于井上毅使用过的"翼赞",但不知其如何对译英语。

以文部大臣森有礼为核心的保守派自始至终站在维护天皇绝对权威的立场上,否定任何形式对天皇权力的制约。他率先发难,认为"承认"一词有由上向下或者在对等者之间使用的语感,建议改为"赞襄"。枢密院副议长寺岛宗则也赞同森有礼的提议,他认为"认"字有官员认可下级的意思。在之后的一次讨论中,森有礼认为使用"承认"一词,等于将与天皇相同的权力赋予了议会,等于变更了古代日本的国体,大为不可。①

最终,伊藤又命令井上毅调查"承认"的语义。井上答复道,"认"字有"认可""任许"之意,无法与英语的 consent 对译;而 consent 就是单纯的"同意"之意,或许翻译成"赞同"更贴切。用"承认"一词,给人一种议会最终拥有立法权的嫌疑。他最后建议使用英国宪法中 advise and consent 的表述,将其译为"翼赞"。将草案第 37 条中"法律须议会之承认"改为"法律须议会之赞同"。②

尽管英语中的 consent 能否对译为"承认",一直没有确定,但在枢密院审查时基本上否定了"承认"。最终采用了"协赞",用"协"字对译英语的"advise",用"赞"字对译英语的"consent"。经历了一番争论之后,最终通过赋予"协赞"新的语义,平息了这场争论。

不过,伊东巳代治将《明治宪法》英译时,并未将"协赞"译为"advise and consent",而是直接译为"consent"。如第 5 条:"The Emperor exercises the legislative power with the consent of the Imperial Diet."③这一点颇值得玩味,最合理的解释是《明治宪法》的英译本主要用于对外宣传,在欧美立宪国面前体现出更多的立宪色彩。

五、结论

总之,《明治宪法》中"协赞"是《明治宪法》草案被枢密院审议过程中制宪者伊藤博文等人精心采择的术语,也是立宪派和保守派妥协的产物,它既符合维护天皇权威的制宪者的意图,也顾及了欧美国家立宪的惯例,表达出一定的立宪精神,是一种在专制与立宪之间的"折中"选择。保守者和立宪者可以各得其所,通过对"协赞"古今语义的不同解释,寻找到心理的平衡点。

---

① 稻田正次:《明治宪法成立史》,第 596 页。
② 同上书,第 589 页。
③ 伊藤博文:《帝国宪法》,伊东巳代治译,英法学校出版 1889 年版,第 9 页。

从词汇学的角度看,"协赞"似乎具有"回归借词"的特征,它是古代汉语中存在的词汇,《明治宪法》赋予了它新的语义,受到《明治宪法》这一用语的影响,在近代中国曾经一度广泛使用。不过,当时中国人对其语义的理解跟日本人的理解显然不同,中国人似乎依然在古典语义上使用并理解它。至少,当时的中国人并未深究《明治宪法》中"协赞"所具有的新的语义。就这一点而言,"协赞"似乎又难以归入"回归借词"。当然,回归借词由日本回传之时,除了部分留日学生之外,大部分中国人都难以在短期内理解日本所赋予的新语义,随着时间的推移,日语所赋予的新义才渐渐为中国人理解和接受,回归借词才能真正"回归"。

历史并未留给近代中国人理解"协赞"的新语义以太长的时间,清末立宪因清王朝的覆亡戛然而止,中国人还没有来得及玩味《明治宪法》设计者使用"协赞"一词的良苦用心。清末立宪也多停留在文本层面,缺乏实践。这样也就难以在实践层面去探讨"协赞"的语义。清王朝的覆灭,让这个疑似回归借词停留在古典语义上,没有焕发新生。前文钱基博所言袁世凯派遣唐绍仪赴上海洽谈南北议和,命杨度"南下协赞",民国之后的钱文显然是传统语义上使用的"协赞"。

不过,与其说历史并未给时人充裕的时间理解"协赞"的新语义,莫如说"协赞"更好地契合了几千年帝制传统的思维方式,时人或许没有必要顾及它的新语义。换言之,君主立宪下的晚清中国,以皇帝为核心进行立宪制度设计,时人认为使用"协赞"是理所当然的,因而缺乏探讨其新语义的动力。这一点与被时人所批评的"经济""卫生"等回归借词"不雅驯"相比,形成了鲜明的对比。它就像划过夜空的一颗流星,随着《明治宪法》的汉译而耀眼一时,但很快又随着帝制的结束而夭折在民国的星空。

对于像"协赞"这样反映特定时代思维方式、有着丰富历史内涵的法律用语,尽管在现代汉语中已不常用或不用,但在汉译时,仍有必要像晚清时期一样,原封不动地照搬过来,而不是用现代汉语中的"同意""赞成"来替代,使其丧失历史文化语义。

"宣传"的语史

——近代中日词汇的交流与受容

陈 伟[*]

一、问题的所在

现代语中"宣传"所表达的意义为政治上以及商业上说服大众的一种手段。在政治领域如政府或者政党、商业领域如公司或者企业中,为了达到预期的目的而进行宣传。如以下例句所示,"宣传"在现代汉语和现代日语中,语义和用法一致。

(1) a. 李汉俊于一九一八年由日本回国,也以极大的精力从事翻译和写作,积极宣传马克思主义。

b. 为了提高营业额应该大力做好产品的宣传工作。(教育部语言文字应用研究所:现代汉语语料库)

(2) a. また軍国主義的ないし過激なる国家主義的イデオロギーの宣伝、弘布を禁ずるものである。(弓削达:《歴史的現在をどう生きるか》)

b. 通常、製薬会社は新薬を宣伝する際に他社との比較データを出して高い優位性を示す。(浦島充佳:《How to make クリニカルエビデンス》)

---

[*] 陈伟,河南理工大学外国语学院教师。

在古代汉语中能够在汉籍和佛典中找到"宣传"的用例。在汉籍里表达职位高的大臣、敕使等传达皇帝的圣旨和旨意的意义,在佛典中则表达传播、传布佛教教义的意义。

(3) a. 马忠字德信,巴西阆中人也。……延熙五年还朝,因至汉中,见大司马蒋琬,宣传诏旨,加拜镇南大将军。(《三国志·蜀书·马忠传》)

b. 若善男子善女人,其闻此经诸佛名者,此辈众生当为诸佛之所护持,必当逮得不退转地,当成无上正真之道。如是舍利弗,一心信乐,当广宣传,至心奉行。(《现在十方千五百佛名并杂佛同号》)

随着汉籍和佛典传入日本,"宣传"一词也被吸收到古代日语中,语义和用法与古代汉语相同。

(4) a. 中务省。宣传敕语。必可有信。故改为信部省。式部省。总掌文官考赐。故改为文部省。(《续日本纪》,天平宝字二年八月甲子)

b. 先师最澄法师志希传法。驻趾叡峰十有五年。禅年之暇搜览经教。遂知天台止观与真言法义理真符。随缘宣传。觉悟主上。(《太政官符》,嘉祥元年六月十五日)

通过比较以上用例可以发现以下几个问题:第一,现代语"宣传"的语义和用法,汉语和日语一致;第二,古代语"宣传"的语义和用法,汉语和日语一致;第三,从古代语到现代语,"宣传"的语义和用法发生了变化。这几点从字典的记述里也能够体现到。

表1 "宣传"的语义变化

书名	作者	年代	词语	语义
《王云五新词典》	王云五	1943年	宣传	自上传布于下。(《北齐书·元文遥传》)宣传文武号令;[今](1) 同上;(2) 普遍广泛之传布
《大日本国语辞典》	上田万年、松井简治	1917年	せんでん	宣傳。のべつたふること。ひろく傳ふること。《北齊書》"齊受禅授二中書舍人一、宣二傳文武號令一"
至文堂《新辞典》		1929年	宣伝	1. ひろく伝へること。いひふらすこと;2. プロパガンダに同じ

从古代语到现代语"宣传"的语义是从何时开始,又为什么发生了这样的变化?其语义和用法,汉语与日语一致,两者间存在着怎样的影响关系?本文将对这两个问题点进行考察和分析。

二、先行研究

关于"宣传"语义变化和中日之间的影响关系的先行研究,仅找到以下两种,尚未见到完整详细的针对"宣传"语史的研究论文。

(5)宣传(xuān chuán),对群众说明讲解,使群众相信并跟着行动。源日"宣伝"(senden)。【古代汉语《北齐书·元文遥传》:"文襄征为大将军府功曹,齐受禅,于登坛所受中书舍人,宣传文武号令。"意译英语 propaganda。】(刘正埮:《汉语外来词词典》,上海辞书出版社1984年版)

刘正埮指出了古代汉语有"宣传"的用例,现代汉语的"宣传"是英语 propaganda 的意译词,是从日语借入的外来词。

沈国威对于刘正埮《汉语外来词词典》的外来词认定方法提出了质疑,指出了其没有确认近代汉译洋学资料的不足。[①] 而且,把能够在近代汉译洋学资料中找到用例,不应该认定为外来词的词汇做成了一览表,"宣传"也收录在其中。并且指出"宣传"是基督教用语,在《英华字典》里作为"propagate、preach、to hold forth、proclaim"的译词使用。但没有再进一步去考察"宣传"的语义变化和中日之间的影响关系。

关于"宣传"的语义变化和中日之间的影响关系,没有找到完整详细的研究论文。整理以上先行研究后,发现还有很多疑问和研究空间。

三、汉语的"宣传"

在开头已经说明"宣传"在汉籍里有用例,在古代中国的文学作品、历史书写里广泛使用。另外,也确认到很多佛典的用例。到了近代以后从西方传来了大量的新思想、新制度、新文物,为了吸收和接收这些新概念和新事物,编纂了大量的"汉译洋学资料"。在这些汉译洋学资料中的"基督教相关资料"和"英华字典"中能够找到"宣

---

① 沈国威:《近代日中语汇交流史》,笠间书院2008年版。

传"的用例。

(6) a. 幸蒙救世主自天降地宣明神天上帝隐秘之旨,代赎罪获赦罪之恩,教授门徒谙明其义,今之宣传通天下万国之内,使万国之人皆知代赎罪获赦罪之恩诏也。

b. 门徒钦命渐往各国宣传,因近而远,不论蛮顺之国,凡所到之处,智愚贤不肖之人,皆传谕晓示之,以使一体遵信而行。(梁发:《劝世良言》)

c. 耶稣之道,自始行于世,至今一千八百有余岁矣。初其门徒不过十余人,又皆贫贱寡学之辈,所至虽屡遭困害,而能毅然遍游天下,宣传圣理。(《遐迩贯珍》)

例(6)都是从基督教关联的资料中找到的,虽然是在传播基督教教义的语境中使用,但是还保留着汉籍中的受到皇帝的旨意作为使者去传达传布的意义,和汉籍的用法是有连续性的。是从汉籍的用法中产生的新用法。

19世纪,大量的基督新教传教士来到中国传教,他们吸收借鉴天主教传教士的《圣经》汉译成果,继续翻译《圣经》,完成了《圣经》的汉译事业,并且不断地进行改译,翻译出了多个版本的汉译《圣经》。以下为具有代表性的四种《圣经》中的用例:

(7) a. 耶稣走加利利四方在公所教训,而宣神王之福音,又民之中愈各样的病各样的疾矣。(《新译诏书·马太福音》,马礼逊译,1813年)

b. 又此王之福音必宣于通天下,以证及万国而后末至也。(《新译诏书·马太福音》,马礼逊译,1813年)

c. 约翰在野施洗,传悔改之洗礼,俾得罪赦。(《新约圣书·马可福音》,代表译,1852年)

d. 主言毕,遂升天,坐上帝右。门徒往四方传道,主相之,以异迹征其道。(《新约圣书·马可福音》,代表译,1852年)

e. 厥后耶稣周游诸邑诸村宣神国福音十二门徒偕之。(《新约圣书·路加福音》,BC译,1859年)

f. 门徒遂出遍行诸乡传福音施医。(《新约圣书·路加福音》,BC译,1859年)

(8) a. 耶稣差遣十二使徒的时候吩咐他们说,外邦人的道路,你们不要走,撒马力亚人的城邑,你们不要进去,宁可往以色列家迷失的羊那里去。到处宣传说,天国近了。(《新约全书·马太福音》,官话译,1872)

And as yee goe, preach, saying, the kingdom of heaven is at hand.(《钦定英

译圣书·马太福音》,1611年)

b. 使徒既证明主的道,宣传与众人,就回耶路撒冷,一路在撒马利亚许多村庄,传扬福音。(《新约全书·使徒行传》,官话译,1872年)

And they, when they had testified and preached the word of the Lord, returned to Jerusalem, and preached the gospel in many villages of the Samaritanes.(《钦定英译圣书·使徒行传》,1611年)

c. 保罗看见这异象,我们就打算往马其顿去,以为主召我们宣传福音与那里的人。(《新约全书·使徒行传》,官话译,1872年)

And after he had seen the vision, immediately we endeuoured to goe into Macedonia, assuredly gathering, that the Lord had called us for to preach the gospel into them.(《钦定英译圣书·使徒行传》,1611年)

在《新译诏书》(马礼逊译,1813年)、《新约圣书》(代表译,1852年)和《新约圣书》(BC译,1859年)中没有找到"宣传"的用例,而在《新约全书》(官话译,1872年,日本圣经图书馆藏本)中能够找到大量用例,对照《钦定英译圣书》(1611年)之后,可以确定"宣传"是作为"preach"的翻译词在使用。

表 2　英华字典中的"宣传"

书名	作者	年代	词语	词义
《英华字典》	ロプシャイト	1666—1868年	preach; to preach the Gospel; proclaim; to proclaim the Gospel; propagate; propaganda	宣、传、宣传、播扬、传播; 宣传福音; 宣、传、播扬、传布、布告、告示; 宣传福音; 传、播扬、布扬、宣传、蕃生、生子、传种; 传教会名、传教
《汉英字典》	ロプシャイト	1871年	宣传、传播、宣扬; 宣道	to preach, to proclaim, to promulgate; to preach, to proclaim
《新增英华字典》	キングセル	1897年	preach; to preach the Gospel; proclaim; to proclaim the Gospel; propagate; propaganda	宣、传、宣传、播扬、传播; 宣传福音; 宣、传、播扬、传布、布告、告示; 宣传福音; 传、播扬、布扬、宣传、传经、生子、传种; 传经会名、传经

对照《英华字典》中"preach"的项目发现和汉译《圣经》一致对应的汉字词为"宣传",也是和福音组合在一起使用。

综合以上内容,能够得到以下结论:第一,基督教文献中的用例,虽然是在传播基督教教义的文脉中使用,但是用法和汉籍有连续性,是在汉籍的用法基础上的扩展。第二,宣传在《圣经》以及"英华字典"中的用法一致,都是作为"preach"的翻译词在使用。由于古代汉语"宣传"的语义和"preach"十分接近,所以生成了两者之间的对译关系。

四、日语的"宣传"

随着汉籍和佛典流入日本,"宣传"一词传入了古代日语当中,但只是局限于汉文文体书籍,在佛教相关的书籍和古记录、古文书中使用,而且用例数量也很少,可以认识到在古代日语中没有普及使用,仅仅是一少部分人能够理解和使用的词汇。

(9) a. 臣某言。中使右近卫少将平朝臣正范至臣草庐、宣传口敕。推心出言、中情自见。(《菅家文草菅家后集》,贞观十六年十一月)

b. 尚侍者供奉常侍奏请宣传。典侍者若无尚侍代掌宣传。掌侍者虽不得奏请、而临时处分得预宣传。由兹准量。所务是重。(《太政官请》,载《平安遗文》,大同二年十二月十五日)

c. 宣伝トハ勅ヲウケテ人ニ伝ウル也。是ハ下ツ方へ也。(《职原之起下》)

(10) a. 遂に禅院に住み、諸弟子の為に、請けたる所の諸経の要義を演暢ぶ。命終はる時に臨みて、洗浴し衣を易へ、西に向かひて端坐す。光明室に遍し。時に目を開き、弟子知調を召して、"汝、光を見るや不や"といふ。答へて言はく"已に見る"といふ。法師誡メテ曰はく"妄りに宣こと勿かれ"といふ。(《日本灵异记》)

b. 餘人は又しらすして、宣傳せさるか、佛法は時により機によりて弘めることなれは、云にかひなき日蓮か時にこそ、あたりて候らめ。(《日莲书状》,载《镰仓遗文》,建治三年十一月二十八日)

由于是从汉籍和佛典里吸收来的词汇,所以古代日语中的"宣传"语义和古代汉语一致,分别在"使节传达宣布皇帝的诏书旨意"与"传播佛教的教义"的场景中使用。

"宣传"的语史

表3　幕末时期日本"汉语辞书"的"宣传"

书名	作者	年代	词语	词义
《御布令必用画引新撰汉语字引大全》	近藤元粹	1875年	宣傳(センデン)	イヒツタフ
《音画两引读书自在》	桥爪贯一	1876年	宣傳(センデン)	イヒツタフ
《初学必携大全汉语字书》	土居清喜	1876年	宣傳(センデン)	イヒツタフ
《雅俗汉语字引大全》	中田千母	1885年	宣傳(センデン)	イヒツタフ
《新撰历史字典》	大田才次郎	1894年	宣傳(テン)	イヒツタフ

古代日语的"宣传"一直到幕末明治时期，都保留着汉籍和佛典的用法，而且始终都是局限于非常少的一部分书籍和一部分人，没有普及使用。在19世纪的汉译洋学资料中的汉译《圣经》和"英华字典"里都能发现"宣传"作为"preach"的翻译词在传播基督教福音的文脉中使用。而考察日本早期的基督教文献，没有发现"宣传"的用例。

(11) a. このしるし現はれ始まる時天の国近づくと知れれよ。まことに汝達に言ふなり。(《バレト写本》,1591年,第7页)

b. 盲目は見、足なえたる者は歩き、癩病は清く癒え……貧人にエワンゼリヨをひろむる。我が上においてエスカンダロをうけざるものはベアトたるべしと宣ひ。(《バレト写本》,1591年,第8页)

c. 汝達世界を巡り、諸の御作の物にエワンゼリヨを弘めらるべし。(《バレト写本》,1591年,第21页)

d. さればヂシポロたち出でて何処にも御掟を弘め申さるる。おん主より力を添給ひその言葉を数多の奇特を以て真に決着せさせ給ふなり。(《バレト写本》,1591年,第34页)

可以断定在明治时期汉译洋学资料传入日本之前，日语的"宣传"仍然保持着古代汉语的用法，并且一直都局限于汉文文体、佛教文献和古记录古文书等资料，始终没有普及使用。

(一) "preach、proclaim"(宣传)传入日本

汉译《圣经》和"英华字典"里"宣传"作为"preach、proclaim"的翻译词，在传播、传布基督教福音的文脉中使用。日本人在明治时期翻译《圣经》时，参考和借鉴了汉译

《圣经》以及"英华字典"等汉译洋学资料,作为"preach、proclaim"的翻译词的"宣传"也被吸收到了和译《圣经》和"英和字典"当中。通过以下用例可以非常清晰地确认到这个过程:

(12)a.エソカイワクワレマサニカミクニノヨロコビノウトヅリヲマタベツノムラニツタヘベシワガツカイヲウケタル人コレガユヘナリ。(《路加传福音书》,ベッテルハイム译,1858年)

b.ゑそのいひ給はくわれまさに神くにのよろこびのおとづれをまたべつのむらにつたへるべしわがつかひをうけたるはこれがゆえなり。(《路加传福音书》,ベッテルハイム译,1873年)

c.ぱをろばなばにいひていはくわれらまさにむかしぬしのことはりをつたへたるむらにまたゆきて。(《使徒行传》,ベッテルハイム译,1874年)

d.さてヨハン子野において洗禮し罪をゆるさるゝために悔改るの洗禮を言ひろめたり。(《新约圣书马可传》,ヘボン译,1872年)

e.そのころ洗禮をさづけるヨハン子きたりユダヤの野にふれしめしていひける八天國ハちかきにあれバ悔あらためる。(《新约圣书马可传》,ヘボン译,1873年)

f.耶穌ガリラヤをあまねくめぐりその會堂にてをしへ天國の福音をふれしめしまた民のうちすべてのやまひすべてのわづらひをいやせり。(《新约圣书马太传》,ヘボン译,1873年)

例(12)是幕末时期的和译《圣经》的用例,还找不到"宣传"的使用。汉译《圣经》中经常出现的"宣传福音"的章节,是在用日语的和语词"カミクニノヨロコビノウトヅリヲツタフ""福音をいひ廣める"。这个时期的和译《圣经》还没有受到汉译《圣经》的影响。

(13)a.耶穌ガリラヤをあまねくめぐりその會堂にてをしへ天國の福音をふれしめしまた民のうちすべてのやまひすべてわづらひをいやせり。(ヘボン译,明治七年)

b.耶穌ガリラヤをあまねくまぐりその會堂にてをしへをなし天國の福音をのべつたへかつ民のうちなるすべての病すべてのわづらひをいやしぬ。

（翻译委员社中,明治十年）

c. イエスガリラヤを徧く巡り其會堂にて教をなし天國の福音を宣傳かつ民の中なる諸の病もろの疾を醫しぬ。（米国圣书会社,明治十三年）

d. And Jesus went about all Galilee, teaching in their Synagogues, and preaching the Gospel of the kingdom, and healing all maner of sickness, and all maner of disease among the people.（《钦定英译圣书·马太传》,1611年）

(14) a. 耶穌あまねくむらざとをめぐりその會堂にてをしへ天國の福音をひろめ民のうちすべてのやまひすべてのわづらひをいやせり。ひと〵をみてあはれみぬかれらは牧ものなき羊のごとくなやみまたちか〵になかりしゆゑなり。（ヘボン译,明治七年）

b. 耶穌あまねくむらさとをみぐりその會堂にてをしへをなし天國の福音をのべつたへ民のうちなるすべての病すべてのわづらひをいやせり。衆人かふものなき羊のごとくなやみまた流離になりしゆゑにこれを見てあわれみたまふ。（翻译委员社中,明治十年）

c. イエス遍く郷邑を廻その會堂にて教をなし天國の福音を宣傳へ民の中なる諸の病すべての疾を癒せり牧者なき羊の如く衆人なやみ又流離になりし故に之を見て憫みたまふ。（米国圣书会社,明治十三年）

d. And Jesus went about all Galilee, teaching in their Synagogues, and preaching the Gospel of the kingdom, and healing all maner of sickness, and all maner of disease among the people.（《钦定英译圣书·马太传》,1611年）

例(13)和(14)是翻译委员会的和译《圣经》,可以发现与幕末时期的和译《圣经》在表现上发生了很大的变化,汉字词明显增多了很多。和汉译《圣经》"宣传福音"相对应的章节,变成了"福音をのべつたふ""福音を宣傳ふ"。很明显这就是从汉译《圣经》里借用了"宣传福音",把"宣传"训读成了"のべつたふ"。

海老泽指出,汉译《圣经》对和译《圣经》有很大的影响,强调在谈及和译《圣经》时,不能绕过汉译《圣经》。认为和译《圣经》不仅仅是参考了汉译《圣经》,而且包括各章节的名称在内,有很多基督教的术语都是从汉译《圣经》里继承过来的。[1]

---

[1] 海老泽有道:《日本の聖書——聖書和訳の歴史》,日本基督教出版局1981年版。

表 4　英和字典的"宣传"（其一）

书名	作者	年代	词语	词义
《英和对译袖珍辞书》	堀辰之助	1862 年	proclaim; promulgate; propagate	読ミ聞セル、公ニ知ラセル、解キ明ス； 読ミ聞セル、知ラセル； 植ヘ殖ス、弘メル、造ル
《和译英辞书》		1869 年	proclaim; promulgate; propagate	讀ミ聞セル、公ニ知ラセル、解キ明ス； 触レ知ラセル、知ラセル； 植ヘ殖ス、弘メル、生ズル
《浅解英和辞林》	内田晋斋	1871 年	preach; proclaim; promulgate	コウシャクスル、セツパウスル、コウダンスル、ヒロゲル、ホウダンスル； ヒロガル、ヒロメル、フレル、フレチラス、ヨミキカセル； ヒロメル、フレル、シラセル； ツタヘル、ヒロメル、フヤス、ワク、セウズル
《英和掌中字典》	青木辅清编	1873 年	preach; proclaim; promulgate; propagate	セツバウスル； フレダス、ヲホヤケニシラセル、フコクスル； フレシラセル シラセル フレシラセルヒト、デンセツスルヒト； ショウズル、マス、ヒロメル
《附音插图英和字汇》	柴田昌吉、子安峻	1873 年	preach; proclaim; promulgate; propagate; propaganda	説法スル、宣ル、講ズル、讃ル； 宣言ス、布告スル、告示スル、公告スル； 宣言ス、告知スル、布告スル； 殖ス、生ズル、弘ル、傳ル、植擴グル； 傳教會ノ名
《英和袖珍字汇》	西山义行	1884 年	preach; proclamation; promulgate; propagate	セツバウスル； ワウメイノフコク、フレイ； フレシラセル、シラセル、フコクスル； ショウズル、マス、ヒロメル

"宣传"的语史

续 表

书名	作者	年代	词语	词义
《附音图解英和字汇》	柴田昌吉、子安峻	1885年	preach; promulgate; propagate; propaganda	説法スル、宣ル、講ズル、讃ル； 宣言ス、布告スル、告示スル、告示スル、公告スル； 殖ス、生ズル、弘ル、傳ル、植擴グル； 傳教會ノ名
《ウェブスター氏新刊大辞書》	棚桥一郎、志贺重昂	1888年	preach; proclaim; promulgate; propagate; propaganda	説法スル、説教スル、傳道スル； 揚言スル、宣言スル、布告スル、告示スル、公告スル、揚布スル； 公布スル、告知スル、頒布スル、布告スル； 殖ス、増ス、生ズル、弘ムル、布ク、傳フル、示ス、植擴グル； 羅馬教拡張ノ爲メ羅馬府ニ設立セシ教會(千六百二十二年比)
《明治英和字典》	尺振八	1889年	preach; proclaim; promulgate; propagate; propaganda	説教スル、説法スル、宣教する、説ク、教フル、諭ス； 揚言スル、宣言スル、布揚スル、告示スル； 告知スル、頒布スル、布告スル、公布スル； 傳フル、示ス、教フル、子を産ム、子孫蕃殖スル、茂生スル； 千六百二十二年羅馬教弘布ノ爲ニ羅馬府ニ設ケタル教會

表4是英和字典的记述，与"preach、proclaim"相对应的翻译词里找不到"宣传"。

表5 英和字典的"宣传"(其二)

书名	作者	年代	词语	词义
《英华和译字典》	中村敬宇	1879年	preach; to preach the Gospel; proclaim; to proclaim the Gospel; propagate; propaganda	宣傳、宣、傳、播揚、布揚、セツパウスル； 講福音、傳福音、宣傳福音、フクインヲノベル； 宣、傳、宣傳、播揚、傳播、布揚、布告、フコ゛クスル； 宣傳福音、フクインヲツタヘル； 傳、播揚、宣傳、ツタヘル、傳教、シウモンヲヒロメル； 傳教會名、傳教、ケウクワイノナ

续　表

书名	作者	年代	词语	词义
《订增英华字典》	井上哲次郎	1884年	preach; to preach the Gospel; proclaim; toproclaim the Gospel; propagate; propaganda	宣傳、宣、傳、播揚、布揚； 講福音、傳福音、宣傳福音； 宣、傳、宣傳、播揚、布揚、宣告、布告、告示； 宣傳福音； 傳、播揚、布揚、宣傳、傳教、傳真道、布揚真道； 傳教會名、傳教
《改订增补哲学字汇》	井上哲次郎	1884年	proclamation	宣傳、布告
《英和双解字典》	棚桥一郎译	1885年	preach; proclaim; promulgate; propagation	説法スル； 公告スル、宣言スル、布告スル、告示スル 宣言スル、告知スル、布告スル； 布揚、生殖、宣傳、蕃殖
《苏译英文熟语丛》	斋藤恒太郎	1886年	preach; promulgate; proclaim; publish	To — the Gospel:福音ヲ講ズ、福音ヲ傳フ； To — the Gospel:福音ヲ宣傳ス； To — the Gospel:福音ヲ宣傳ス； To — abroad:布揚ス、播揚ス、宣傳ス、布告ス

表5也是英和字典的用例，能够找到"宣传"在多处使用。表5的这五种英和字典都是和英华字典紧密联系的。《英华和译字典》和《订增英华字典》是以罗存德的《英华字典》为底本而制作而成的。《英和双解字典》以及《和译英文熟语丛》的序言里都参考和借鉴了《英华字典》的翻译词汇。由此可以认为，《英华字典》的翻译词"宣传"通过《英和字典》而借用到了日语中。

通过和译《圣经》和英和字典两种途径，汉译《圣经》以及英华字典的"preach、proclaim"的翻译词"宣传"被借用到了日语中。

（二）"propaganda"（宣传）的成立

在《圣经》里作为基督教用语使用的"宣传"与古代语的语义不同，产生了新的意义，有以下几个特点：

(15) a. イエス遍く郷邑を廻り其會堂にて教をなし天國の福音を宣傳へ民の中なる諸の病すべての疾を癒せり。(《新约圣书・マタイ》,米国圣书会社 1880 年版)

b. 弟子たち遍く福音を宣傳ふ主も亦かれらに力を協せ其從ふ所の奇跡により道を堅うしたまへり。(《引照旧约新约圣书・マルコ》,大日本圣书馆 1896 年版)

c. 今こゝに霊化せられたる神の國の宣傳を悟ること能はざりき、故にイエスは、種々なる事例、説明を以て、此天國が全く超物質のものなることを示さんと勉めたりき。(海老名弾正:《耶稣基督传》,文明堂 1903 年版,第 72 页。)

如例句(15a)那样在宣传福音时通过治病来感化民众,(15b)那样制造奇迹刺激民众,(15c)那样举出种种事例,认真详细地说明,使民众能够更加容易理解。通过各种各样的方法引起民众的注意,打动民众的内心,使民众相信基督教的教理。基督教文献的"宣传"具有这样的特征,从古代语的自上而下命令式的宣传的语义发生了变化。

(16) a. されば現今の社會に充満する醜汚なる罪悪は自ら迹を絶ち、修羅堂の如き社會は化して平和の天國となるに至らむ。是れ社會主義の齎らす一大祝福なり、否是れ社會主義の宣傳する平和の福音なり。(松井知至:《社会主义》,劳动新闻社 1899 年版,第 33 页。)

b. 暇あれば乃ち其妻と倶に机と腰掛を携へて街頭に出で堂々と社會主義を演説し、妻は亦自ら冊子を販売し、熱心に社會主義の宣傳を勉めたりと云ふ、其狀實に初代の使徒等が街頭人を集めて教を説きしに類せずや。(内村鑑三:《基督教と社會主義》,圣书研究社 1907 年版,第 135 页。)

例(16)是"宣传"在传播思想、主义、主张时的用法,仔细阅读例句就会发现这样的用法是和在基督教资料里作为宗教用语使用的"宣传"相联系,并由此而产生。例句里边还残留有基督教传教的场景。

(17) a. これは過激派から出版した主義宣傳の印刷物である。先づ表紙をめくると《資本主義倒せ》と印刷してあるのが目につく。其他失業者への義捐金勧誘もしてあるなど、彼等の心を動かす為の苦心が窺はれた。(《凍れる夜》,《朝日新闻》1918 年 2 月 9 日)

b. 陸軍航空部にては凡ゆる機會に臨みて我國民に航空運輸交通思想の宣傳を試みつつあるが更にこれが徹底的宣傳を期する爲め……建造中の十臺のソツピース型飛行機を選定し近く東京、大阪、京都三大都市の上空を編隊飛行せしめ大に其の宣傳鼓吹に努力することゝなれり。(《新飛行機十臺で陸軍の空中宣傳》,《朝日新闻》1919 年 12 月 3 日)

例(17)是脱离了基督教语境的用法,是从基督教用语一般化之后的用法。

表 6　近代新语辞书的"宣传"

书名	作者	年代	词语	词义
《大増補改版新しい言葉の字引》	服部嘉香、植原路郎	1918 年	プロパガンダ	propaganda(英)傳道會。布教團。最近は大擧傳道、輿論傳道、暗中宣傳、宣傳運動、新聞傳道の意味に用ひられてゐる
《新しき用語の泉》	小林花眠編著	1922 年	プロパガンダ	propaganda(英)本来の意味は、布教団、傳道會などの義であるが、轉じて宣傳、吹聽などの意となり、殊に政策上或は思想を鼓吹する場合などに用ひられる
《英語から生れた新しい現代語辞典》	上田由太郎	1925 年	プロパガンダ	(propaganda)宣傳のこと。大擧して宣傳をする時の言葉で社會主義者が印刷物によってその主義を廣めたり、政府が衛生上の注意を、印刷物や講演で人民に知らせたりすること
《音引正解近代新用語辞典》	竹野长次監修,田中信澄編	1928 年	プロパガンダ	propaganda(英)傳道會、布教會。擴張會、近来は普通に宣傳、運動、廣告等の意に用ひてゐる
《新しい時代語の字引》	实业之日本社出版部編	1928 年	プロパガンダ	英語のpropaganda。で、大擧傳道とも譯すべき、基督教方面の用語であるが、近頃では"宣傳"の意味にも用ひられる。新聞の大廣告宣傳、裏面から行ふ賣名宣傳など、何れもプロパガンダと稱へる。第二義としては自家廣告のことにもいふ

表 7　日本"国语辞书"的"宣传"

书名	作者	年代	词语	词义
《辞林》	金泽庄三郎	1907 年	せん-でん	[宣傳](名)のべつたふること
《大日本国语辞典》	上田万年、松井简治	1917 年	せん-でん	宣傳　のべつたふること。ひろく傳ふること。北齊書"齊受禪授二中書舍人一、宣二傳文武號令一"
《新辞典》	至文堂	1929 年	宣伝	①ひろく伝へること。いひふらすこと。②プロパガンダに同じ
《大辞典》	平凡社	1935 年	宣伝	①のべつたへること。② propaganda（英）一定の事実または思想を多数の人々に意識せしめること。問題を大衆に訴へて、その理解と同感を要求すること。

五、"propaganda"（宣传）传入中国

"宣传"在近代日语中由"宣传基督教福音"的意义一般化之后而产生的"宣传某种主义和思想等"的新用法，在 1910 年代左右传入了中国。

(18) a. 然し何れの國に於ても勞働組合は殆んど宗教的熱心を以て團結の福音を宣傳しつゝあるから、来らんとする三十年間に於て七千萬人の勞働者は殆んど全部團結するに相違ない。(安部磯雄：《最近三十年間に於ける資本の集中と勞働の團結》，《六合杂志》1914 年第 5 期)

b. 然今日无论何国。其劳动者之组合。直以宗教的热心。宣传其团结之福音。故逆料将来之三十年间。此七千万人之劳动者。必归于全部团结而后已。(安部矶雄：《近三十年之资本界与劳动界》，如如译，《东方杂志》1914 年第 5 期)

(19) a. 教育と言っても勞農政府のことであるから發育の根底になってゐるのは無論社會主義である。社會主義を鼓吹し宣傳するのが教育の一つの目的になってゐる。(《歐露の真相》，《时事新报》1919 年 4 月 25 日)

b. 劳动政府之教育方针。当然采用社会主义。以鼓吹及宣传社会主义为教育之一目的。(《欧俄之真相》，善斋译，《东方杂志》1919 年第 10 号)

(20) a. 此學校で速成的に社會主義者を養成して卒業者は全國各地に派遣

されて農民職工労働者の間に該主義を宣伝してゐることは恰も宗教家がその宗旨を宣教するのと同一である。(《时事新报》1919年4月25日)

b. 校中专设速成科。养成社会主义之人物。毕业后，即派往全国各地。宣传此主义于农民职工劳动诸社会。一如牧师之传教。(《欧俄之真相》，善斋译，《东方杂志》1919年第10期)

例句(18)(19)(20)都是从《东方杂志》引用过来的，都是"宣传"在近代日语中生成的新用法，而且文章都是翻译日本的报纸杂志。把日本的原文和翻译后的中文相对比，就会发现日本原文处也是"宣传"。可以断定"宣传"的新用法是通过翻译日本的报刊和杂志而传入中国的。

表8 "英华辞书"的"propaganda"(宣传)

书名	作者	年代	词语	词义
《商务书馆华英音韵字典集成》	ロプシャイト	1903年	propagate; propaganda	传、播扬、传教、传真道、蕃生、传种；传教会名、传教
《英华大辞典》	颜惠庆	1908年	propagate; propaganda	蕃育、蕃衍、蕃生、繁殖、传种、养育；传教会名
《英汉模范字典》	张世鎏	1929年	propaganda	①宣传机关、传教机关、布道会；②宣传法、传教法、布道法；He is engaged in the revolutionary propaganda；彼从事于革命宣传
《双解实用英汉字典》	李登辉	1935年	propaganda	①宣传机关；②宣传之主义、宣传之教义
《综合英汉大辞典》	黄士复	1937年	propaganda	①[天主教]a.管理布教事务之教王阁员会、布教总会；b.布教专门学校；②a.(教旨、学说、新思想等之)宣传、传布、鼓吹、布教、传道；b.宣传机关、宣传会、传布团、布教会；c.宣传法、传布法、鼓吹法、布教法；d.宣传之教旨(或学说、思想)

从表8的英华字典的记述中也能够发现，"propaganda"(宣传)的用法是从日语借用过来的。在《英汉模范字典》和《双解实用英汉字典》以及《综合英汉大辞典》的序言里都说明有参考和借鉴英和字典并从中借用了大量日本词汇。

表 9 中国语辞书的"propaganda"(宣传)

书名	作者	年代	词语	词义
《辞源》(续编)	方毅	1932 年	宣传	传播己派之理想或己国之情形以普及于大众也。鼓吹之法不一,或文字,或演说。要皆伸此抑彼,务希动人,使之助己。欧洲大战以来,宣传之事日盛。如俄国劳动政府之宣传,尤为各国所警戒
《辞海》	舒新城	1936 年	宣传	宣达其意义而传播于众人也。其方法有三:宣传自己方面之优点而引起群众之信仰,是为正面宣传。宣传其他方面之劣点以显出自己方面之优点,予民众以比较的暗示,是为对面宣传。故意宣传自己方面之劣点,而以惊人之消息传播社会,使群众发生深切之注意与印象,是为反面宣传

六、总结

作为结论可以总结以下三点。第一,"宣传"在 19 世纪 60 年代左右,被选为"preach、proclaim、propagate"的翻译词,作为"宣传基督教福音"的意思在英华字典和汉译《圣经》中使用。之后,通过英和字典以及和译《圣经》被借用到日语当中。第二,作为基督教用语被借用到日语的"宣传",在 20 世纪除从"宣传基督教福音"的语义一般化之后,产生了新的"在政治上宣传主义和主张、在商业上宣传商品"的意义。第三,在日语中生成的"宣传"的新语义,在 1910 年代左右又传入了中国。可见,"宣传"是一个典型的在中日之间进行了环流的词汇。

关于汉语词"辐辏"*

新井菜穗子**

一、序论

在江户幕府末期的见闻录中，可以见到"辐辏"这一汉语词。在现代日语中，该词主要作为电信行业所使用的专门术语而为人所知。在今天的电信行业，指通信数据在电话、互联网上聚集，而在当时的见闻录中，除了言说船舶这一交通工具，亦有描写"万国"或"贵贱"、"见物人"（游客）等指"人"的用例。"辐辏"，原指各种事物聚集于一处，若向前追溯，古文献中"人"作为辐辏描写对象的情况亦颇为常见。

自古既已存在的汉语词"辐辏"，其含义、用法亦随着时代而变化。但是"辐辏"的对象如何随着时代的推移而变化，电信行业的"辐辏"又如何为一般人所接受？本文拟就"辐辏"一词的来历与截至如今的用法展开论述，通过汉语词"辐辏"的变迁，揭示近代汉语词确立诸相之一斑。

---

* 本稿最初为2015—2016年"见闻录轮读会"阅读所得。《航米日录》的调查，参阅共同研究会所共享的电子文件。承蒙浅野敏彦氏、彦坂佳宣氏赐教，深表感谢。后据"东亚文化交涉学会第10届国际学术大会"（香港城市大学，2018年5月12—13日）所宣读会议论文修订而成，并由徐克伟译成中文。小学馆《日本国语大辞典》（第二版）、白川静《字通》、小学馆《デジタル大辞泉》等辞书，平凡社《东洋文库》《朝日新闻》及《每日新闻》等报纸杂志文章均使用"JapanKnowledge"在线检索获得。

** 新井菜穗子，国际日本文化研究中心准教授。

二、见闻录中所见"辐辏"

在万延元年(1860年)遣美使节玉虫左太夫的《航米日录》①中,可见"辐辏"这一汉语词的如下用例。辐辏(辐凑)所描写的对象,除船舶,亦可见"万国"的用例。(着重号为笔者所加,以下皆同。)

> 貨幣ハ新瓦刺那達ニテ鋳造セシヲ用ユレドモ、船舶輻湊ノ処故、諸国ノ貨幣ヲ合セ用ユルト云フ。(卷三,闰三月六日)
> 即今経営ノ半ニテ数十ノ船舶輻輳、諸材ヲ運送ス。(卷三,闰三月二十五日)
> 是ニヨリテ万国ノ船舶輻輳シ常ニ数百艘ニ下ラズ、花旗国第一ノ大港ナリ(訳書ニ云、通商ノ盛ナル、英国竜動府ヲ除ク外、全世界中此府ノ右ニ出ズルモノナシ)。(卷五,五月十二日)
> 此府万国輻輳ノ地、人情軽浮ナル由ナレドモ、我等ニ対シテ敢テ無礼スルヲ見ズ。(卷五,五月十二日)
> 万国輻輳ノ大互市場ユヘ貨幣ノ融通尤盛ニシテ、他邦ノ貨幣タリトモ、位ノ貴賎ニ拘ラズ好デ之ヲ受クルモノアリ。(卷五,五月十二日)
> 尤船舶輻輳ノ地ユヘ、他幣モ融通スト云。(卷六,六月三十日)
> 是ヲ似テ諸蛮ノ船輻輳シ来リテ、日ヲ遂テ盛ナリ。(卷七,九月十八日)

在文久二年(1862年)遣美使节益头骏治郎见闻录《欧行记》②中,辐辏对象,除了商船,还可见到"土人""见物(人)""贵贱"等"人"的用例。

> 各国の商船輻輳して貿易を成し。(卷三,五月二十三日)
> 両国の国旗を数本立並べ土人輻輳し大に著を祝ひ。(卷三,五月二十三日)
> 各国の商船数百艘輻輳し。(卷三,六月十六日)
> 各国の商船輻輳なす。(卷四,七月十三日)

---

① 玉虫左太夫:《航米日录》,载《西洋见闻集》,岩波书店1974年版。
② 益头骏治郎:《欧行记》,载《遣外使节日记纂辑》第三,日本史籍协会1930年版。

道の左右には見物輻輳す。(卷四,五月十四日)
貴賤無差別園中に輻輳す。(卷四,八月十四日)

三、"辐辏"的含义

据小学馆《电子大辞泉》,"辐辏"第一释义:"[名](スル)車の輻(や)が轂(こしき)に集まる意。四方から寄り集まること。物事がひとところに集中すること。'雑務が—する'。"("车辐集中于毂",从各方聚集在一起。事物集中于一处。"杂物辐辏"。)第二释义:"(congestion)在电话、网络等线路上,因众多利用者集中于特定时间段,超出能够处理的容量,发生故障而停止服务。"

灾害期确认安全与否,重大活动申请开始,或者新年发送祝福短信,通信数据同时大量聚集而引发辐辏,导致通讯不畅或网络瘫痪。在电信行业,电话或互联网上聚集大量通信数据的这一现象即"辐辏"。

以通信网控制"通信量"(traffic)以规避辐辏,日语称作"辐辏制御"(congestion control),是现代互联网、电话领域的一项重要的基础性课题。在中国,"congestion control"被称作"拥塞控制",未使用"辐辏"这一汉语词。

如上所述,作为现代日语中的汉语词"辐辏"主要作为电信领域的专门术语使用。但是在前揭见闻录中,除了交通工具船舶外,还散见"贵贱""见物(人)""万国"等对象为"人"的用法。

此外,"辐辏"亦有两眼视线向一点聚集之意。小男鹿区间《日本大百科全书》中"辐辏"的释义即"眼前の一点に両眼の視線を集中させる機能をいい、輻湊とも書き、収斂(しゅうれん)、収束(ともいう)"(使两眼视线集中于眼前的一点,亦写作辐湊,亦云收敛、收束)。

而在小学馆《日本国语大辞典》(第二版)中有说明:"'辐'为'车辐','湊''辏'均聚集之意。""辐湊、辐辏"释作"如车辐在车毂处聚集,从四面向中间靠拢聚集。物聚集于一处。又聚集貌"。如此结合"辐辏"本义,也就能够理解关于两眼视线的用法了。

进而言之,作为"辐辏"的用例,《日本国语大辞典》载有如下文献,可知在很久远的古代既已存在:

于是道俗辐辏、阗城溢郭。〔《南天竺婆罗门僧正碑并序》,神护景云四年

(770年)四月二十一日〕

　　輻湊 フクソウトアツマル。(《色叶字类抄》,1177—1181年)

　　朝宗の大会には 輻湊ときたりあつまれり。(《庄严赞》,载《净业和赞》中,995—1335年)

　　江戸は骚士の輻湊する所。(《俳谐·鹑衣》,载《栈集小序》,1727—1779年)

　　駅舎の大なる、鉄軌の輻輳せる、乗車荷車雑沓せること、始めて雄都の繁盛をしる。(久米邦武:《米欧回览实记》,1877年)

　　地四平,诸侯四通,条达辐凑。(《战国策·魏策》)

再看其他辞书,与唐话、白话相关的俗语辞书罕见"辐辏"用例。冈岛冠山的《唐语便用》(1725年,享保十年)、《唐音和解》(1791年,宽政三年)、《唐话纂要》,留守友信的《俗语译义》(1815年,文化十二年,写本载有延享元年序),渡边约郎(益轩)的《唐话为文笺》(1879年,明治十二年),岛津重豪的《南山俗语考》(1813年,文化十年)、《小说字汇》(秋水园主人,宽政三年刊,长泽规矩也编的《唐话辞书类集》第15集,汲古书院1973年版),市川清流据唐话辞书《俗语解》改编而成的《雅俗汉语译解》(1878年,明治十一年)等,均未见记载。时代稍晚的《俗语辞海》(集文馆1908年版)与《俗语大辞典》(集文馆1917年版)亦不见"辐辏"或"辐湊"。

《新令字解》(荻田啸辑,1868年)载有"輻湊 ヨリアツマル(聚集)",《增补新令字解》(东条永胤著,荻田啸编辑,1870年)"輻湊 ヨリアツマル(聚集)",《童蒙必读汉语图解》(弄月亭著编,1870年)载"輻湊 よりあつまる(聚集)"。又大槻文彦《言海》(1886)载"ふく—そう 輻湊(如二輻湊一レ轂也)諸方ヨリ一處ニ寄リ聚ル⊙"(自诸方聚集于一处),平凡社《大辞典》(1936年)载:"フクソー 輻湊、輻輳 車のやがこしに向って集まれるが如く、一箇所に四方より集まること。convergens 眼前有限の距離になる一点を直視する際には両岸の視線をこの一点に集むること必要なり。これを輻輳といひ、その程度はメートル角を以て測定す。"(如车辐向车毂聚集,自四方向一处聚集。convergens,拉丁语,直视眼前有限距离所成之一点,两眼视线必须聚集于此点。)可见在文字表记上,多作"辐湊",从前述《日本国语大辞典》用例可知,古来即存在"辐湊"比"辐辏"常用的倾向。

至于汉语词典,诸桥辙次《大汉和词典》①中,"辐辏"作"あつまりいたる。輻湊

---

① 诸桥辙次:《大汉和辞典》修订第二版,大修馆书店1999年版,第1048页。

に同じ"（聚集。同"辐凑"）。"辐凑"解释作"車の輻が轂に集るやうに物が四方八方から多く集り来るをいふ。湊は聚"（言如车辐聚集于车毂，物自四面八方聚众而来。凑，即聚）。又"辐"解释作"車のや。轂と牙圍とを支へる材"（车辐。支撑毂与牙围的材料）。"輳"则"車輪のやがこしきにあつまる。轉じて、物事が一所に會聚する。通じて湊（7—17822）に作る"〔车辐聚于毂。转指事物汇聚于一处。通作"凑"（7—17822）〕。而"凑"释为"あつまる。水が集まる。亦、輳（10—38429）に作る。あつまる處。水のあつまるところ。みなと。ふなついば。おもむく。いたる。はしる。きそひすすむ。走（10—37034）に通ず。むく。向ふ。はだのきめ。亦、腠（9—29670）に作る。或は奏（3—5915）に作る。冷笑する。ひやかす"〔聚集。水聚集。亦作輳（10—38429）。聚集处。水之聚集处。港口。水陆转运枢纽。赴。至。奔走。竞进。通"走"（10—37034）。向着。肌理。亦作"腠"（9—29670）。或作"奏"（3—5915）。冷笑。冷漠〕。

在白川静《字通》中，"辐"释义为"《说文》^{十四上}轮轑也"。下一条"轑者，盖弓也。一曰辐也"。言车轮中的矢。《周礼·考工记·辀人》中有言"轮辐三十，以象日月"，放射状的车辐支撑车轮。因其集中于车毂处，故物资等自四方聚集称辐凑。又"輳"："言车轮之矢聚集于毂。其状曰辐輳，转言物汇聚于一处。"关于"凑"："奏即奏乐。因合奏诸乐，故有凑集之意。（说文）^{十一上}中可见'人们于水上汇聚之处'。物资于水陆聚集曰辐凑"。

读之如字面所示，"辐"与车轮有关，"凑"与水有关。故而两者分别让人产生通过陆路、水路交通聚集物资的联想。

四、文艺作品中的"辐輳"

如此前所论，见闻录所载"辐輳"的对象，除船舶之外，还存在"万国""土人""见物（人）""贵贱"的用例，进一步予以详细调查，又有"贵贱""人民""士兵""病者"等"见物"（游玩）者作为辐輳对象的用例。

> 金毘羅参　虎御門外京極家御藩邸　謁祠の貴賤陰晴をきらはず、未明より輻輳して霊験を仰ぐ、近郷よりもまうづる人多し、植木其外諸商人市をなせり。見物の貴賎未明より輻輳し、蕃昌毛頴に墨しがたし。（斎藤月岑：《东都岁事记》，出版者不详1970年版）
>
> 元中八年大内義弘、足利義満に功あり。義満因って義弘に増封ずるに和

泉国を以ってす。義弘乃ち堺に城く。爾来人民輻輳の地と為る。織工因って機場を此に開き盛んに綾を織る。当時綾を織出す地は京師、山口及び堺なり。(黒川真頼:《増订工芸志料》,有邻堂1888年版)

下々までも此事厚く申諭し、仮令官軍差向けらるるとも、不敬の事毫末も仕らざる心得なれども、徴国は四方の士民輻輳の土地なれば、多人数の中には、万輔心得違の者なしとももう押し難し。(涩泽荣一:《徳川庆喜公传》,龙门社1918年版)

日本橋の樽正町に開業し病者輻輳せしが、その内水戸侯(烈公)の徴によりて侍医となり。(吴秀三:《シーボルト先生》,吐凤堂书店1926年版)

コレヲ一身ニ警フ。身体健康、精神活澄ナレハ、百病皆消散シ、之レニ反スレハ百病千邪忽チ輻輳ス。(笹森仪助:《南岛探验・琉球漫游记》,出版者不详1982年)

その名声を聞くもの、遠近より輻輳し、教えを請うもの日に万人に達したとさえいわれている。(日比野丈夫、小野胜年:《五台山》,出版者不详1995年版)

大阪は両都に列する大都会にして、四海の輻輳するところ。(山住正己、中江和惠编注:《子育ての書》,出版社不详1976年版)

此所、諸国輻輳の地にして、殊の外繁花の地なり。(松浦静山:《甲子夜話》,出版者不详1978年版)

以下为船舶、货物、人马、人们等与"往来""交通"相关的用例:

シンジュー市はこの大河の本流に浜している関係上、各種各様の商品を積んだ船舶が無数に輻輳し、したがってカーンに納入される貢物、課税の額も非常な数に達するのである。(マルコ・ポーロ述:《东方见闻录》,爱宕松男译注,出版者不详1971年版)

東アジアから西アジアまでをモンゴル政権が覆いつくしたのだから、各種の東西交通路線が内陸アジアに輻輳していたわけである。(マルコ・ポーロ述:《东方见闻录》,爱宕松男译注,出版者不详1971年版)

次第に熱河に接近すると、四方から献上品の人馬が輻輳し集中して、車やウマやラクダが、昼夜、絶えまなく、車馬のとどろく音がひびき、嵐のような勢いであった。(朴趾源:《热河日记・朝鲜知识人的中国纪行》,今村与志雄译,出

版者不详 1978 年版)

  人びとの往来輻輳することは、ほかの地方とは較べものにならない。(吴自牧:《梦粱录·南宋临安繁昌记》,梅原郁译注,出版者不详 2000 年版)

  杭城はとりもなおさず四方の物貨が輻輳する場所で、他の地方とは同日に語れない。(吴自牧:《梦粱录·南宋临安繁昌记》,梅原郁译注,出版者不详 2000 年版)

在近代,亦可见到如下以邮政物品作为辐辏对象的用例。

  年々新年に於ける郵便物の輻輳をさけて、普通郵便の敏活を計らんがためとあって、十二月十五から二十九日、いや、たいていは三十一日まで延ばして、"年賀郵便物特別取扱"と云うものが開始され、どこの郵便局前にもこの九字の立札が目につく。(若月紫兰:《东京年中行事》,春阳堂 1911 年版)

在石井研堂《明治事物起原》中,有如下记述:"年賀狀が、年末歳首に一時に輻湊し、取り扱ひ上の混雑いはんかたなし。よりてこれを防ぐがために、十二月十五日より、集まるに随ひて一月一日の消印を捺し、これを元日に配達す。すなわち年賀状特別扱ひなり。明治三十九年末より行ひたるを始めとなす。"①
  1871 年明治政府确立邮政制度,1873 年发行明信片,普及了以贺年卡传递新年祝福的习惯。结果,每到年末贺年卡大量堆积,成为普通邮政业务的障碍,1889 年开始了将贺年卡与普通邮政分开处理的"年賀状の特別取扱"(贺年卡特别处理)制度。其后,因 1923 年关东大地震、1926 年大正天皇驾崩,全国自慎自戒,贺年卡的特别处置被一度中止。历经甲午中日战争、日俄战争,1940 年贺年卡特别处理遭停止,二战后的 1948 年复活,翌年即 1949 年发行可抽奖的贺年卡。②
  之后,互联网、手机取代邮政并普及开来,取代贺年卡的是,流行新年伊始发送寒暄短信"あけおめ、ことよろ(あけましておめでとう。ことしもよろしく)"(恭贺新年。今年也请多多关照)。因为新年一到人们都集中在同一时刻发送短信,线路处于爆满状态,各家手机运营商便着手强化元旦零点前后的线路并对短信的发送予以管控。如今,不仅邮政,通信网络亦形成辐辏状态。

---

① 石井研堂:《明治事物起原》,筑摩书房 1997 年版,第 207—208 页。
② 金谷俊秀:《知惠蔵》,ライター 2014 年版;河谷史夫:《集配特別扱いの始まり(年賀状七話:その3)》,《朝日新闻》2001 年 12 月 26 日。

日本近代邮政制度由前岛密于明治四年(1871年)创始。与从前飞脚(中世近世期间,专门从事书信、钱财、小商品等配送的人们)承担书信传递,并发挥运送钱财、货物功能相比,近代邮政仅处理书信,交通与通信分离。但是,原本飞脚往来的东海道既是物流的交通网,同时又是信息通信网。人、物、信息的往来,分别变现为狭义的交通、运输(物流)、通信,所有这些各种往来均可被称作"广义的交通"。运输"人"的"狭义交通"为旅客运输(火车、家用轿车、公共汽车、出租车),运输"物"的"运输"为货物运输(火车、卡车),传达"信息""含义"等"通信",自古而今有狼烟、旗帜、飞脚、信鸽、书信、电报、电话、互联网等为其媒介。这些事物往来的场所交通网或通信网,而交叉离散的地点、场所、驿站、现代互联网 IX(Internet eXchange),在这些形成所谓集线器(HUB)的地方,各种事物集中而形成辐辏。

辐辏,换而言之,即道路交通中的交通堵塞,通信网络端头集中,其结果因 traffic 爆发式增加导致系统瘫痪。不仅只是手机短信"あけおめ、ことよろ",大规模灾害发生之际确认安全与否,重大活动的票务预约开始的时候,都曾由于通信数据一时间大量聚集而导致辐辏发生。

飞脚、邮政等传递书信,是由人来传送书写信息的纸张这一物理性的物质,而因电报电话、互联网的发达,书信(书写信息的纸张)这一物理性的实体不在而变成传递电信号,进而由于光通信的实现,光信号取代电信号。如此这般,随着通信形态的变化,"辐辏"这一汉语词运用在通信领域作为专门术语而固定下来。

五、中国"辐辏"

在《汉语大词典》光盘版(商务印书馆2007年版)中,"辐辏"的释义如下引文,而"辐凑"条"见'辐辏'"。在所载用例中,作为"辐辏"(辐凑)所修饰的对象,可以看到"群臣修通""万方""祸患""万国""诸侯游客士""宾客"等。

> 亦作"辐凑"。
> 集中;聚集。《管子·任法》:"群臣修通辐凑以事其主,百姓辑睦听令道法以从其事。"《文子·微明》:"志大者,兼包万国,一齐殊俗,是非辐辏,中为之毂也。"汉班固《东都赋》:"平夷洞达,万方辐凑。"南朝梁刘勰《文心雕龙·事类》:"众美辐辏,表里发挥。"唐韩愈《南山诗》:"或散若瓦解,或赴若辐凑。"宋陈亮《祭妹文》:"三载之间,祸患辐辏。"清李必恒《谒浮山禹庙次昌黎石鼓韵作歌》:"蒸民乃粒玉帛会,万国辐辏车书和。"梁启超《中国学术思想变迁之大势》第三章第二节:

"及战国之末,诸侯游士,辐辏走集,秦一一揖而入之。"范文澜、蔡美彪等《中国通史》第三编第七章第八节:"长安是文化繁荣的都市,也是交通频繁、宾客辐辏的都市。"

以"辐辏"(辐凑)求之于中国典籍①,则有"辐辏并进,则明不可塞"(《鬼谷子·符言》)、"地四平,诸侯四通辐凑,无名山大川之限"(《史记·张仪列传》)、"是故群臣辐凑并进"(《淮南子·主术训》)、"且明主在上,法令县于下,吏人人奉职,四方辐辏,安有反者"(《汉书·郦陆朱刘叔孙传》)等等,诸多用例。

又于载录白话小说的《开放文学》②中,亦可见"人烟""车马""富商过客""四海禅徒""酒客""禅侣""贤哲""四海"等,和日本一样多种多样的用例。

  此荒僻去处,哪有人家?往东十余里,到大湾口,方才人烟辐辏。(《东度记》第十五回《茶杯入见度家僧 一品遗书荐梵志》)
  两旁歧途曲巷中,有无数的车马辐辏,冠盖飞扬,人往人来,十分热闹,当中却有一条无偏无颇的荡平大路。(《儿女英雄传》源起首回《开宗明义闲评儿女英雄 引古证今演说人情天理》)
  先是江口下市,有名娼号为四水和者,才色绝类,富商过客辐辏其门。(《花影集·庞观老录》)
  其道芬馨四海禅徒辐凑。(《宋高僧传》第十二卷)
  此道士来,则酒客辐辏。(《括异志》第六卷)
  八年春禅侣辐凑众力义成此院。(《宋高僧传》第二十七卷)
  非奘难其移转矣,奘门贤哲辐凑。(《宋高僧传》第十七卷)
  比三世为三公,再奉送大行,秉冢宰职,填安国家,四海辐辏,靡不得所。(《东汉演义》第五回《掘后坟群臣荷锸》)

六、现代"辐辏"

在古代,"辐辏"主要用于描写人马、贵贱等交通、往来场所,在现代则作为电信领

---

① 中国哲学书电子化计划:http://ctext.org/liji/yue-ling/zh;汉籍电子文献资料库:http://hanchi.ihp.sinica.edu.tw/。
② 开放文学:http://open-lit.com/。

域的专门术语而为世人所知。但是如果翻阅报纸杂志，不仅大规模灾害发生时或因新年伊始寒暄所导致的电话、互联网的通信辐辏，令人意想不到的是，实际上尚有其他各种用例：

> 阪神大震災は、電話交換機のバッテリー故障など通信インフラの防災想定を超える事態が相次いだ。NTT回線には利用者が殺到し、みぞうの"輻輳現象"（回線が込み合い、電話がかかりにくくなる状態）も発生した。（《朝日新聞》1995年2月1日）
>
> 阪神大震災で大阪ガスは、五地域約八十六万戸へのガス供給を止めた。……電話は、交換機などの故障や断線で約四十八万回線が不通になったほか、電話が殺到してかかりにくくなる輻輳で、混乱が広がった。（《朝日新聞》1995年3月2日）
>
> 電話やメールが突然、集中し回線ネットワーク機能が低下する状況を"輻輳"という。輻輳には、次の三種類がある。(1) コンサートなどのイベント会場などからの発信が増大する局所輻輳 (2) 地震や災害、元旦の"おめでとうコール"などで起きる広域輻輳 (3) チケット販売受け付けなど、特定の電話番号に集中する企画型輻輳。（《毎日新聞》2003年8月27日）

以上用例皆为表示电话或互联网的混杂，而以下的例子，则有"人、物、情报（信息）""宗教与种族""宪法、冲绳、基地"等通信领域以外的用例：

> 国際社会の交通整理。人も物も金も情報もますます動きが輻輳する中で、国と国との利害を調整し、統一的な意思みたいなものを作ってゆく組織は必要と思う。（《毎日新聞》1998年4月30日）
>
> 特に中東地区の輻輳した宗教と種族、遊牧民の定住化、石油産業に偏った経済など近代国家形成過程における陣痛は、いつどこで破裂しても不思議ではない。（《朝日新聞》1990年08月26日）
>
> 戦争が終わり、27年間にわたるアメリカ統治の時代が過ぎ、"憲法のもと"へ帰っても、なお続く基地の密集。憲法―沖縄―基地が輻輳する構図を、沖縄と本土、それぞれの新聞はどう伝えてきたか。（《朝日新聞》2015年10月5日）

其他则如下所示，根据现有词典的义项解释不通。(1)(2)或可解释为"交错"，而(3)(4)或可释义为"竞争"或"对抗"。

(1) センバツ初出場の感激と晴れの舞台でのナインの頑張り、そして別れのつらさが輻輳した万感の涙でした。(《每日新闻》2004年3月29日)

(2) 過去と現在が輻輳する壮大なプロットが見物だった"時の密室"。(《朝日新闻》2008年4月27日)

(3) フライトレコーダーの記録を見る限り、水平安定板はプログラム通りに動いている。本来、人間の動作を援助するはずの自動操縦と手動操作が輻輳し、真っ向から対立してしまった。(《朝日新闻》1994年5月11日)

(4) 権利関係が輻輳しているから、時間をかければ復興の町づくりは困難になるだろう。(1995年3月20日)

以下表达则显得稍稍不合语感。其中，(5)似为"复杂化"，(6)近于"复杂地纠缠在一起"之意。而(7)或作"多层"，(8)或作"复合""融合"或"对抗"，(9)则为"腹藏"之意。

(5) 同じ実作者として、これだけ輻輳したストーリー、多くの登場人物を、なんの遅滞もなく動かした力技には脱帽するしかない。(《朝日新闻》1998年3月19日)

(6) 自分と同じ年代の夫婦には妻を「さん」付けで呼ぶ男が少なくない。これには男女平等思想やニューファミリー、新しい共生関係といったかっこいい言葉だけではとらえられない輻輳した理由があると私は思っているのだが、それはともかく、新しい時代のキャスチングボートが"女"であることは確かだ。(《朝日新闻》2000年8月3日)

(7) 時代が輻輳的で、文化そのものの層も厚い。(《每日新闻》2007年10月10日)

(8) 監督の体験した悲劇と、ぼくのオプチミズムとが輻輳した映画になればいいじゃないですか。(《朝日新闻》1999年8月17日)

(9) 会見で中村市長は"3者の協議の場で、互いの立場を輻輳なく話せば結論は見えてくるのではないか"と話した。(《每日新闻》2007年5月9日)

此外,以下(10)—(12)用例则与既有语意呈现出很大的差别;当然,也不是与事物集中毫无关联。事物集中的结果,可以解释为导致错综复杂、混杂、混乱,或系使用者有意为之。

  (10)すべてを個人、一代単位とすればともかく、家族の姓が輻輳したのでは、他者にとっては大迷惑で、社会的処理も大きな負担であると思います。(《每日新闻》1995年9月24日)
  (11)輻輳した伏線と凝りに凝った構成は、まさに上質の本格ミステリー。(《朝日新闻》2000年5月28日)
  (12)女心を溶かすかっこよさのドキドキ感キスシーンも健在で、危ない魅力がなくなったわけでもない。いわば魅力が輻輳したのだ。

七、结论

  古典汉语中的"辐辏"原为"诸多事物聚集"之意。历经明治时期近代邮政制度的整备,电话、互联网的普及,"辐辏"逐渐被用于电信领域。而用于电信领域的"辐辏",在作为基本含义"聚集"这一点上与原意用法相同。然而,近年来"辐辏"保持与本意"聚集"相关性的同时,亦可见与"聚集"这一含义稍稍不同的用例。这一语意的变化,汉语的转换似乎1995年以降所发生的事情。

  作为其转折点的契机之一,是1995年1月17日阪神淡路大地震。在此之前,存在邮政、电话"辐辏"。但是用于通信界的"辐辏"在大地震之前,无非专门领域的人们所使用的特定专门术语。如此前所引报纸杂志用例所示,阪神淡路大地震之际,爆发式的拨打确认安全与否的电话,因而线路辐辏成为社会性的大问题,辐辏这一汉语词始进入一般民众的生活中来。

  而且,同年11月23日Windows 95投放日本市场。以此为界,日本互联网取得爆发式发展。而这一时期适逢传呼机的全盛期,手机还很少。都说当时电话很难接通而手机畅通,实际上是因为手机使用者为数不多。但是也就是在这时,手机的巨大威力举世瞩目,以此年为界,手机开始呈现爆发式的普及。

  尽管原本为"聚集"之意的汉语词"辐辏"自古既已存在,但是作为截然不同的通信领域的专门术语得到瞬间曝光后,"辐辏"进入普通大众的视野中,并呈现出与原义略有差别的用法与义项。虽然如"姑息""破天荒"等,确有原属误用却经广泛使用而获得新义项并固定下来的用例,但见于上一节的"交错""竞争""复合""对抗"等语意用法,能否作为汉语词"辐辏"义项固定下来目前还很难说,但是确亦呈现出原义变化、衍生新义项的征兆。本稿即通过汉语词"辐辏"的变迁,尝试考察、讨论近代汉语词汇确立诸相的一个侧面。

中国地铁站名的英语标记
——作为国际化指标

永田高志**

一、前言

最近由于跨国婚姻盛行、留学生数量猛增以及政府为解决少子化带来的劳动力不足问题而大量引进了外国劳动力等原因,日本在不断地走向国际化。如今的日本被称为"多文化共生社会"。公共机关的文书、道路、车站,商业场合的广告文书、广告牌等与国际化密切相关的多语种标记等问题越来越受到重视。本文主要聚焦于地铁名称的英语标记问题。地铁是大众频繁利用的交通工具,兼具行政性及经济性两方面功能,即不仅能够为居民带来便利,也能够增加城市魅力,招揽更多的游客从而获取旅游收益。面向当地居民还是游客?利用者的日语能力如何?这些因素决定了什么样的标记更容易读。日本各个都道府县都各自颁布了相关的标记方法指导意见,日本国土交通省观光厅(相当于中国的"文化和旅游部")在比较并参考各个地方政府颁发的指导意见后,出台了国家层面的指导意见。下文通过对中日地铁名称标记的对比,考察中国地铁英语标记的问题并思考改善之方法。

---

* 本文最初是笔者于南京农业大学担任日语外教期间(2015年8月—2016年7月)用日语写作的。为了让中国读者能够了解一个外国人眼中的中国国际化进程以及若干建议,便决定要翻译成中文并发表。本文的翻译工作由南京理工大学薛华民担任,在此表示感谢。
** 永田高志,日本游知国际日本语学院教授。

二、日本的地铁英语标记

首先我们来看一下日本的车站是如何标记的。很多城市的地铁都有日英中韩四种语言标记。英语是国际通用语自不必说,汉语及韩语是因为这两个国家到日本留学、工作、旅游的人员非常多。① 另外在俄罗斯人比较多的北海道以及巴西人比较多的浜松还会相应地标俄语或葡萄牙语。本文主要考察国际通用语英语的标记情况。

日本的英语标记有两个问题。首先是日语拉丁字母标记问题。日语通常使用汉字和假名,一般认为这两种文字对于外国人来说比较难,于是面向外国人的标记一般采用罗马字。这是因为我们有一种先入为主的观念——会英语的外国人一定能读懂罗马字。但根据对居住在日本栃木县的外国人进行调查的结果,该地的外国人认为假名比罗马字更容易懂。罗马字有黑本式和训令式两种,并非只要是拉丁字母,外国人就一定能看懂。黑本式是美国人 James Curtis Hepburn 于德川幕府末期来日本后编撰面向英语母语说话人的和英词典时所用的标记。其当然采用英语母语说话人容易读的标记方法。而训令式则是日本人自己基于日语的音韵体系,为了方便日本人理解而发明的标记方式,并不适用于外国人。比如黑本式的 shi 到了训令式中就会变成 si。日语把齿龈摩擦音"サ"和"シ"的辅音看作同一个音,对于日本人来说 si 更容易懂。另外,"チ""ツ"和"フ"由于其音声音韵的区别也导致了两种罗马字标记的不同。英语中不存在的促音和拨音的标记也有问题。还有"オジサン"(叔父)和"オジイサン"(祖父)这种仅因是否有长音"イ"而发生音韵区别的情况。关于长音的标记,训令式采用"î"(上面是一个小山形状),而黑本式采用的是"ī"(上面是一条横线)或者"ii"(元音重复)的形式,并没有统一起来,这对外国人来说很难理解。外务省 2016 年的 HP 上如下记载:"护照姓名的标音,基于应该按照国际最通用语音英语的母语说话人发音时最接近日语的发音标记进行的观点,一直采用黑本式。但是关于姓名,特别是名字部分,近年来小孩起名时采用非常用音训或者惯用音,或起外语名字或带洋味名字的情况变多,因而在申请护照时希望采用例外标记的申请人有所增加,若其真是以该名字实际生活的情况下可以允许其不采用黑本式标记。"② 从而可以看出其是以国际通用语言英语作为罗马字标记基准的。另外,在购买国际机票等涉外情况下个人应采用统一的标记。比如,笔者的名字タカシ可以选择黑本式的

---

① 日本车站的中文标记使用的是简体字,但是即使是同一汉字,中日文的发音也大相径庭。比如笔者所在日语学校的最近一站"凑川",中文是读 còu chuān,但是这么读,一般日本人根本听不懂,还不如读罗马字 minatogawa。不过中国人会通过写汉字来和日本人沟通,笔者也经常通过汉字与中国人交流。
② http://www.mofa.go.jp/mofaj/toko/passport/pass_4.html#q17.

"takashi",也可以采用训令式的"takasi",但是如果护照是"takashi",而买票时填写"takasi"的话则不会被认作同一人物。日本国有铁路部门1973年颁布的《铁路标记基准的规定》中,明确表示站名标记采用修订后的黑本式,1987年改版后依然继续采用黑本式。但是关西的各个私营铁路以及JR的罗马字站名标记中,黑本式和训令式存在混用,甚至同一家私营铁路也有分歧。

其次是专有名词和普通名词的区别问题。比如,东京地铁有一站叫"代代木公园",有的人认为"代代木公园"就是一个专有名词,而有的人则认为"代代木"是一个专有名词,后面的"公园"则是一个普通名词,于是就有了"Yoyogi-koen"和"Yoyogi Park"两种标记。另外"明治神宫前"也有"Meiji-jingumae"和"MeijiJingu Shrine"两种标记。"Jingu"本身就有shrine的意思,所以是一种双重标记现象。国土交通省国土地理院把前者称为置换式,后者称为添加式,在地图标记时两者并用。福冈地铁"大濠公园"站则用"Ohori-koen (Park)"的标记,把英语放到括号里面置于后面。东京国道事务所指出,为了迎接2020年东京奥运会与残奥会,要进一步改善道路的英语标记。比如,外国人乘坐出租车去"六本木大街",如果按照现有的标记"Roppongi Ave."告诉司机,司机或许不能一下子领会。询问一般人,也会产生同样的问题。作为对策,东京国道事务所提出采用"Roppongi-dori Ave."这一英语标记,并说明这个标记包含了日本人熟悉的道路全称,所以对于日本人来说容易识别。还有像"Shin-otsuka"(新大塚)这样采取在普通名词和专有名词间加上横线的方法。再者,在日本道路标记名称中带有数字的地点很多,比如"新宿三丁目",英语标记为"Shinjuku-sanchome"(在大阪则为"Shinjuku-3chome")。尽管有一些政府指导意见以及相关部门的呼吁,但现实当中,英语标记往往还是没有统一。比如多家铁路运输公司云集的新宿站,光一个"新南口"就有"New South Exit""Shin Minami Entrance""Shin South Gate"三种标记。基于外国人越来越多这样一个现状,国家以及东京都政府,加上交通公司等民间机构举办了"多语言应对协调会",其中一个分会场讨论了对外国游客体验团以及新宿站的外国游客进行问卷调查的结果,以图改善现状。

三、中国地铁站名的英语标记

中国大陆的地铁站名大部分都是中[①]英双语标记。具体来说,汉语用简体字标记,专有名词用拼音、普通名词用英语翻译。所谓拼音就相当于日本的罗马字。大陆

[①] 日本一般把汉民族的语言称之为中文(中国语),而在中国国内则一般称作汉语。中国的纸币上除了汉语还有蒙古语、藏语、维吾尔语等多种语言。

汉语拼音的罗马字标记对于外国人来说是否易读并能理解，笔者持有疑问。

现如今除了中国大陆，在台湾地区也开始使用拼音，毫无疑问非常普及。但是，中国大陆也存在两类汉语语音标记形式，一个是 Thomas Francis Wade 创始的威氏拼音，另一个是中国学者根据音韵体系制定的汉语拼音。1958 年随着后者的颁布，前者也被废止，现在一般中国人习得并使用的是后者。但这种基于汉语（普通话）音韵体系而创造的汉语拼音，对于外国人来说，如果不经专门学习是很难正确掌握的。特别对于无法区别送气音和非送气音的英语说话人，很难区分"p"和"b"、"t"和"d"的读音。比如，"北京"拼音是 Beijing，邮政拼音则是 Peking。汉语当中区别送气音与不送气音，比如唇音不送气音标记为 b，送气音则标记为 p，而英语当中没有送气不送气的区别特征。同样的音韵区别在舌面音 j 身上也存在。对于以日语为母语的笔者来说，汉语的不送气音 b 听起来就像不送气音 p。拼音的 b 在 IPA 中对应的是 p，而 p 对应的则是 p^h。元音方面，Peking 的 e 英式英语发"iː"，美式英语则发"ei"。威氏拼音是反映了英国人如何听取汉语发音的，而现在外国人一般却都学普通话拼音。但是没学过汉语的一般英语母语说话人会根据英语的习惯把 Beijing 的 b 按浊音 b，j 按齿龈塞擦音进行发音。另外，访问中国的外国人不全是以英语为母语的说话人，到底应该以什么样的外国人为对象进行标记，还有待进一步考察。

下面我们来回顾一下拼音的历史。日本从明治时期就开始出现了罗马字化的运动，主张废除汉字全部采用罗马字书写，现在该活动仍然在继续。不光是废除汉字，而且主张废除扎根于汉字的一些词汇。朝鲜则在第二次世界大战后废止汉字改用韩语字母，但是最近开始有恢复汉字的运动。在中国，甲午战争后，由于汉字太难，妨碍教育的普及，便出现了汉字改革的运动，到了 20 世纪二三十年代又出现了汉字罗马字化的运动。1958 年《汉语拼音方案》颁布以后，中国政府力推拼音作为汉语的唯一表音方式。2000 年第九届全国人民代表大会常务委员会第十八次会议通过《国家通用语言文字法》，确定简体字为中国标准文字，从而拼音化运动也就告一段落。但是拼音因其具有一定的价值，被继续保留使用。这是因为，汉民族之间也因为地域方言差异比较大，为了推广普通话，在初级教育阶段需要罗马字。现在的普通话是以北京方言为基础形成的，对于不讲北京话的人来说，需要表音的罗马字。拼音这种罗马字标记便是这样普及的。

外国人在学汉语时除了学习音韵标记还得同时学习声调。这是因为如果不学习声调就无法准确理解意思。中国的儿童在学校学的都是带有声调记号的拼音。但是地铁站名虽然使用拼音在标记，却没有加声调。那么中国人自己能够理解没有声调的拼音站名吗？还是说因为有汉字标记，所以就无所谓有无声调？再者，外国人看到这样的站名,即便是学过汉语的音韵系统,没有声调能看得懂吗?跟旁边的中国乘客讲话时,即便站名的声调发错,对方也能理解吗?汉语是以汉字词为基础的语言,是无法废除汉字词的。汉语当中有很多需要声调进行区分的词。

为了推广普通话以及拼音,在普通话及简体字已经非常普及的今天,其功能已经发生了变化。现在电脑手机都是用拼音打字,在这样的时代背景下,出现了很多常写错字的小孩。日本同样也出现了年轻人因为可以通过罗马字打字所以不会读也不会写汉字的社会问题。拼音更大的功能在于为不认识汉字的外国人提供一种汉语发音标记。在这一点上,日本的罗马字具有同样的功能。拼音可以说是国际化的一种手段。地铁上的拼音标记也可被看作一种英语标记。

对于外国人来说何种罗马字标记容易识别理解,还有可以考察的余地。比如存在英语标记的不统一现象。2005年开通的南京地铁1号线"中国药科大学站"在路线图上是"CPU",而在同一线路的"安德门站"内的指示牌上则标记为"China Pharmaceutical University"。另外还有标记词与词中间的空格的问题,在此主要分析车内以及站口张贴的路线图中的名称。①

(一) 南京

其英语标记主要有以下的特征。

第一,专有名词通常都是用汉语拼音标记。如元通站,Yuantong;大行宫站,Daxinggong;下马坊站,Xiamafang;苜蓿园站,Muxuyuan;新街口站,Xinjiekou。99例中有83例(占全体的83.8%)。另外还有以下这样的站名:玄武门站,Xuanwumen;天隆寺站,Tianlongsi;河定桥站,Hedingqiao;百家湖站,Baijiahu;云锦路站,Yunjinlu;五塘广场站,Wutangguangchang。各个词中的"门、寺、桥、湖、路、广场"等成分虽然可以分离出来当作普通名词,但是还是以汉语拼音进行标记。2015年开通的3号线的英语名中,五塘广场被标记为Wutang Square,但在路线图上依然使用拼音。

第二,明显非专有名词的部分用英语进行意译。如红山动物园站,Hongshan Zoo;南京站站,Nanjing Railway Station;奥体中心站,Olympic Stadium;禄口机场站,Lukou International Airport。只有9例(占全体的9%)。关于方向名称有英语和汉语拼音两种标记,没有加以统一,如南京南站,Nanjing South Railway Station;奥体东

---

① 中国每个城市的地铁都有网站,且上面有公布路线图。本文是基于网上公布的信息进行分析的。参见南京地铁网址:http://www.njmetro.com.cn/;上海地铁网址:http://www.shmetro.com/;北京地铁网址:http://www.bjsubway.com/;香港地铁网址:http://www.mtr.com.hk/en/customer/tourist/index.php/。

站,Olympic Stadium East;翔宇路北站,Xiangyulubei;翔宇路南站,Xiangyulunan。

第三,大学名称用拉丁字母名称的首字母进行标记。如南医大·江苏经贸学院,NMU/JIETT;南京交院,NJCI;南京林业大学,NFU;河海大学,HHU;东大,SEU;南大,NJU。共有8例(占全体的8%),如果不知道原大学名字的话,是很难理解的。其中NMU是Nanjing Medical University的缩写,而NJCI则是Nanjing Communications Institute of Technology的缩写。汉语当中有"南医大、南林大、中药大"等说法,这种缩略方法被沿用到了英语中。汉字缩略语的每个汉字都有意思,即使省略也能够进行还原。英语中也有MIT(Massachusetts Institute of Technology)、UCLA(University of California at Los Angeles)这样只取首字母的例子,这个只有在知名度非常高的大学身上才会出现。

只有一个例外是南京工业大学站,使用Nanjing Tech,没有进行省略,但是该大学官方主页上又显示为Nanjing Tech University,英语标记没有统一。

(二) 上海

可以说上海是中国最国际化的城市了,下面我们来看看其地铁站名的翻译。

第一,专有名词后的词作普通名词进行意译。268例标记中有222例是按这样的方法用英语进行翻译。比如"莲花路站"便翻成了"Lianhua Road"。上海268个地铁站名中有157个(58.6%)带有"路"字。关于"路"的翻译,南京全部采用lu(101个站名中有25个,24.8%),而上海则基本用road来对应。唯一例外的是"外环路站",被翻成了"Waihuan Lu",其理由是"外环路"不是普通的路,而是"外环高速路(S20)"的略称,所以标记为"Lu"而不是"Road"。这也从反面证明了在上海"路"原则上要翻译成road。

另外,还有如下的翻译(标记)现象。1.道路:宝安公路站,Baoan Highway;世纪大道站,Century Avenue。2.自然:复兴岛站,Fuxing Island;滴水湖站,Dishui Lake。3.交通枢纽:上海南站站,Shanghai South Railway Station;虹桥2号航站楼站,Hongqiao Airport Terminal 2;浦东国际机场站,Pudong International Airport;国际客运中心站,International Cruise Terminal。4.人工建筑物:锦江乐园站,Jinjiang Park;张江高科站,Zhangjiang Hi-Tech Park;漕河泾开发区站,Caohejing Hi-Tech Park;上海科技馆站,Shanghai Science & Technology Museum;中华艺术宫站,China Art Museum;上海体育场站,Shanghai Stadium;上海体育馆站,Shanghai Indoor Stadium;上海游泳馆站,Shanghai Swimming Pool;松江体育中心站,Songjiang Sports Center;上海图书馆站,Shanghai Library;人民广场站,People's Square;静安寺站,Jing'an

Temple;上海马戏城站,Shanghai Circus World;江湾镇站,Jiangwan Town。

"锦江乐园站""张江高科站""漕河泾开发区站"都用park进行了翻译,其中后面两个是为了让外国人明确意思而刻意加上的。"馆"和"宫"都用Museum进行翻译,这对于外国人来说比较容易理解。为了区别"场"和"馆",使用了不同的英语进行对应。另外方位名词采用了词首英语翻译,如"友谊西路站"翻成"West Youyi Road",以及"徐泾东站"翻成"East Xujing"。

第二,两字词被当成专有名词用汉语拼音进行标记。[①] 共有46例(17.2%)被当作专有名词,仅用汉语拼音进行标记。比如,"虹桥路站,Hongqiao Road"中,"虹桥"是地名专有名词而没有用"bridge"进行翻译。同样的例子还有三例。但是只有南浦大桥站一例用"bridge"进行翻译,被翻译成了"Nanpu Bridge"。另外"豫园站,Yuyuan Garden"中将"豫园"当成一个专有名词,然后在后面再加上garden。但是,"李子园站,Liziyuan"并没有翻译成"Liziyuan Garden"或者"Lizi Garden"。

第三,仅用汉语拼音标记的三字以上的站名有22例(8.2%),如彭浦新村站,Pengpu Xincun;通河新村站,Tonghe Xincun。像上述例子一样带有"新村"的站名共有7例。另外还有带有"新城"的站名,虽然分开写了,但也没有翻译成英语,如松江新城站,Songjiang Xincheng;嘉定新城站,Jiading Xincheng。

第四,大学名称没有略写。上海大学站,Shanghai University;同济大学站,Tongji University;交通大学站,Jiaotong University。如上述例子所示,并没有像南京那样进行首字母缩略。

(三) 北京

北京作为政治中心,最能体现中国政府的意向。其国际化程度又如何呢?其地铁站名英语标记主要有以下的特征。

第一,287例地铁站名中,有229例(79.8%)是用专有名词的汉语拼音来表示。其中两字专有名词的有58例(20.2%)。如西四站,Xisi;西单站,Xidan;西直门站,Xizhimen;东四站,Dongsi;东单站,Dongdan;东直门站,Dongzhimen。以上这样成对的站名可以认为是源于东西方向的专有名词,比如"西四"是"西四牌楼"的省略。"路(17例)、桥(17例)、口(16例)、庄(9例)、园(4例)、寺(3例)"等可以看作普通名词的词毫无例外全部用汉语拼音标记。所以有很多带"门"的站名(22例)也没有被译成

[①] 奈良时代的"飞鸟、大和、和泉"等地名便是模仿中国唐代的习惯而形成的。现在中国的地名也多为两字,可见两字标记是汉语地名的一个习惯。

英语。

第二,一部分普通名词翻成了英语,但只有60例(20.9%)。例如八角游乐园站,Bajiao Amusement Park;军事博物馆站,Military Museum;北京站,Beijing Railway Station;雍和宫站,Yonghegong Lama Temple;国家图书馆站,National Library;动物园站,Beijing Zoo;欢乐谷景区站,Happy Valley Scenic Area;森林公园南门站,South Gate of Forest Park;奥林匹克公园站,Olympic Green;农业展览馆站,Agricultural Exhibition Center;园博园站(国际园林博览会),Garden Expo Park;国展站(中国国际展览中心),China International Exhibition Center;十三陵景区站,Ming Tombs;生命科学园站,Life Science Park;3号航站楼,Terminal 3;亦庄文化园站,Yizhuang Culture Park。

"北京站站"是位于北京火车站下方的北京市地铁运营有限公司运营的地铁站,也叫"北京站地铁站"。同样也有"南京站站"和"上海站站"。日本地铁东京站不叫"东京站站",而是称之为"地铁东京站",以区别于"JR东京站"。在上海"寺"被译成"temple","湖"被译成"lake",但在北京这些还是用汉语拼音标记,比如"大钟寺站,Dazhongsi"和"团结湖站,Tuanjiehu"。"园博"和"国展"分别是"园林博览会"和"国际展览中心"的词头缩略语,其英语翻译除了使用了Expo这样英语本有的缩略语外,没有采取其他的省略手段,这与南京的标记方法不一样。另外关于方位词,北京采取的是像"天安门西站,Tiananmen West"以及"安河桥北站,Anheqiao North"这样按汉语语序将方位词排列专有名词的后面,这与上海的情况正好相反。

但是也有以下的例子,如望京西站,Wangjingxi;西钓鱼台站,Xidiaoyutai;丰台东大街站,Fengtai Dongdajie;惠新西街南口站,Huixinxijie Nankou;和平里北街站,Hepingli Beijie。其中的"望京西站"并没有翻成"Wangjing West","南口"和"北街"也都被当成专有名词而用汉语拼音加以标记。

第三,大学名称没有缩略成首字母。比如人民大学站,Renmin University;传媒大学站,Communication University of China;沙河高教园站,Shahe University Park;良乡大学城站,Liangxiang University Town。并没有像南京那样进行省略。有趣的是,其他站名中出现北京的时候都是用汉语拼音Beijing标记,只有"北京大学东门站,East Gate of Peking University"中采用了威氏拼音"Peking"。1898年建校的北京大学官网也是采取Peking University的标记。但是北京工业大学则取汉字词首字的汉语拼音进行标记,即"北工大西门站,Beigongda Ximen"。

(四) 香港

香港在1997年回归之前被英国殖民了150余年,可想而知与内地有所不同,因此笔者也做了详细调查。其通用语为粤语，车内广播依次为粤语、普通话、英语。站牌上使用的是繁体字，专有名词标记为粤语发音，罗马字标记与普通话拼音标记不同。①

第一，突出特征是单纯英语标记的站名比较多。如大学站，University；马场站，Racecourse；会展站，Exhibition；金钟站，Admiralty；鲗鱼涌站，Quarry Bay；北角站，North Point；康城站，LOHAS Park；太子站，Prince Edward；中环站，Central；钻石山站，Diamond Hill；佐敦站，Jordan；奥运站，Olympic；坚尼地城站，Kennedy Town；铜锣湾站，Causeway Bay；炮台山站，Fortress Hill；欣澳站，Sunny Bay；博览馆站，Asia World-Expo；机场站，Airport；柯士甸站，Austin；第一城站，City One；迪士尼站，Disneyland Resort；轻铁车厂站，Light Rail Depot；蝴蝶站，Butterfly；泽丰站，Affluence；美乐站，Melody Garden；丰景园站，Goodview Garden；景峰站，Prime View；市中心站，Town Centre；翠湖站，Chestwood。

有一站的标记是"HKU"，是"The University of Hong Kong"临近的站，这是为了区别于香港中文大学临近的"University Station"。其次，有用英国人名（Jordan、Kennedy 和 Edward）命名的车站，有取"lifestyle of health and sustainability"首字母LOHAS 而命名的"康城"，有意思为"堤坝，Causeway"的站名，有来自于小区名称的"City One""Butterfly""Melody Garden"和"Affluence"等，受英语的影响显而易见。"Sunny Bay Station"本来被称为"Yam O，阴澳"，意为"昏暗的港湾"，但后来被改为"Yam O，欣澳"。另外采用了"Centre"这样的英式英语标记也颇有意味。

第二，作为普通名词进行翻译的共有 19 例（占 12.8%）。如大埔墟站，Tai Po Market；九龙湾站，Kowloon Bay；车公庙站，Che Kung Temple；屯门码头站，Tuen Mun Ferry Pier；屯门泳池站，Tuen Mun Swimming Pool；蔡意桥站，Choy Yee Bridge；屯门医院站，Tuen Mun Hospital；湿地公园站，Wetland Park；丰年路站，Fung Nin Road。其中"墟、湾、庙、码头、泳池、桥、医院、公园、路"都是被当成普通名词进行翻译。另外"尖东站，East Tsim Sha Tsui"看起来是专有名词"尖"加上方位名词"东"，但实际上是由于其所在地是位于"尖沙咀"东面而得名。粤语取词头的"尖"进行省略，但是英语还是采用原来的"Tsim Sha Tsui"（尖沙咀）。

方位词都是采用英语翻译。比如旺角东站，Mong Kok East；荃湾西站，Tsuen Wan West；大兴（南）站，Tai Hing（South）。

第三，粤语拼音站名共有 103 例（占 69.6%）。如青山村站，Tsing Shan Tsuen；

---

① 广东话的罗马字标记有"千岛式""刘式""耶鲁式"等很多种。

水边围站,Shui Pin Wai;落马洲站,Lok Ma Chau;筲箕湾站,Shau Kei Wan;九龙塘站,Kowloon Tong;将军澳站,Tsueng Kwan O。这些与仅用英语标记的站名〔"湾、澳"(bay)〕形成鲜明对比。但另外一方面,像"落马洲站"(从马上掉下来的河中小岛的站)这些拥有字义的词一旦意译成英语,便不再是专有名词。

第四,粤语拼音间留有空格。汉语是每个字都具有独立的意思,对应的粤语拼音标记之间一般留有空格。例如美孚站,Mei Foo;荔景站,Lai King;蓝田站,Lam Tin;荃湾站,Tsuen Wan。而英语是词与词之间留有空白,这形成了鲜明的对比。特别是像"旺角东站,Mong Kok East""大兴(南)站,Tai Hing (South)"等标记,有粤语拼音标记和英语的组合,很难加以区别。

四、总结

每个城市标记的标准都不一样,可见每个城市的地铁管理部门都独自制定(采用)了标记法。从国际化的角度来看,更为国际化的上海以及香港比较先进,而南京和北京则稍微落后一些。笔者居住的南京,地铁采用的标记与一般道路标记也有所不同。比如,地铁标记中"路"都被标记为"lu",而在一般道路标记中则被标记为"road"。这个是因为地铁与一般道路的管理部门不同而导致的不统一。作为同一个城市的语言景观,笔者认为非常有必要由有关部门出来协调进行统一,这对于提升城市形象非常重要。

英语标记对于到中国旅游或生活的人来说无疑非常方便。外国人在乘坐地铁时一方面希望能够认识自己所需要上下车的站名,另外一方面也希望能向中国人进行咨询。对于懂汉字的笔者来说没有什么不方便的,但是对于不懂汉字的外国人就事关重大了。日本的公示语罗马字标记都是采用黑本式,其功能也就是服务于不懂日语的外国人。而中国的拼音功能多少有些不同。拼音还肩负着向方言区等地区推广普通话的功能。汉字无表音功能,只能借助于拼音,而日语当中的平假名和片假名也有表音的功能。笔者总感觉中国是将原本用来推广普通话的拼音援用到对外汉语教育之上了。

另外站名拼音标记上没有表声调。外国人凭借这种没有声调的拼音标记,向附近的中国人问路时,能否沟通或者多大程度上能够沟通也是很大的问题。例如北京地铁有"管庄"和"关庄"两个站名,都是用"Guanzhuang"进行标记,恐怕对于不熟悉汉字的外国人来说很容易混淆,并给生活带来一些不便。"管"是第三声,而"关"是第一声。笔者就此询问了一位在中国待了十年的英语母语说话人,其回答说通过带声调的拼音学了汉语之后能说一些汉语,但对于没有标声调的地铁站名仍是束手无策。世界上有很多带有声调的语言。中国周边的越南和泰国的语言都有声调。但是泰国曼谷地铁的罗马字标记上没有加声调。日语也是带有高低声调的语言,其罗马字标记上也没有体现高低声调的记号。但是日语的高低声调的词义辨别功能并没有汉语声调那么强。难道说对于不懂汉字的外国人,无声调标记的拼音更为易懂吗?笔者颇有怀疑。

那么应该进行意译吗?虽说意译的话外国人更容易理解,但是中国人恐怕就听不懂了。比如你跟邻座的中国人讲 Nanjing Railway Station,其能听懂的概率有多大呢?拼音标记可以采用中间加空格的方式,比如 Huixinxijie Nankou(惠新西街南口站),或者是加连字符的方式,比如 Muxu-yuan(苜蓿园站)。如果想要节省空间,可以像 Mt. Fuji(富士山)和 xford Univ.(牛津大学)一样采用缩略语。香港的地铁标记是每个汉字中间空一格,由于英语是词与词之间空格,这对英语母语说话人来说很容易引起混乱。特别是像"旺角东站 Mong Kok East"这样罗马字和英语组合起来的情况,英语母语说话人就很难分清楚从哪开始是英语。像"大兴(南)站 Tai Hing (South)"那样加括号或许更容易理解,抑或是像 *Mong Kok* East 这样将罗马字和英语分别用不同的字体进行标记。另外"东南大学"的 SEU 是 Southeast University 首字母的缩写,但是根据 Ren Feiliang 等人的数据,"东北大学""东北林业大学"和"东北财经大学"分别用"Northeastern University""Northeast Forestry University"和"Dongbei University of Finance and Economics"进行标记。[①] 对于专有名词如何切分,是音译还是意译,是否应该加声调,是否要对拼音标记加以处理以让外国人更易读,应该由政府出面组织学者进行论证研究。再者,拼音是以北京方言为基础形成的发音标记,而在香港通行粤语,其标记通常采用耶鲁大学的乔治·A.肯尼迪创造的耶鲁式罗马字。

很多中国学者对英语标记问题进行了研究。以 2008 年的奥运会以及 2010 年的上海世博会为契机,中国逐渐走向国际化,有的学者就开始研究对于外国人来说易懂的站名、道路标示语、景区标示语等公示语英语标记问题。[②] 很多学者就公示语中出

[①] Ren Feiliang, Zhu Muhua, Wang Huizhen & Zhu Jingbo, "Chinese-English Organization Name Translation Based on Correlative Expansion", *Proceedings of the* 2009 *Named Entities Workshop*, 2009.

[②] Wang JingJing, "Researches on English Public Signs in China", *The Internet Journal of Language, Culture and Society*,(2012).

现的英语错误进行了研究。① 还有学者就道路名称等专有名词的标记进行了研究。②广州市政府2012年颁布法规要求道路标识要用中文以及正确的英文加以标记,若违反则要进行处罚。③ 但也有完全相反的举措,比如中国铁道部2012年规定要求全国站名必须统一用汉语拼音④,比如将 Beijing South Railway Station 改成了 Beijingnan Railway Station。

政府拥有国有铁路站名的决定权,而站名则反映了政府的语言政策。拼音作为中国固有语言的语音标记方式于1977年在联合国获得认可并成为国际标准,但现实情况下还不得不考虑国际通行的英语。

随着国际化进程不断加剧,中国一方面要处理面向外国人的标记问题,另一方面要面对大量涌入的外来语问题。日语在面对外来语时采用了片假名书写的方式,而中国要么像"电脑"(computer)那样采取意译,要么像"拷贝"(copy)那样采取音译,要么是两者结合,最终一般都是采用汉字来翻译。但是丹藤佳纪的研究表明,中国最权威的汉语词典《现代汉语词典》1996年7月发行的修订版的附录部分第一次收录了像CPU、FAX和LED等罗马字词。⑤ 英语的 electronic mail 进入汉语的初期,曾有意译的电子邮件或电邮、音译的伊妹儿以及罗马字标记的 E-mail 三种标记方法,李晶波、赵炜宏实施的针对中国大学生的调查结果显示,E-mail 比起音译词使用更频繁,另外意译词显得比较正式,而音译词显得比较时髦。⑥ 根据笔者的观察,不光是网络相关词汇,化妆品、电器产品、药品以及银行名称也都比较喜欢使用罗马字。日本有片假名词语泛滥的现状,而中国的罗马字词似乎在逐渐走向泛滥。根据《人民日报》下属的新闻网站日文版(人民网日本语版)2014年4月10日的报道,教育部及国家语言文字委员会正在推进外来语的规范使用。在大力宣传遵守《国家通用语言文字法》的同时,为了强化管理外来语,已经着手制定《国家通用语言文字法实施办法》。《外语文字使用管理规定》已经起草完毕,不久即将颁布。另外关于外语汉语翻写规

---

① Guo Minghe, "Analysis on the English-translation Errors of Public Sign", *Theory and Practice in Language Studies*, Vol. 2, No. 6 (2012), pp. 1214 – 1219; Ko Leong, "Chinese-English Translation of Public Signs for Tourism", *The Journal of Specialised Translation*, (2010); Ma Jing, "The English Translation of Public Signs in Qingdao: From the Perspective of Eco-translatology", *Theory and Practice in Language Studies*, Vol. 4, No. 12 (2014), pp. 2527 – 2532.
② Zhao Fengzhi, Liu Wenyu, "Absence as Indexing Tool: Milingualism and Modernity in the Linguistic Landscape of Dalian", *Journal of Arts & Humanities*, (2014).
③ http://www.chinadaily.com.cn/china/2012-04/20/content_15094663.htm.
④ http://www.chinadaily.com.cn/china/2012-09/19/content_15766635.htm.
⑤ 丹藤佳纪:《中国现代ことば事情》,岩波新书2000年版。
⑥ 李晶波、赵炜宏:《中国語における外来語のイメージ調査報告》,*Polyglossia*, Vol. 24 (2013)。

范,已经成立了相关部门共同组成的工作小组,该工作小组的常务委员表示,2014年上下半年将分两次公布第二、第三批"外来语及汉语译词对应表"。第一批次的"外来语及汉语译词对应表"已于2013年9月13日通过专家委员会的审议,进行了公布。[①]前文所说的 E-mail 也在列,表中对应的汉语译词为电子邮件或电邮。

最后想从外国人的角度谈一下关于站名英语标记的建议。实际上西安市已经就新开通的2号线站名标记,对外国人进行了问卷调查。[②] 中国的国际化还在不断推进,对外语标记问题应当予以足够重视。

正所谓"百闻不如一见",还应该就这些标记对外国人与中国人进行采访调查。英语标记的正误容易判断,但是什么样的标记容易懂则不容易下定论,应当根据调查结果再判断什么样的标记最好。日本在这方面已经做了调查。笔者认为应当调查以下两个项目:

第一,拼音对于外国人来说是否容易理解?是否需要加标声调?

第二,音译与意译,对于外国人来说哪个更容易理解?如果是意译的话,中国人可以理解到何种程度?

2000年以后,日本各家铁路公司为了迎接广大外国游客,对站名进行了编号。比如,山手线的新宿站就用山手线的标记加新宿站的编号的组合方式"JY 17"来标记,同时颜色用的也是山手线的嫩绿色,同时加标新宿站的三字母标记"SJK"。同一个站的编号因线路不同而发生变化,比如东京站京浜东北线是"JK 26",中央线快速是"JC 01",山手线则是"JY 01"。西日本 JR 也决定2018年底之前要将所有车站进行编号。以便让不会读日语或者不会发日语音的外国人通过车站编号识别特定车站。不仅是日本,韩国、泰国、新加坡以及中国的上海和北京也都在实施。笔者认为这种标记方法应当与英语标记同时进行。

[①] http://j.people.com.cn/206603/8595664.html.
[②] Li Wenmin, Wang Xue, Hou Shihan, "Analysis on Bilingual Public Signs in the View of Audience Theory: A Case Study of City Traffic Public Signs in Xi'an", *Open Journal of Modern Linguistics*, No. 5 (2015), pp. 181 – 186.

征稿启事

1. 《亚洲概念史研究》由南京大学学衡研究院主办。

2. 刊载与语言、翻译、概念、文本、学科、制度和现代性等主题有关的论文和评论。

3. 除特约稿件外,论文字数以不多于30 000字为宜,评论以不多于20 000字为宜。

4. 热忱欢迎海内外学者不吝赐稿。请将电子稿寄至 xuehengnju@163.com,或将打印稿寄至:南京市栖霞区仙林大道163号南京大学圣达楼学衡研究院收(邮编:210023)。

5. 文稿第一页请标示以下内容:文章标题、作者姓名、单位、电子邮箱、通讯地址。

6. 投寄本刊文章,凡采用他人成说,请务必加注说明,注释一律采用当页脚注,并注明作者、书名、出版信息及引用页码。

7. 本刊实行匿名评审制度。编辑部有权对来稿文字做技术性处理,文章中的学术观点不代表编辑部意见。

8. 投稿一个月之内未收到刊用通知,请自行处理。